U0535729

谨以此书纪念中国人民抗日战争
暨世界反法西斯战争胜利 80 周年

葛长银 ⊙ 著

计家计国计天下

Jijia Jiguo Jitianxia

毛泽东 的会计实践

立信会计出版社
LIXIN ACCOUNTING PUBLISHING HOUSE

图书在版编目（CIP）数据

计家计国计天下：毛泽东的会计实践 / 葛长银著.
上海：立信会计出版社, 2025. 8. -- ISBN 978-7-5429-
7917-9
Ⅰ.A841.66
中国国家版本馆 CIP 数据核字第 2025WC7403 号

出 品 人	华春荣
策划编辑	孙　勇
责任编辑	孙　勇
美术编辑	徐俊霞　于吴万勃

计家计国计天下——毛泽东的会计实践
JIJIA JIGUO JITIANXIA

出版发行	立信会计出版社		
地　　址	上海市中山西路 2230 号	邮政编码	200235
电　　话	（021）64411389	传　　真	（021）64411325
网　　址	www.lixinaph.com	电子邮箱	lixinaph2019@126.com
网上书店	http://lixin.jd.com		http://lxkjcbs.tmall.com
经　　销	各地新华书店		
印　　刷	常熟市人民印刷有限公司		
开　　本	787 毫米 × 1092 毫米	1/16	
印　　张	14.25		
字　　数	253 千字		
版　　次	2025 年 8 月第 1 版		
印　　次	2025 年 8 月第 1 次		
书　　号	ISBN 978-7-5429-7917-9/A		
定　　价	80.00 元		

如有印订差错，请与本社联系调换

作者简介

葛长银，安徽省淮北市人，中国农业大学副教授，铜陵学院客座教授，兼任海南大学会计中外人文交流研究院红色会计首席专家。遵从"为生民立命"的治学传统，坚持从实践中来到实践中去的治学方法。自2017年起开始研究毛泽东与会计，撰写的《毛泽东诗词中的"数字思维"与自信》，获2018年"毛泽东诗词与文化自信"学术研讨会暨中国毛泽东诗词研究会第十七届年会优秀论文奖，《毛泽东的红色账簿》入选我国首届红色文化研讨会；2021年在首届自贸港会计高峰论坛、中国会计学会会计史专业委员会举办的建党100周年"红色会计"研讨会以及第十一届年会上做过专题报告；在上海国家会计学院和中国注册会计师协会讲授红色会计专题课程。累计出版财税书籍30部，其中一部获2017年度华章图书奖；发表文章200篇，其中，在《百年潮》《前线》《文史春秋》《广东技术师范大学学报》《财务与会计》《北京日报》《中国会计报》等报刊发表有关毛泽东与会计的研究文章30余篇。

序一

PREAMBLE 1

  毛泽东在《中国革命和中国共产党》一文中指出:"中华民族又是一个有光荣的革命传统和优秀的历史遗产的民族。"这些优秀的历史遗产包括我国源远流长的会计历史遗产。《计家计国计天下——毛泽东的会计实践》是对毛泽东会计遗产的一次重要挖掘,且成果显著。《百年潮》《前线》《文史春秋》等党刊和多家学术刊物发表本书作者葛长银老师关于毛泽东会计实践的文章,中央党史和文献研究院等重要媒体转载葛长银老师有关毛泽东与会计相关的论述,都是对这一研究成果的充分肯定。

  本书从毛泽东9岁开始记录的家庭账簿入手,依据党史文献探寻毛泽东会计实践的源头,以及青少年时期长达8年的家庭会计实践对毛泽东知识系统所起的重要"筑底"作用。这个作用后来也被毛泽东的话证实:"你的水平比我当年帮爷爷理账时的小学水平要高嘛!实践也是学习嘛。"可见,他让高中毕业的李敏掌管家务时,就强调了在实践中学习的重要性。而对于青少年时期6年所学的"四书五经",毛泽东也曾坦言:"背得,可是不懂。"比较而言,毛泽东对青少年时期的记账实践记忆深刻,所受影响也大,这也是"事上练"的效果,实属"童子功"。青少年时期吸取的知识是一个人成才的重要基础,犹如大厦的基座。文史界在研究毛泽东的青少年成长经历时,笔墨多用在《论语》《诗经》等经典著作对毛泽东的影响上,但对毛泽东这段记账实践鲜见详细探讨,本书对此起到了"补遗"作用。

  从总体上看,本书以毛泽东会计实践行为所发生的时间为顺序,以毛泽东革命时期的会计实践活动为主线,在大量的文献资料和实地调查中,找到了众多有分量的"会计凭证",证实了毛泽东早期的会计实践过程及其细节,也呈现了中国革命的关键历史时刻,再现了毛泽东用会计方法解决现实难题的智慧。比如"用算账的办法"发动不识字的农民群众革命,就是一个被掩映在历史浓荫中的重要细节。有了这个细节,农民通过"数字比大小"明白了自己受剥削,才会起来革命,才有了轰轰烈烈的"打土豪、分田地"运动。毛泽东1926年撰写的第一篇农民调查报告《中国佃农生活举例》，由"支出之部""收入之部"和"结论"构成，这是基于会计思想和方法写出来的；他在这篇早期调查报告中，还贡献了包括"机会损失"和"机会收益"在内的"机会损益"会计理论，而西方经济学只有"机会成本"的概念，至今尚无对应的"机会收入"概念。"机会损益"会计理论不论是对世界经济史，还是对中国经济史，尤其是对中国会计史，都是一个重要贡献。1927年三湾改编时，毛泽东将旧军队只记收支的伙食账簿，加了一个"分账"功能，在连队建立了"伙食尾子账"：**伙食费按人头发到连队，严格监管采买，月底核算后公布账目，节余在官兵中平均分配。**"伙食尾子账"一举解决了当时军队面临的吃饭、军饷（零花钱）以及官兵平等、经济公开等一系列难题。这是毛泽东在军队初创时期会计实践中的一次完全创新。此举不仅构筑了新型人民军队经济建设的基础，还体现了毛泽东"小钱大用"的经济思想，这一思想也体现在他勤俭持家、艰苦朴素的光荣革命传统中。

毛泽东思想是从实践中来到实践中去的，本书给我们的一个重要启示是：毛泽东不仅是思想的巨人，还是行动的行家；而他的真知灼见也都是他从行动中总结出来的，所以他有"实践出真知"的定论。在早期的革命活动中，他的会计知识发挥过重要作用，他也对会计做出过重大贡献。1920年毛泽东亲自为长沙文化书社设计的会计制度，不仅把总账结账从"年结"改为"半年算"，还向社会公开披露会计信息，并进行了非营利组织会计管理模式的尝试，这些举措都是对我国传统会计制度的改革与创新。在马克思主义思想指导下创办的长沙文化书社，"公产"核算导向突出，社会主义价值观已经有所呈现，也被毛泽东注入了"使命担当、小钱大用、为公理财、光明正大"等红色会计的核算理念，从其经营时间、历史影响，以及会计制度与同时代经济组织的横向比较结果看，都可以推断长沙文化书社就是我国红色会计的试验田，毛泽东就是红色会计的重要早期探索者。当前，红色会计形成新的学术增长点，这与广大会计学者的努力是分不开的。本书也是红色会计研究的一个标志性成果。

毛泽东对会计的最大贡献，就是把会计知识运用到革命斗争的实践中，经过实践的检验，再上升到国家管理理论。他从瑞金时期开始把会计知识运用到国家会计实践，开创了国家财政治理模式的雏形。延安时期，在号召生产自救的军民精打细算的同时，为了严格管理涉密经费，他又在中央设立了特别会计科。这些会计实践对人民共和国的建立及其经济管理，都起到了重要的奠基作用。通过本书的论述，我们还可以看到毛泽东的记账"童子功"在中国革命的

序一

艰难实践过程中，沿着会计、统计、经济等台阶，逐步上升到了数字管理的层面。在党的七届二中全会上，毛泽东把"胸中有数"写进了《党委会的工作方法》，以此指导全党的工作，这就构成了毛泽东思想的重要组成部分。

很有意思的是，作为一位农民的儿子，毛泽东也一直用账簿管理自己的生活，用"童子功"保持着节俭持家的朴素本色。在延安时期，为了管理每月3元的菜金，他让炊事员记菜金账，还进行具体的结账指导。新中国成立后，毛泽东又让身边的工作人员记录他的家庭生活账和稿酬账，这两本账都一直记到他去世之后。这些史实都证实，毛泽东的会计知识在管理他的生活方面自始至终发挥着作用，他的"账"字口头禅以及诗词中的数字思维，也都是运用会计知识的结果。从少年的家庭经营账簿到晚年的家庭生活账簿，可以说，毛泽东与会计终生相随。

本书作者葛长银老师始终坚持"从实践中来，到实践中去"的治学道路，坚持用毛泽东思想来研究毛泽东的记账活动等会计实践，做出成就也属水到渠成。本书史料扎实，视角独特，观念新颖，找到了毛泽东偏好用数字指导中国革命和建设的根本原因，也从会计的视角找到了中国革命成功的一个重要因素：数目字管理；同时也给"毛泽东为什么能""中国共产党为什么能"等世纪之问，提供了一个数字视角的答案。本书确实是一部难得的好书，本书的出版是中国会计界的一件大事，也是一件有助于中国特色社会主义理论建设的国家大事。

毛泽东是世纪伟人，我很高兴中国会计界有了专门研究毛泽东的学者。新中国成立后毛泽东的记账活动，也急需用"十年寒窗"的治学精神来归纳、总结。

葛长银老师这本书富有哲理，具有深刻的思想性，通篇叙述都很生动，颇具感染力与影响力，使我们仿佛身临其境地看到毛泽东正在进行"家计"，正在瑞金与延安领导苏区与边区"公家"的会计与独立政府审计。所以，这本书很值得一读，也很具有收藏价值。作为一位研究会计史的人，我乐于为这本书作序。

中南财经政法大学教授，博士生导师

2022年2月22日于武汉南湖津发

序二

葛长银老师的《计家计国计天下——毛泽东的会计实践》是一部讲述毛泽东如何学习和运用会计知识的著作。毛泽东是中国共产党和新中国的主要缔造者，他的一生与中国革命紧紧地联系在一起。研究毛泽东的人生，对于认识中国革命、中国现代社会经济具有非常重要的意义，并能给我们带来很多重要的启示。阅读葛长银老师这部著作，通过对毛泽东这位伟人与会计的不解之缘的了解，能够加深我们对毛泽东的认识，同时收获对会计的一些新感悟。

一

会计作为一种古老的管理活动，源自人们的生活，服务于人们的生活，无论是单位的经济活动还是人们的日常生活，都离不开会计，会计对于人类确确实实有用，这是亘古不变的真理。一般人，特别是年轻人，对会计重要性的认识往往是通过教科书、文章、制度规定、与他人的交谈等渠道得到的，通过一个改变了中国命运、备受崇拜的伟大人物的经历去认识会计，前所未见。

读完这部著作，我的一个感悟是：会计真的有用，会计真的很重要。

毛泽东的会计知识来自他的青少年时期。他学习会计，是应父亲的要求。毛泽东曾回忆说："我刚识了几个字，父亲就让我开始给家里记账。他要我学珠算。既然我父亲坚持，我就在晚上记起账来。他是一个严格的监工，看不得我闲着；如果没有账要记，就叫我去做农活。"[①] 毛泽东父亲这种对子女的严格要求，和今天的家长们对子女的要求很有几分相似。严格的要求使毛泽东学会了记账，这一能力在他后来的革命生涯中发挥了作用。1920年，毛泽东与一批志同道合的伙伴开设了旨在传播新文化、新思想、新研究、新资料的长沙文化书社。为了书社的正常经营，毛泽东为书社设计了包括会计制度在内的一套管理制度。"毛泽东为文化书社设计的会计制度包括两个层面：一是纲领性的会计制

---

① 序中引用的皆为正文内容，具体出处详见正文，下同。

度，即通过《文化书社组织大纲》发布的会计纲领……二是经营性质的管理制度规定……主要包括《营业细则》《分社简章》和《分社注意》这三个具体的管理制度。""毛泽东为长沙文化书社制定的会计制度，不仅拟订了股本投入的基本规则，还设计了结账日期和信息披露的详细规定，以及交易、收款的细则和分社（异地）财产管理原则，这些制度除了能够证实毛泽东做事的细腻，还能证实他从小记录8年家庭账簿所积累的会计功底在此发挥了重要作用。"

1927年三湾改编后，为了稳定部队情绪和构建新型人民军队而实行的"伙食尾子账"是毛泽东运用会计知识的另一项例证。"毛泽东设计的'伙食尾子账'是对旧军队连队账的一个改造，只在其记账、算账的后面加了一个'分账'功能——即结算节余进行分配，就建立了具有完整的'记账、算账、分账'核算功能的'伙食尾子账'。"

会计知识对一个人生活和工作的助力不仅体现在毛泽东身上，也同样体现在其他革命领导人身上。这部著作借用革命老人钱希均的回忆，讲述了毛泽东的弟弟毛泽民担任中华苏维埃共和国国家银行行长期间，凭借会计知识开展工作的情景，并评论道："1910年，17岁的毛泽东离开韶山外出求学，把家庭记账工作交给了14岁的毛泽民，勤劳的毛泽民也就此练成了会计高手，是他们兄弟的家庭会计知识，为共和国的财政金融'筑'了底"。

新中国成立以后，毛泽东在工作中仍然不断地运用会计的方法、语言分析问题、解决问题。例如，毛泽东在《关于国家资本主义经济》《改造资本主义工商业的必经之路》等文章中，就多次运用了"利润""公积金""利润分配""红利"等会计术语，并提出关于国家建设的意见。可以说，会计是他一生处理各种问题得心应手的工具。

会计是一项管理活动，它能使人们清楚地知道资金变化的来龙去脉，帮助人们分析资金使用的合理性，更好地做出资金使用的决策。会计在人类生活中存在了几千年的事实足以说明，会计与人们的生活、工作息息相关，几乎没有谁能完全脱离会计。与几十年前相比，我们今天的生活环境发生了天翻地覆的变化，会计的技术方法也有了重大进步，但前人经验对今天的启示作用不会变，会计对人类社会的作用没有变。书中讲述的这些历史事实，无需多加论证就能够生动有力地告诫我们，会计知识对一个人的工作与成长多么不可或缺；不是只有从事会计工作的人员才需要掌握会计技能，甚至每一个人都有必要将会计知识作为自己生存和发展的能力储备，它可以在需要时发挥作用。

二

学习会计,除了掌握会计技术,还要能够运用会计思想应对工作生活中的多种问题。所谓会计思想,可以简单地理解为会计处理事务的道理。比如"记账",说的是应当清楚记录事情的发展轨迹;"记账以原始凭证为依据",说的是办事应该有根有据;"损益计算",说的是做事情需要有投入与产出的比较;等等。这些会计思想很朴素,并不深奥,但如果运用得好,运用得巧,就能帮助我们相对容易地解决不少问题。

毛泽东是一位改天换地的旷世奇才,也是巧妙运用会计思想的高手。这部著作介绍了毛泽东运用会计思想开展革命活动的很多事例,耐人寻味。例如,毛泽东在《中国佃农生活举例》中采用损益计算表的方式,通过收入与费用的对比揭示了当时(1926年)佃农"比世界上无论何国之佃农为苦"的生活状况,"准确地反映出毛泽东当时的知识储备、擅长的调查研究方法以及认识世界的基本观点"。

这部著作引用的谭冠三将军回忆,充分说明了毛泽东运用会计思想发动群众的本领:"在发动群众的过程中,毛泽东同志要我们学会算账,并要求我们替农民算账……经过算账后,他们就会明白,地主是怎么剥削自己的……贫苦农民的觉悟一旦提高了,他们就会拥护共产党,拥护红军,就会跟共产党干革命。"这部著作中毛泽东将会计的数字思维运用于武装斗争的故事(井冈山时期的战术:赚钱就来,蚀本不干;"道理+数字"的语言特色),同样引人入胜,给读者以无尽的启发。

读了这些故事,一定会使人产生这样的联想:毛泽东能够运用会计思想解决革命工作中的各种各样的问题,既说明了他本人非凡的能力,又说明了会计作为一种科学方法,其思想的作用不限于处理会计工作本身,还能够用来处理其他事情。善于运用会计思想解决种种疑难问题,是掌握了会计的科学思想、领会了会计真谛的表现,是学好了会计的收获。这是阅读本书给我们带来的又一个感悟。

三

这部著作表现了毛泽东人生经历的一个侧面,也探讨了会计的作用,即通过追寻毛泽东的会计人生,分析会计能够发挥哪些作用,这是探讨会计的一种新尝试。会计教科书、研究会计理论和实务的专著很多,而这部著作另辟蹊径,开发了认识会计的新方式，令人耳目一新。这部著作对于会计的宣传作用不亚于会计教科书和传统的研究专著，甚至更能打动人们，特别是年轻人，很有意义。从这个层面上说，这部著作给我们带来的另一个感悟是，传播会计知识和弘扬会计精神的方式是多种多样的，方式方法的创新可能会产生不同凡响的效果。在这方面，我们应该有更多的探索。

首都经济贸易大学教授，博士生导师
首都经济贸易大学会计学院原院长
中国会计学会第八届理事会会计史专业委员会主任委员

2022 年 4 月 8 日

序三

读罢葛长银老师所著《计家计国计天下——毛泽东的会计实践》，我的心情难以言表，对葛老师钦佩之至。我和葛老师的相识，缘于2021年上海国家会计学院组织的建党100周年纪念活动。在建党100周年之际，上海国家会计学院"注册会计师创新发展研究中心"组织开展了"红色会计"系列专题学术活动，葛老师的"毛泽东的账簿"系列课程便是其中的活动之一。此项活动之后，葛老师趁热打铁，笔耕不辍，在2021年年底完成了《计家计国计天下——毛泽东的会计实践》初稿，并与出版社商定赶在反法西斯战争胜利80周年之际出版，这是一件值得我们会计人骄傲的事情。

葛老师所著的《计家计国计天下——毛泽东的会计实践》能在反法西斯战争胜利80周年之际隆重出版，令人振奋！伟人毛泽东为中国共产党的建立、人民军队的创建、中华人民共和国的成立和社会主义建设事业立下不朽功勋，虽然他离开我们已经四十多年了，但他伟大的思想和精神遗产永远地留给了我们。葛老师这一力作，字里行间饱含浓厚的感情和激情，既是对毛泽东思想宝库的深入挖掘和重大发现，又是对我国会计学术思想的一次重要补充与拓展。

葛老师长期致力于研究毛泽东的记账活动等会计实践，他视角独到而有见地，《毛泽东的三本"伙食账"》《三湾改编，毛泽东把"伙食尾子账"建在连队上》《基于会计思想和方法的〈中国佃农生活举例〉》等系列文章，具有创新性，开辟了毛泽东思想研究的新领域。本书详细论述了"记账"是毛泽东的"童子功"，这为中国会计人找到了会计领域的又一宗师级人物。

葛老师从历史的、实践的、学术的视角，基于文献通览的功夫，采用事件研究的方法，凭借透视历史的洞察力，用会计人独特的职业化、专业化、数据化思维，发现、挖掘和呈现了毛泽东将"记账"功夫转化为"管理实践"的经典案例，总结了毛泽东对会计实践工作的一系列创新、应用与发展。本书是葛老师的匠心之作。

为这样一部著作写序，我感到非常兴奋。我从小就喜欢读《毛泽东选集》，在毛泽东波澜壮阔的生命历程中、卷帙浩繁的著作中及其后人关于他的各种著述中，会计是极不容易被人关注的，但葛老师让我们知道，"记账"其实是毛泽东人生的一个重要起点，其背后的会计思维影响了他的一生。葛老师这本书的问世令我感到兴奋。毛泽东从早年创办学社、组建各类社团、创办"小微"企业，到推动湖南自治、参与建团、建党、建军，再到领导新民主主义革命、领导抗日战争和解放战争，领导社会主义建设，其一生中的会计实践无处不在，会计智慧始终发挥着重要作用，而对毛泽东的会计实践进行梳理总结是颇具难度的。因此，我对葛老师充满钦佩。

家庭影响与财商的形成

《毛泽东纪事（1893—1976）》是这样介绍毛泽东的父亲毛顺生的：毛顺生终身务农经商，而且生财有道；他读过几年私塾，精明能干，善于经营；治家严格，是个好当家；克勤克俭，经营有方，使得家业日益发达。毛顺生常说，吃不穷、用不穷，人无计算一世穷。谁会盘算，谁就能过好日子；不会盘算的人，你给他金山银山，也是空的。

1950年隆冬，韶山乡土地改革划成分时，毛泽东将自己家的成分划为"富农"。毛泽东的父亲毛顺生16岁时外出当兵，把军饷用于偿还家庭债务；17岁开始当家理事；他粗加工省吃节余的稻谷并赶集出售；押进田产，取利息钱；贩运谷米和生猪；贷款成批购进稻谷，加工后销售；雇工雇船，贩卖耕牛；典进别人的田地；入股米店；印制"毛义顺堂"纸票。毛顺生的这些经营活动，可以算是当时中国农村较为复杂的经营活动了，聪颖好学的毛泽东为父亲记账8年，练就了记账"童子功"。

毛泽东刚上学不久，毛顺生就教他打算盘、记账。他希望毛泽东成为精打细算、当家理财、兴家立业的人。毛泽东经过6年的私塾学习，在有了相当的读写能力后，他不满足于学习"四书五经"，还在家看更多的书。毛泽东主动停学回乡务农那段时间，他白天到田间劳动，学会扶犁、掌耙、扬谷、下种等农活，晚上替毛顺生记账。

根据埃德加·斯诺所著的《毛泽东自传》第一章的前三页记载，毛泽东在口述自己童年和青少年时期的家庭时，出现了诸多关于经营活动及财务会计的词汇，包括"负债、赎回、资本、剩余、生意、营业、记账"等，可见"父亲毛顺生的经营活动"对毛泽东的影响深入骨髓。

毛泽东自述从小为父亲记录家庭账，历时8年。毛家账簿采用的是"入付"记账法。"入"表示收入或进账，"付"表支出或出账；收入或进账是毛家的

"业务收入"；他人的还款，即收回的欠款，属于往来账；"付"中记录的支出，属于费用账；"付"中记录的借出的谷物（须秋季加息偿还），是向民众"放贷"，属于投资账。这些记账工作在当时来说，可谓是相当复杂的"经营活动会计"，葛老师称之为毛泽东的"童子功"。

毛泽东1910年走出韶山冲，并将家庭记账工作完全"交接"给14岁的弟弟毛泽民。毛泽民后来也成长为党内善于管理经济工作的骨干人才，牺牲前曾担任苏维埃国家银行第一任行长、闽赣省苏维埃政府财政部部长、新疆省财政厅长等职，为我党早期的金融、财政、经济事业立下汗马功劳。

家庭是人生的第一所学校，毛家为新中国的革命和建设事业培养了两名财经人才。

毛泽东组织治理中的会计智慧

纵观毛泽东的一生，我们从他对参与或组织的社团的治理、对党的治理和对军队的治理，都可以从中看出他早年长期参与家庭经营活动记账对其会计思维的影响。

1948年，毛泽东在给中共一大代表李达的一封密信（载于《李达画传》）中写道："吾兄系本公司发起人之一，现公司生意兴隆，望速前来参与经营。"毛泽东信中的这家"公司"就是中国共产党及其即将创建的新中国，他娴熟地运用"公司经营"的概念，以"发起人"类比组织创始人、用"生意兴隆"比喻组织运营效果、借"参与经营"的名义邀请合伙人加入党和国家的后续建设。

毛泽东早年先后参与组建（湖南）健学会、（北大哲学、新闻）研究会、（湘潭教育）促进会、（长沙文化）书社、（新民）学会、（湖南自修）大学，推动青年团组建，参与建党，这些组织的治理都离不开会计思维。

1919年7月，毛泽东发表了《健学会之成立及进行》，文中记录了该会的会则11条，明确了学会成立宗旨、自愿加入、学术志愿、研究范围、研究方法、传播方法、设会计1人、会费、民主会议等治理规则，其中第十一条为"会员纳会费2元，有能特别筹助经会（费）者，本会极为欢迎"。

1919年9月，毛泽东拟定《问题研究会章程》，提出研究目的、题目、方法、重点等，其中，关于实业、交通、财政、经济问题的细化问题清单强调"问题之上的主义和规律研究"，列示了哲学、伦理、教育、宗教、文学、美术、政治、经济、法律、科学十项，覆盖了国家治理层面方方面面的基本问题。

1920年，毛泽东发起成立长沙文化书社，《文化书社组织大纲》明确书社为公共组织，出资为公产，股本只用于本社宗旨，不对外赊欠以稳固信誉；还明确了书社投资、消费及赢利记账方式和每月公开报告一次。

1921年，毛泽东创办织布厂，织布厂的"经营定位是安置革命者及其家属就业，并为革命活动赚取经费"。这是毛泽东"经营企业"的一个具体实践，显然这也是他为父亲的经营活动担任8年记账员的过程中耳濡目染商业经营的结果。

1928年，在《井冈山的斗争》中，毛泽东提及"红军的物质生活如此菲薄，战斗如此频繁，仍能维持不敝，除党的作用外，就是靠实行军队内的民主主义"。毛泽东在军队推行包括"经济公开"在内的民主治理机制，提出"士兵管理伙食，仍能从每天5分的油盐菜钱中结余点零用，每人每月能得六七十文"，名曰"伙食尾子"。当时，毛泽东推行"支部建在连上"，这是"伙食尾子账"制度得以实施的组织保障。显然，毛泽东发明的"伙食尾子账"体现了深层次的组织治理逻辑。

1929年12月形成的《中国共产党红军第四军第九次代表大会议案》[《毛泽东文集》(第一卷)，人民出版社，1999，第78-115页]，在"红军系统与政治系统关系问题"中提出"没收、审判、处罚、募捐、筹款、济难之指挥监督，在地方政权机关没有建设之前，均属政治部职权""凡红军筹款的指挥及政治工作用费之决定与支出，均属于政治部，军事机关不得干涉……党部用费由政治部支给"。

1933年，在《必须注意经济工作》中，毛泽东说，我们取得了第五次反"围剿"的胜利，必须克服经济工作上的困难，提出"努力推销经济建设公债、发展合作社运动、普遍建设谷仓、建设备荒仓"，并对300万元经济建设公债怎么使用提出了意见。

新中国成立初期的财经工作也能反映毛泽东的记账活动等会计实践对他的影响，尤其是国家总预算的编制和发行折实公债的方案。

从1949年到1950年，国家战略性地转向经济工作，《毛泽东年谱》第一卷详细地反映了毛泽东日理万机地指挥经济工作的一幅幅场景，他说"三年五年恢复、十年八年发展、过三关以后就好办了。第一关战争、第二关土改、到社会主义这个第三关就好过了"。

1949年11月29日、11月30日、12月2日，毛泽东主持审议《一九五〇年度全国财政概预算（草案）》和《关于发行人民胜利折实公债的决定》，他详细分析了总收入和总支出、收支结构、收支相抵后的赤字金额，提出"实际上这还是一个战争预算""我们要发行公债来弥补这个赤字""发多了不妥当，发少了不解决问题，目的还在收回通货""国家的预算是一个重大问题，里面反映着整个国家的政策，因为它规定政府活动的范围和方向"。这些对"国家概预算"的分析，体现了"国家资产负债表"思维，反映的是一个动态的、周期性的、服务国家战略重点的"国家总预算会计"。

毛泽东的记账活动等会计实践给我们的启示

"天下未乱计先乱，天下欲治计乃治"，这是老一辈会计学家杨时展先生对历史经验的总结。读罢葛老师的《计家计国计天下——毛泽东的会计实践》，我认为会计工具、会计思维和会计智慧是治国理政者治国理政的重要基础。毛泽东成功的一个重要因素便是他从小练就的"童子功"。正如马克思所说，会计是关于"过程控制和观念总结"的学问，亦如孔子所说"会计当而已矣"，会计是一门关于控制和平衡的学问，而控制和平衡能力对于管理者来说尤为重要。

毛泽东作为一名具有记账"童子功"的伟大的马克思主义者，是人类历史上罕见的知行合一的典范。他将会计原理及会计思维得心应手地应用于家庭、社团、企业、政党、国家、天下的治理中，从这个意义上说，毛泽东计家、计社、计企、计团、计党、计国、计天下，他的会计实践从会计专业的角度呈现了他革命、建设事业取得成功的重要原因，也是他波澜壮阔一生的缩影。

读书让我们能够"站在巨人的肩膀上"看世界，期待《计家计国计天下——毛泽东的会计实践》能够使会计人，无论是理论界还是实务界的会计人，重新捧读毛泽东的经典著作，去领悟毛泽东的魅力；也能使领导干部，特别是从事各领域财经工作的领导干部明晰会计的基本原理与重要性，学会通过会计看经济。

感谢葛老师以"一己之心力"为我们打开一扇窗。《计家计国计天下——毛泽东的会计实践》系国内学者首次从会计角度对毛泽东开展的研究，具有原创性；本书史料覆盖毛泽东早期的会计实践、革命斗争中的会计实践和生活中的会计实践，具有系统性；本书详细论述了毛泽东在会计实践中的创新思维和创新举措，具有实践性。总之，这是一本难得的佳作。

最后，衷心感谢葛老师邀请我为本书写序，为此我再度阅览《毛泽东文集》《毛泽东早期文稿》《毛泽东年谱》《毛泽东自传》，以及部分史料和相关回忆材料，并从会计和组织治理的视角撷取片段，表达对伟人毛泽东的怀念之情。

是为序。

上海国家会计学院党委委员、副院长
中国会计学会第九届理事会会计史专业委员会副主任委员

白胜红

2023 年 10 月 1 日

自序
FOREWORD

这本呈现给读者的《计家计国计天下——毛泽东的会计实践》，既是一个偶然所得，又是一个必然结果，更是一个重要成果。

先说"偶然所得"。

"偶然所得"是个人所得税中的一个征税项目，是指除工资薪酬等正常收入之外的不常见的个人收入。用偶然所得这个词描述我如何发现毛泽东的记账活动会计实践也十分贴切。2017年3月份，一直秉持"实践出真知"这一理念探寻我国会计实践的我，由于工作强度太大，又饮酒无度，身体出现了问题，得了肾病。遵照医嘱，我只能放下所有的工作，在家里卧床休养。整天躺在床上休养对于一个勤奋惯了的人来说，是一件很难接受的事。坐卧不安之际，我突然冒出一个念头：何不利用这段时间，把毛泽东的著作再重读一遍。于是，我便把家里的《毛泽东选集》《毛泽东文集》《毛泽东传记》以及跟毛泽东相关的书籍，统统找出来，码放在床头，从《西行漫记》开始，认真地研读起来。当我读到毛泽东跟斯诺讲述他小时候给父亲记账的故事时，顿时"警觉"起来，兴趣也突然浓厚起来。当我在陈晋老师主编的《温情毛泽东》中读到吴连登按照主席的意思为主席家记账之事，我就急切地想在毛泽东著作里寻找"会计语言"和会计实践了。果然，在《湖南农民运动考察报告》《寻乌调查》《长冈乡调查》等调查报告以及诸多指导经济建设的著作里，我找到了很多会计专业术语甚至是会计报表，当然，更多的是数字思维的外显，即毛泽东用数字、数据指导中国革命和建设的史实。我赶紧把这一发现写成了《毛泽东著作中的会计语言》，并于2017年11月份投给了财政部主管的核心期刊《财务与会计》，发表在2018年3月份的期刊上。2019年3月，在主治医师允许我带着汤药出差的时候，我赶紧带着两位研究生到韶山调查，发现了长沙文化书社的会计制度；7月份到延安调查，我发现了毛泽东对会计工作的具体指导；8月份到井冈山调查时，我发现毛泽东在调查研究时注重收集账簿信息，在广州调查时，我发现他的第一篇农村调查报告《中国佃农生活举例》就是一份"会计报告"；2020年

1月份到江西调查，我发现了很多能证实毛泽东会计实践的文献资料。这些调查资料，也是这部书稿的"原始凭证"，也都是源于一个"偶然所得"。

再说"必然结果"。

桃树结桃子，梨树结梨子，自然界里是栽什么树就结什么果。其实做学问也是"种瓜得瓜，种豆得豆"。发现毛泽东的记账活动会计实践，跟我的知识储备有关。1982年，我考上了安徽财贸学院（现安徽财经大学），学的是工业会计——这个专业是我当了一辈子公社会计的老父亲给选的，我进校后一点都不感兴趣，就跟一帮情投意合的同学创办了校园诗社——龙湖诗社（现已发展为龙湖文学社）；同时用从小跟小伙伴习练的大洪拳，考入学校武术队，跟一位老拳师习练梅花拳和刀、棍、剑等系列器械。我当时特别崇信"文能治国，武能安邦"这句格言，也时时要求自己要锻炼好身体，博览群书。但我的会计专业课没有学好，也就是勉强及格的水平，因为心不在此。我的会计功夫是1993—1998年在一位诗友开办的公司兼职会计工作时学到的，在那5年的兼职中，我不仅学到了会计知识，还学到了税收、公司管理以及人情世故。从那时开始，我给学生讲课就讲公司实例了，学生很爱听。这段决定我人生走向的会计实践，也愈加让我坚信"实践出真知"。纵观人类历史，超越前人的学问，都是在实践中获得的，没有其他途径，这个理论依据后来我在毛泽东的《实践论》里也得到了印证，也愈加坚定了我"从实践中来，到实践中去"的治学信念。我发现，毛泽东的记账活动等会计实践，跟我在实践中积累的会计功夫和博览群书的习惯密切相关。所以，也是一种"必然结果"。

最后说"重要成果"。

自2018年《毛泽东诗词中的"数字思维"与自信》一文获得"毛泽东诗词与文化自信"学术研讨会暨中国毛泽东诗词研究会第十七届年会优秀论文奖，我就认定毛泽东记账活动等的会计实践是一个重要发现了，也把精力重点投入这个领域。这次获奖给我很大的激励，在主题发言中我表示"将再接再厉，在毛泽东数字思维领域挖掘出更多成果，探寻数字在中国革命和建设中所发挥的作用，更好地为我们的数字社会服务，为新时代尽力"。随着研究的开展，我们已初步证实了人类理性文化的核心——数字思维对毛泽东的终生影响，这个影响也来自他的会计实践。这部书的出版，就是该研究成果落地的一个标志。

这部书重点探寻毛泽东偏好用数字思维指导革命和建设的行为与根源，旨在从一个侧面向人民群众解答"毛泽东为什么能""中国共产党为什么能"等问题。也正是基于此，我对每章都采取"引言"的方式导入。目的有三：一是想

| 自序 |

尝试学术著作写作的新方式，即亲民的写作风格，这也是深受毛泽东思想影响的结果。学术不仅要服务学者，在新时代还要努力服务大众，尤其是关于人民领袖毛泽东的相关研究成果，更应向大众普及，但前提是要让大众能够读懂我们的学术文章。用"引言"作为开场白，可以引导广大读者轻松进入阅读环境。二是考虑到本书的读者会有很多非会计专业人员，用开场白通俗的语言交代一下我们的研究过程、学术观点和思想，在与读者产生亲近感的同时，缩短专业学术著作与读者之间的距离，引领读者"入场"，完成阅读，能发挥学术成果的终极作用和影响力。三是我们对毛泽东会计实践的研究也是一段历史，就手记录下来也十分必要，"引言"在此就起到了"备查账"的作用，其中的学术观点也能起到与同行切磋的作用。

毛泽东的一生始终坚持"从实践中来，到实践中去"。所以，研究毛泽东必须走出书斋，置身当时的历史阶段、社会环境和斗争实践，去感受他的思想与智慧以及解决问题的方法。

中国革命的历程无疑是一个竭尽全力的奋斗过程，中国共产党人不论是智力还是体力都发挥到了极点。毛泽东作为中国共产党人的代表人物，他的思想和行为无疑起到了引领历史走向的作用。在《毛泽东传》中，我看到"毛泽东真是一个精细的人"，"他既有指挥千军万马、气吞山河的雄才大略，又有实际、具体、细致入微的工作方法"[①]。我希望通过这本书，解答大气磅礴的毛泽东"精细"之原因，解开毛泽东的成功密码。

新时代，我国需要构建中国特色社会主义理论体系，毛泽东思想是中国特色社会主义理论体系的源头，也是经过实践检验的真理。外因是变化的条件，内因是变化的根据，外因是通过内因而起作用的。所以，外因作用再大，也是第二位的。不论是毛泽东领导的中国革命实践，还是当今的新时代中国特色社会主义建设，起决定作用的还是内因，是中国元素，也是当今相关理论研究更要注重提炼的。我们研究毛泽东的记账活动等会计实践，就是希望为毛泽东偏好用数字思维指导中国革命和建设的行为找到源头和依据，从会计及数字的视角为建设中国特色社会主义理论体系，尤其是中国的会计理论体系做出贡献。

我从2020年年初开始规划并着手写作这本书，2021年年底完成初稿，2023年10月定稿，写了3年多时间。我的胡子写白了，眼睛写花了，血压也写得忽

---

① 逢先知，金冲及：《毛泽东传（1949—1976）》，中央文献出版社，2003，第161-162页。

高忽低，但当我知道这本书即将出版时，感觉一切都值了。

感谢郭道扬老师、付磊老师和白晓红老师为本书写序；感谢伍中信教授的大力支持；感谢立信会计出版社华春荣社长和孙勇编辑为本书的出版呕心沥血。虽穷尽感激，不足道其万一。

因学识所限，不足之处敬请广大读者朋友批评指正。

2023年10月10日于北京心居

目录

上篇　毛泽东的会计启蒙与早期会计实践

第一章　青少年时期的家庭会计记账实践 ｜ 003

毛泽东从9岁"刚识了几个字"就开始为父亲记录家庭经营账，一直记到17岁离开韶山为止，历时8年之久，在这一"做中学、学中做"的实践课堂中，修炼出一门坚实的记账"童子功"。如果说韶山的青山绿水构筑了青少年毛泽东的生活环境，那成年累月的记账实践活动就构筑了毛泽东会计知识的基石，并塑造了他理性的数字思维。毛泽东记录的账簿是什么样子的？他青少年时代学习的算术课程都讲解什么内容？史书为何少见毛泽东记账的内容？且听我娓娓道来。

一、引言 ｜ 003

二、青少年毛泽东的记账实践活动 ｜ 005

三、青少年时期的记账实践活动对毛泽东的影响 ｜ 013

四、本章小结 ｜ 019

第二章　长沙文化书社的会计实践 ｜ 020

长沙文化书社是毛泽东和他的伙伴合作创办的第一个经济实体，毛泽东亲自为这个书社设计了会计核算制度，他不仅把总账的结账日期提前到"半年算"，还率先向社会披露会计信息；这些举动在为书社注入红色会计基因的同时，在一定程度上也可以说是社会主义商业的雏形。将长沙文化书社的会计核算与同时代的其他社团和经济组织进行系统比较后，本书推断长沙文化书社就是我国红色会计的试验田，毛泽东就是我国红色会计的重要奠基人之一——本章将用丰富的史料证实这个论断。

一、引言 ｜ 020

二、长沙文化书社的会计制度设计与创新 ｜ 022

三、长沙文化书社是我国红色会计的试验田 ｜ 035

四、本章小结 | 047

第三章 用会计的方法进行调查研究 | 048

没有调查，就没有发言权——这个重要论断已经成为中国共产党人深入实际、深入群众并形成正确工作方法的行动口号。毛泽东为什么注重调查研究？他的第一篇农村调查报告《中国佃农生活举例》为什么是一篇"会计报告"？"机会损益"创新理论是如何指导算账的？他早期调查报告中使用的会计术语都有哪些？他为什么把调查报告写在商人的账页上？这些疑问都关乎"毛泽东为什么能"的重要历史细节，本章将一一道来。

一、引言 | 048
二、基于会计思想和方法的《中国佃农生活举例》| 049
三、"算账"是毛泽东开展调查研究的常用办法 | 057
四、本章小结 | 065

中篇 毛泽东革命斗争过程中的会计实践

第四章 用"算账的办法"进行革命斗争 | 069

认识到枪杆子里面出政权后，如何抓住枪杆子就是头等大事。让农民起来革命，首要的问题是先让他们明白自己受剥削。毛泽东是如何通过算账让农民群众醒悟并起来革命的？走上井冈山后，每次战斗前毛泽东为什么要"算反动势力的账"？"赚钱就来，蚀本不干"的井冈山战术是如何形成的？从"打圈"到"圈打"的军事斗争过程中毛泽东的战法都是用绝对数取胜。毛泽东"道理＋数字"的说服模式为什么总让人心悦诚服？本章将用史实解开这些谜底。

一、引言 | 069
二、用"算账的办法"发动群众 | 071
三、井冈山战术和"道理＋数字"语言特征 | 078
四、本章小结 | 084

第五章 三湾改编——把账簿建在连上 | 085

在奠定新型人民军队基础的三湾改编过程中，毛泽东在把支部建在连上的同时，也把账簿建在了连上。他是如何巧妙建立连队"伙食尾子账"的？公平的账簿核算在当时解决了哪些现实难题？"伙食尾子账"的核算过程是

| 目录 |

如何监管的？这本账是如何体现毛泽东"小钱大用"经济思想的？会计管理在人民军队初创时期发挥了哪些重要作用？"伙食尾子账"不仅见证了共产党人艰苦朴素的革命传统，还对毛泽东影响深远，"天下平均分账吃饭"应是他的朴素愿景之一。

一、引言 | 085

二、三湾改编的"两建"制度 | 087

三、把"伙食尾子账"建在连上 | 089

四、本章小结 | 098

第六章 瑞金时期的国家会计实践 | 100

毛泽东当选为中华苏维埃共和国临时中央政府主席后，建立了各级财政管理机构，制定了系统的财税和金融制度，统一了会计机构和会计制度，政府主席岗位全面锻炼了他的治国能力。他领导的苏维埃共和国取得的经济建设成就，为红军长征奠定了物质基础。他是如何探索国家会计实践的？这对当今我国会计发展有哪些启示？他制定的红色会计原则是什么？为什么说瑞金是"毛主席"这一称呼的摇篮？如何从历史的视角来看待毛泽东的这次当选？请看本章的辩证观点。

一、引言 | 100

二、为初生的政权统一会计机构 | 101

三、为初生的政权统一会计制度 | 109

四、本章小结 | 116

第七章 延安时期的会计战术和战略 | 118

延安的经济基础很难供养人数越来越多的部队，抗日民族统一战线的建立也限制了"打土豪"的范围，国共合作后国民党提供的所谓给养更是靠不住，毛泽东带领延安军民自己动手、丰衣足食，开展了轰轰烈烈的大生产运动。毛泽东为什么特别重视吃饭问题？他为什么特别关心粮食会计？他对合作社会计有何指示？他为什么要成立中央特别会计科？"胸中有数"为什么要写进《党委会的工作方法》？他给地方布置工作为什么要有数字约束？请看本章史实列举。

一、引言 | 118

二、延安时期的会计战术 | 119

三、延安时期的会计战略 | 133

四、本章小结 | 138

下篇　毛泽东生活中的会计实践

第八章　毛泽东的生活账和稿酬账 ｜ 143

毛泽东的记账"童子功"及其理性的数字思维不仅在他领导的革命事业中发挥"精准"的重要作用，还自始至终地在他的生活管理中发挥着治家理财的作用。在延安时期，毛泽东就指导炊事员通过记账来管理每月3元的菜金，还给出结账的妙招；新中国成立后实行薪酬制，为了管理家庭收支，毛泽东又让身边的工作人员记录家庭生活账；《毛泽东选集》出版后，随着稿酬的增多，他又委托中央特别会计室建账管理他的稿酬。毛泽东的稿酬到底有多少？本章解密的稿酬账可以用理性的数字回答。

一、引言 ｜ 143

二、毛泽东的生活账 ｜ 144

三、毛泽东的稿酬账 ｜ 151

四、本章小结 ｜ 167

第九章　毛泽东的口头禅：账 ｜ 169

毛泽东是博大精深的中华文化养育和培养起来的历史巨人。君子六艺，毛泽东精通过半。其中，源于古代会计实践的"数"通过他的记账"童子功"，促使他形成了口头禅"账"。作为毛泽东的口头禅的"账"最早见于井冈山时期。在延安时期也频繁出现在他发表见解、指导工作的讲话中。新中国成立后，他的"账"字口头禅也频繁体现于国家经济指标、领导要承担的责任等方面。晚年的毛泽东还用口头禅发布指示。来源于会计实践的"账"字口头禅跟毛泽东终生相随。

一、引言 ｜ 169

二、毛泽东在革命时期的口头禅 ｜ 171

三、毛泽东在新中国成立后的口头禅 ｜ 176

四、本章小结 ｜ 180

第十章　毛泽东诗词中的数字思维和"万千"世界 ｜ 182

毛泽东是一位伟大的诗人、词人，他脍炙人口的诗词家喻户晓。但他偏好"数字入诗"的写作手法，鲜见有人论及。了解了毛泽东的记账活动等会计实践，便可以看出他频繁地将"数字入诗"显然是受到了记账"童子功"及其会计实践所塑造的数字思维的影响。毛泽东含有数字的诗词占比有多大？他诗词中的"万"和"千"为什么这么多？本章将解析这些历史的美丽烟云，也会证实毛泽东的自信跟数字有关——因为数字是人类理性文化的核心，毛泽东从小就掌握了这个理性文化的核心。

一、引言 | 182

二、毛泽东诗词中的数字思维 | 187

三、毛泽东诗词中的"万千"世界 | 190

四、本章小结 | 194

后　记 | 195

参考文献 | 198

计家计国计天下
——毛泽东的会计实践

上篇
毛泽东的会计启蒙与早期会计实践

第一章　青少年时期的家庭会计记账实践

本章导读

数字是早于文字出现的，也是人类社会的第一门学问，更是人类理性文化的核心，在人类社会发展过程中起到了精准管控的作用。数字最早是在原始人类分配食物的过程中产生的，属于家庭会计的范畴。家庭会计后来也发展成民间会计的一种，是会计学科的一个重要分支，广泛应用于民间殷实之家的财产管理，也是毛泽东从小所学的第一门实践课程。毛泽东从9岁"刚识了几个字"就开始为父亲记录家庭经营账，一直记到17岁离开韶山为止，历时8年之久。尽管他志不在此，但在父亲的严格要求下，还是在这一"做中学、学中做"的实践课堂中，修炼出一门坚实的记账"童子功"，即数字管理功夫。本章通过党史文献和相关研究资料，结合实地调研收获，梳理毛泽东青少年时期的记账实践活动，展示他"记录"的账簿，证实他的记账经历，并推断青少年时期的记账活动对毛泽东一生的重要影响：不仅账簿知识是毛泽东庞大知识系统的"筑底"知识之一，而且务实的会计思想也是毛泽东"实践观"的源头之一。

一、引言

自2017年春季在病床上阅读《西行漫记》发现毛泽东的记账"童子功"后，我就急不可待地在《毛泽东选集》《毛泽东文集》等重要著作中寻找他会计实践的足迹，因为我相信，人的功夫是无法掩盖的，只要小时候练过，就一定会在他以后的行为中表现出来。毛泽东的著作，是毛泽东语言、实践和思想的一种重要载体，也是当时能接触的主要文献资料。

经过半年的阅读，我果然在毛泽东早期的调查报告中发现了大量的会计术语以及他偏好用数字、数据指导中国革命和建设的行为特征，更加坚信毛泽东的记账实践是一个重要发现，也是一个值得开发的学术领域。

各行各业比拼的都是硬功夫，治学也是如此。治学的硬功夫也肯定来自一招一式的"事上练"。在史学研究领域，我十分欣赏陈寅恪先生，他只求学问不求学位的人生传奇及其重要学术贡献，赢得了历史的敬重，也影响了众多文化学者。我虽没有经过史学专业正规的治学训练，对规范的史学学术研究相当陌生，但还了解一些陈寅恪先生的治学方法，那就是厚积薄发。所以，从企业会计实务研究转到毛泽东的会计实践研究——准确地说是一门史学研究，一开始我还是比较清醒的，认为必须用练武术的精神练"学术"，用注重基于"原始凭证"的理念来研究毛泽东的会计实践。如果要在毛泽东的会计实践研究方面出成果，源头肯定是众多的"原始凭证"以及旁证。核心工作是要先在漫无边际的文献史料中找"原始凭证"。

因为关于毛泽东的会计实践是会计研究和史学研究领域的新发现，众多的"原始凭证"肯定不在已有的研究成果里。要找到这些"原始凭证"，就应到毛泽东生活、工作过的地方去，去找那些不被人注意的记账或会计"足迹"。

在两年多的时间内，我一边治病一边阅读手头的文献资料，主要是毛泽东著作。毛泽东写得一手好文章，不仅干净利索，还实在实用，且基本都是从实践中来的。我在阅读中发现毛泽东这种实用的行文风格在他发表的第一篇文章《体育之研究》中就表现出来了，这篇文章实际属于武术之研究，也是青年毛泽东习武经验的如实总结。后来我在《讲堂录》[①]中找到了毛泽东行文遵循的理论依据来自《实学指针》一书，该书序言的开篇就是："夫有物而后有名，有事而后有言。修辞之道，以物为本。"毛泽东在他的课堂笔记里标注了"西师意《实学指针》序"字样，显然是阅读了这篇序言，从他后来的文章看，他显然掌握了"以物为本"的修辞之道。《实学指针》序言中"秦汉以后，华人学文，求言辞于事物之外，徒捉虚以为实，探无以为有，惟弄字句之勉，而不复问理义通否？空文于人，将逐何用？"这一评价和批判，很符合青年毛泽东的性格。"论理原于数定，立言出于确据。文虽不好平调，而不敢毫厘紊理义。名实相合，言行一致。所谓实学者所用心，宜当如此耳。"这"数定"和"确据"的治学导向，十分适用于拥有丰富数字知识和记账经历的毛泽东，易于他接受。"空学之弊，驱人子，以陷之于无能。"这对空学弊端的批判就是在今天，也有重要的启示作用，何况是在积贫积弱的旧中国，对救国济民的青年毛泽东所产生的影响——这从他后来的行为都可验证，不论是他的"没有调查，没有发言权"，还是"实践出真知"，都跟《实学指针》倡导的理论合辙。

---

① 毛泽东：《讲堂录》，北京出版社，2017，第132页。

研究毛泽东的会计实践，也必须走"从实践中来，到实践中去"的正确道路，坐在书斋里，只能得到皮毛。到"现场"才有可能拿到"会计凭证"。越这么想，就越想去韶山以及毛泽东走过的地方，去走访、调查，收集一手研究资料。

实地调研这事在心头越积越重，直到 2019 年的阳春三月，才得以成行。到达韶山次日，我们调查小组就迫不及待地参观了韶山毛泽东同志纪念馆。

韶山实地调查，收获很大，为本书写作提供了开阔的视野和丰富的素材。毛泽东属于人民，所以关于他会计实践方面的研究成果，我们除了赶写规范的学术研究论文，还要写成通俗文章向大众传播，这也是一个重要工作。2019 年 9 月 6 日，《毛泽东的"童子功"》一文发表在北京市委前线杂志社的"东方红啦"公众号上，好评如潮。2019 年 11 月 13 日，《毛泽东的账簿：计家计国计天下》又发表在"东方红啦"公众号上，经"今日头条"转发，一年的阅读量超过 500 万。至 2022 年 1 月，前线客户端、理论圈等新媒体，我和学生已经发表了关于毛泽东会计实践的 12 篇文章，这些文章被相关媒体纷纷转载后，深受大众的欢迎，在社会上产生了广泛的影响。

二、青少年毛泽东的记账实践活动

（一）文献里的青少年毛泽东记账实践活动

据《毛泽东年谱》记载："1902 年，九岁，春，从唐家圫外祖父家回韶山，入南岸下屋场私塾读书，启蒙教师邹春培……在学了一些字以后，父亲便要他习珠算，并给家里记账。"[①] 这证实毛泽东从 9 岁开始，便在父亲的亲自调教下，学习打算盘并给家里记账了。

毛泽东的父亲毛顺生当过湘军，退伍后，不仅把省吃俭用积攒的军饷带了回来，还把外边的见识带回了韶山冲。他不甘心只过那种面朝黄土背朝天的传统耕种生活，为了家人更好的生计，开始经营稻米的生意。由于他为人精明，生意越来越好，家产越积越多。他送毛泽东上学的主要目的是让毛泽东识几个字，能打算盘会记账，将来好继承家业。毛泽东刚识了几个字，能双手打算盘的毛顺生就迫不及待地手把手教儿子打算盘、记账了。

---

① 中共中央文献研究室：《毛泽东年谱（1893—1949）（修订本）》（上），中央文献出版社，2013，第 2 页。

《毛泽东年谱》的记载应是来自毛泽东的回忆。1936年在保安窑洞接受斯诺采访时,毛泽东曾亲口披露了他的记账经历:"我刚识了几个字,父亲就让我开始给家里记账。他要我学珠算。既然我父亲坚持,我就在晚上记起账来。他是一个严格的监工,看不得我闲着;如果没有账要记,就叫我去做农活。"① 毛泽东初次披露的记账经历,被斯诺如实写入了《西行漫记》,也成了关于他青少年时期记账实践活动的最早文献记载。

除了这段文献外,斯诺的《西行漫记》还有两处描写了毛泽东的记账实践活动。"他的严厉态度大概对我也有好处。这使我干活非常勤快,使我仔细记账,免得他有把柄来批评我。"② "我十三岁时,终于离开了小学堂,开始整天在地里帮长工干活,白天做一个全劳力的活,晚上替父亲记账。"③ 据这些文献资料可知,从毛泽东"刚识了几个字"开始记账后,记账实践活动就成了他的一门"家庭作业",每天都要做一遍。毛泽东有关记账的回忆,当属他13岁停学期间的记账实践最为清晰。《毛泽东年谱》记载:"1907—1908年,十四—十五岁,停学在家务农。白天同成年人一起在田间劳动,晚间替父亲记账。"④ 记述的也是那段时间的记账实践。因毛泽东的生日是12月26日,所以毛泽东回忆的13岁是周岁,年谱记载的14岁是虚岁。毛泽东的记账功力在停学期间应该获得了较大的长进,这也是由他的年龄增长及其记账知识的逐步积累所决定的。

我国传统的启蒙教育,除了诗文,就是算术,尽管二者同等重要,但启蒙稚童大都是家长拿根筷子从识数开始的,没有一开口说话就背诗的。民间的算术教育就是打算盘、记账,毛泽东的记账实践活动实属传统教育。但历史都是由文人撰写的,文人对算术或数——人类理性文化的核心——在人类社会发展中的重要作用,总没有会计专业人员敏感。所以对毛泽东青少年时期的记账实践活动——这门数字功夫的修炼,就容易被忽略。事实也是如此,斯诺的简洁记述,决定了后来学者对毛泽东记账实践活动描述的简洁或忽略,很多文献对毛泽东青少年时期长达8年的记账实践活动基本都用只言片语来一笔带过。

《毛泽东同志的初期革命活动》一书如此记录:"因此在十六岁以前,毛泽东同志的生活是学生兼小长工,或小长工兼学生;同时还替父亲担任着记账的

---

① [美]埃德加·斯诺:《西行漫记》,生活·读书·新知三联书店,1979,第106页。
② [美]埃德加·斯诺:《西行漫记》,生活·读书·新知三联书店,1979,第108页。
③ [美]埃德加·斯诺:《西行漫记》,生活·读书·新知三联书店,1979,第109页。
④ 中共中央文献研究室:《毛泽东年谱(1893—1949)(修订本)》(上),中央文献出版社,2013,第6页。

工作。"① 加上标点符号才48个字，十分简洁。《毛泽东：峥嵘岁月》一书也记载了三句："除了农活和帮助父亲记账，毛泽东仍旧挤出时间读书，把乡下能借到的书几乎读尽了。"② 一句提及记账，两句注重读书。但该书对农家子弟读书有如下评论："农工商子弟读书，一般不是为应科举，而是为了略识之无，便于记账之类。"把记账归为"之类"，足见记账的无足轻重。这也流露出了历代知识分子重农轻商的传统思想，记账就更难融入传统文史学家探讨研究之列。

《毛泽东同志的青少年时代》一书也有一段介绍了毛泽东的记账实践活动，但更侧重读书："毛润之十三岁时，父亲不让他读书了。休学期间，他白天和成年人一起，整天在田间劳动；晚上除帮助父亲记账外，仍然如饥似渴地在一盏小桐油灯下刻苦地读书。凡是韶山地区能够借到的书，他几乎都阅读了。有时还跑到离家几十里远的舅舅和表兄弟那里去借书。"③

《青年毛泽东》一书有两处提及毛泽东的记账活动。一是父亲毛顺生"亲手教孩子们记账，训练他们双手打算盘，学会经商的本领。他要让孩子们个个成为精打细算的好角色。但孩子们并没有走父亲所设计的生活道路"④。二是"除白天参加繁重的体力劳动，晚上帮父亲记账外，还坚持自学，经常在小油灯下读书至深夜"⑤。但这两处记载重点关注的都是青年毛泽东的读书活动，对他的记账实践也基本都是一笔带过。

韶山毛泽东纪念馆编著的《毛泽东生活档案》是一本研究毛泽东的基础文献，有多处提及毛泽东与记账活动相关的史实。其中有这么一个场景描述：

> 毛顺生吐了几口烟，把烟灰敲在地上，转头对毛泽东说："润之，你该上学了，一两天后就去，听见没有？"
>
> 毛泽东喜出望外："听见了。"他没有笑出来，但脸上已经充满开心的笑意："爸爸，我要到哪一家去念书？"
>
> "南岸私塾。去了就要听先生的话，记住，不能顶嘴。"毛顺生见儿子满心欢喜，也禁不住心乐，但他说话的语气还是很严厉。

---

① 李锐：《毛泽东同志的初期革命活动》，中国青年出版社，1957，第1页。
② 李锐：《毛泽东：峥嵘岁月》，北京联合出版公司，2014，第5页。
③ 《新湘评论》编辑部：《毛泽东同志的青少年时代》，中国青年出版社，1979，第9页。
④ 高菊村、陈峰、唐振南、田余粮：《青年毛泽东》，中共党史资料出版社，1990，第5页。
⑤ 高菊村、陈峰、唐振南、田余粮：《青年毛泽东》，中共党史资料出版社，1990，第11页。

> 母亲走了过来。她笑道:"润之,好好读书识字,将来爸爸算账也就有帮手了。"①

这段小说一样的描述,再现了毛泽东初上学堂的"决策"场景,并通过母亲的话把父亲"决策"的目的表达出来:读书识字,将来帮爸爸记账。不论是从农村传统的育儿观念,还是从当时毛顺生的富裕家业来看,这都顺理成章,也经过了史料的验证。

该书还记载"毛泽东在15岁以前的生活,是学生兼小长工或小长工兼学生,同时,他还替父亲管理账务"②。毛顺生为了让孩子们尽快成为好帮手,还用师傅带徒弟的方式传授家庭会计的记账理论、技能和经营本领:"他(毛顺生)还亲自教孩子们记账,训练他双手打算盘的本领,告诉他们如何经商,使他们个个都成为精打细算的好角色。"③毛泽东本人对这些记账实践也有回忆。1959年6月26日,毛泽东在阔别故乡韶山32年后,重新走进他的家门,在横屋里,他指了指小阁楼:"我小时候白天劳动,晚上就在那里看书或记账。"④

《红色账簿》一书还如此推断:"他九岁才开始启蒙,在韶山的私塾里学会了打珠算,为的是给家里记账。一般贫苦农民家里是用不着学珠算记账的,这证明毛泽东的家境还算富裕。按照他父亲的规划,长子毛泽东的职业已经定位于农村的管账先生,从此过上'30亩地一头牛,老婆孩子热炕头'的小康生活。"⑤

《伟人毛泽东》一书更为简洁地提道:"识字后也要帮父亲记账。"⑥

注重读书,忽略实践,是传统知识分子的一个通病。毛泽东青少年时期的记账实践,也由此遭到了集体忽视。

在外国人研究毛泽东的著作里,也多有记载毛泽东青少年时期的记账实践活动。比如,斯图尔特·施拉姆在《毛泽东》一书中记述:"毛泽东十三岁时,为父亲所迫,不再在韶山小学堂读经,开始整天在地里劳动,并帮助记账。"⑦再如,特里尔在《毛泽东传》一书中参考斯图尔特·施拉姆的描述并掺杂了西

---

① 韶山毛泽东纪念馆:《毛泽东生活档案》,中共党史出版社,1999,第67页。
② 韶山毛泽东纪念馆:《毛泽东生活档案》,中共党史出版社,1999,第71页。
③ 韶山毛泽东纪念馆:《毛泽东生活档案》,中共党史出版社,1999,第72页。
④ 韶山毛泽东纪念馆:《毛泽东生活档案》,中共党史出版社,1999,第10页。
⑤ 马祥林:《红色账簿》,北岳文艺出版社,2012,第20页。
⑥ 何明:《伟人毛泽东》,中央文献出版社,2009,第1页。
⑦ [美]斯图尔特·施拉姆:《毛泽东》,红旗出版社,1987,第3页。

方人的想象成分记述道:"在毛先生看来,儿子识几个字能搞清楚家中的往来账目,写个契约合同之类……就行了。泽东在13岁时辍学了……白天他是一个成年劳动力,晚上,他成了父亲的管账先生,宝贝儿子开始回报了。"[1] 这些介绍都是跟斯诺一样的简洁,对毛泽东青少年时期的记账实践活动,基本都是蜻蜓点水般一笔带过。

但这些都指向一个史实,那就是青少年时期毛泽东的记账实践活动,并集体展示出一个乡下少年每天在油灯之下用毛笔给父亲记录家庭经营收支账册的历史场景。

1910年秋,17岁的毛泽东考入湘乡县立东山高等小学堂。临行之前,他改写了日本和尚月性的一首言志诗,夹在父亲每天必看的账簿里:"孩儿立志出乡关,学不成名誓不还。埋骨何须桑梓地,人生无处不青山。"[2] 把诗夹在账簿里,足见账簿是他们父子每天产生交集的重要载体,也说明父亲每天都要看账,检查毛泽东的"家庭作业"。这种比内部审计还要严厉的监督活动,也是促进毛泽东夯实记账功夫的一种有效手段。

从1902年的9岁至1910年的17岁,在民间会计的家庭会计账簿上,毛泽东踏踏实实地修炼了8年的记账功夫,是名副其实的"童子功"。

"童子功"本是武术的专用词汇,是指从童年开始习武练就的功夫,这种功夫一旦练成便十分了得。但任何一门技能,只要从小习练,就都能达到"童子功"的境界,行行出状元——不仅有武状元,还有更多的状元。毛泽东的记账功夫就属于"状元"的序列。

从1910年离开韶山冲,到1936年接受斯诺采访,相距26年。历经了生活颠簸、战火洗礼和万里长征的毛泽东依然准确无误地"晒出"自己家当年账本上的数据,也足见"童子功"的功力,他清晰地告诉斯诺:"这时我家有十五亩田地,成了中农,靠此每年可以收六十担谷。一家五口一年共吃三十五担——即每人七担左右——这样每年还有二十五担剩余。我的父亲利用这些剩余,又积蓄了一点资本,后来又买了七亩地,这样我家就有'富'农的地位了。那时候我家每年可以收八十四担谷。当我十岁家中只有十五亩地的时候,一家五口人是:我父亲、母亲、祖父、弟弟和我。我们又买了七亩地以后,祖父去世了,但又添了一个弟弟。可是我们每年仍然有四十九担谷的剩余,我的父亲就靠此

---

[1] [美]R·特里尔:《毛泽东传》,河北人民出版社,1989,第6页。
[2] 中共中央文献研究室:《毛泽东年谱(1893—1949)(修订本)》(上),中央文献出版社,2013,第8页。

渐渐富裕起来。"① 没有 8 年积累下来的记账功夫，没有把账簿数字"刻"在脑子里，时隔烽火连天的 26 年，他是很难"晒出"这些准确的数据的。

在《西行漫记》里，除了在三处提及毛泽东的记账史实，斯诺还在更多处记载了毛泽东对各种数据信手拈来。比如："老头儿继续'聚财'，这笔财产在那个小村子里已被认为是笔大财了。他不再买进土地，但他典进了许多别人的地。他的资本增加到了两三千元。"② 再如："我随表兄到那所学堂去报了名……我缴纳一千四百个铜元，作为五个月的膳宿费和学杂费。"③ 又如："我的军饷是每月七元——不过，这比我现在在红军所得的要多了。在这七元之中，我每月伙食用去两元。我还得花钱买水。士兵用水必须到城外去挑，但是我是一个学生，不屑挑水，只好向挑夫买水。剩下的饷银，我都用在订报纸上，贪读不厌。"④ 还算出了"总账"："我在长沙师范学校的几年，总共只用了一百六十块钱——里面包括我许多次的报名费！在这笔钱里，想必有三分之一花在报纸上，因为订阅费是每月一元。"⑤ 时隔一二十年，能摆出这些准确数字，充分验证毛泽东记账"童子功"练就的数字记忆能力。

依据这些最初的文献资料，我撰写了《毛泽东的一门"童子功"》一文，介绍毛泽东少年时代掌握会计语言的情况，发表在 2018 年 3 月 26 日《北京日报》的理论周刊上，当天就被中央党史和文献研究院网站转载了。

（二）青少年毛泽东记录的家庭账簿

毛泽东青少年时期记录了 8 年的家庭账簿，属于民间会计中经典流传的"流水账"。这种逐日或逐笔记录家庭日常事务及其收支情况的账簿，会以简单的事项和翔实的数字，记载账簿之家的生活世界和大量的历史信息，是研究记账人及其家庭的重要文献。

毛泽东亲手记录的家庭账簿已无从寻觅。1927 年他率领秋收起义的部队上了井冈山后，韶山就笼罩在国民党的高压政策之下，族人为了防止反动派的迫害，就将他青少年时期读过的书籍、笔记包括记过的东西等，拎到山里付之一

---

① [美] 埃德加·斯诺：《西行漫记》，生活·读书·新知三联书店，1979，第 105 页。
② [美] 埃德加·斯诺：《西行漫记》，生活·读书·新知三联书店，1979，第 107 页。
③ [美] 埃德加·斯诺：《西行漫记》，生活·读书·新知三联书店，1979，第 112 页。
④ [美] 埃德加·斯诺：《西行漫记》，生活·读书·新知三联书店，1979，第 117 页。
⑤ [美] 埃德加·斯诺：《西行漫记》，生活·读书·新知三联书店，1979，第 126 页。

炬。这一把火,几乎抹去了毛泽东在韶山的生活"记忆",也烧掉了很多珍贵的历史文物。

好在韶山的毛家后人还保留着一本完整的毛家账簿,即《清抵簿》(图1-1),这让今人得以看到毛泽东记录的家庭账簿的样子。

图 1-1
毛家账簿:《清抵簿》

"义顺堂"是毛泽东父亲毛顺生的堂名,"民国拾叁年"即1924年。此时毛家兄弟都已走上了革命道路,家产也依据毛泽东"别人欠的不要、欠别人的要还"的原则,做了部分清理。"毛泽东1921年动员弟妹外出干革命以后,他韶山老家的家产其实还存在。"① 这剩余的家产也交由族人共同管理,《清抵簿》也是由族人共同记录的。但从这个内含"清算抵偿"意思的账簿名称看,毛家在韶山的家业已进入了"清算"时期。"清"就是清算的意思,"抵"就是抵账或偿还的意思,也应是根据毛泽东"欠别人的要还"的原则,加在账簿名称里的。《清抵簿》记载了很多笔用于革命活动方面的支出。比如,1924年上半年的28笔支付条目中,有"付文化书社花边叁佰元""付织布厂花边贰佰元"(图1-2)"付咏芝室洋捌元"。这3笔支出占上半年所列开支的75%。

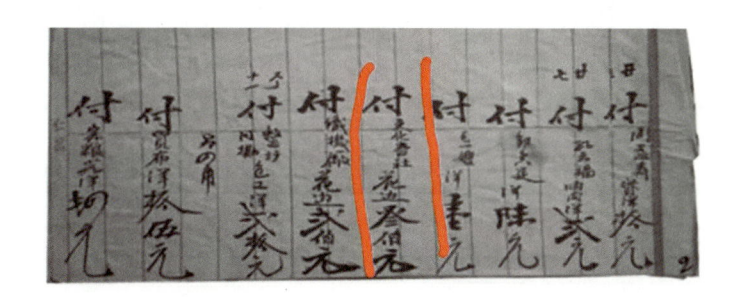

图 1-2
《清抵簿》记录支付文化书社300大洋和织布厂200大洋的账页

---

① 龙正才:《毛泽东家一本90多年前的老账簿》,《档案时空》,2016年第3期。

长沙文化书社是 1920 年毛泽东和易礼容、彭璜等小伙伴一起创办的经营实体，旨在传播马克思主义和新文化，为湖南建党做出了重大贡献。织布厂也是毛泽东 1921 年所办，经营定位是安置革命者及其家属就业，并为革命活动赚取经费。毛泽东的字原为咏芝，后改润芝、润之，"咏芝室"即咏芝的家室杨开慧，这也是当地对媳妇的习俗称谓。1922 年毛泽东建立了中共湘区委员会，任区委书记，杨开慧负责党委的机要和交通联络工作，是毛泽东的得力助手。

几百大洋在当时是一笔巨款，75% 的占比也足以证实毛泽东动用家产支持革命事业的力度。

《清抵簿》中的一页还记录了如下事项：

> 入南岸山叁拾元正
> 入王淑兰借叁拾贰元五角正
> 付文八舅丧情壹元正
> 付碧居息谷壹石正
> 付周母来家共用贰元正
> 付送信数次共五勺正
> 付艮息谷五石八斗三升
> 付月迪淑兰月息谷壹拾壹石

很明显，毛家账簿采用的是"入付"记账法。"入"表示收入或进账，"付"表示支出或出账，具有直观又通俗易懂的家庭会计记录特点。"入南岸山叁拾元正"记录的是收入或进账，应是毛家的业务收入；"入王淑兰借叁拾贰元五角正"记录的是他人的还款，即收回的欠款，属于往来账；"付文八舅丧情壹元正""付周母来家共用贰元正"和"付送信数次共五勺正"记录的都是支出，属于费用账；"付碧居息谷壹石正""付艮息谷五石八斗三升"和"付月迪淑兰月息谷壹拾壹石"记录的是借出的谷物（须秋季加息偿还），是向民众"放贷"，属于投资账。这种"事项+金额"的记账风格在毛泽东后来的调查报告中多有体现。他现存的第一篇农村调查报告《中国佃农生活举例》就是用这种"记账笔法"写出来的。

毛泽东 1910 年走出韶山冲，并将家庭记账工作完全"交接"给 14 岁的毛泽民，距 1924 年族人记录这本账簿只有 14 年的时间。作为流传下来的家庭账簿，在这 14 年内，除了业务内容会发生变化，记账原理和方法一般不会发生改变。由此推断，族人记录的这个账簿，毛泽东也同样记录过，并且记录了8年。《清抵簿》就是毛泽东所记家庭账簿的样子。

三、青少年时期的记账实践活动对毛泽东的影响

（一）无心插柳——毛泽东修炼的是"数"的学问

会计天然是一种数目字管理活动，青少年毛泽东长达8年的家庭记账实践活动，修炼的其实是"数"的学问，也是人类社会重要的计量和分配的学问。不论是人类社会，还是一个人，"数"都是必须掌握的一门基础知识——因为它是人类理性文化的核心。

个体的学习多是从"数"开始的。不论是东方人还是西方人，教一个稚童知识，多是从1、2、3、4这些数字入手的，比如用饭桌上的筷子，教稚童辨识1、2、3、4等。少有一开始就从文字入手教孩子的，哪怕是简单的姓氏"丁"字，对牙牙学语的稚童来说，也是很难教的。这个普遍现象证实，"数"就是每个人的第一门"课程"，这也是由"数"是人类社会掌握的第一门学问所决定的。

数字早于文字出现已经成为学界的共识。人类社会的文明是从"数"开始的，在表达"数"的各种涂鸦一样的原始符号上，才逐步出现了文字。如果说人类社会的文明是沿着"数字"和"文字"这两条基本的文化轨道前行的，那"数字"这条轨道的铺设，要比"文字"轨道的铺设早了很多年。道理很简单，因为在"猿以食为天"的原始社会，所有的活动都是为了吃饱肚子，当捕获的猎物多了并出现分配问题，需要"多少"或"大小"的衡量，脑子记不住了，某位猿人就随手用石头记录食品的分配数量了，"数"的概念就最先产生了，表达"数"的相关符号也就跟着出现了，肯定比文字的产生要早得多。

厦门大学刘峰教授2021年5月31日在海南自贸港会计高峰论坛发表了"会计是人类社会第一门学问"的观点。这个观点对非会计专业人员可以这么解读："数"是人类社会的第一门学问，但"数"是在人类社会分配食物的过程中产生的，因而属于会计行为。所以"会计是人类社会第一门学问"。

人类在围绕"吃"的进化过程中，捕获的猎物多了，第一个出现的就是伙食分配问题，而分配伙食的"数"就是人类文明的第一道曙光。对于"数"的记录，除了堆石记事，还衍生出很多至今辨识不清的简单符号，其实这些最早的符号，也多是"数"的表现形式。因为在那个至简的时期，除了上下前后等

基本的方位概念，就是大小、多少的"数"的概念。以后的文字，也都应是在这些"数"的符号上创建出来的。

毛泽东在家庭会计方面修炼的功夫归属人类社会的第一门学问。这门学问也随着人类社会的发展而发展，并围绕人们的衣食、生产、财富逐步升级，积淀成人类理性文化的核心。最后"数"的实用部分，演变成会计这门学科，继续用于记录、分配人类的劳动成果和财富；"数"的理论部分变成了数学这门学科，探索人类发展的"变数"问题。如此，人类社会的第一门学问"数"就分流出会计和数学两大支脉。尽管理论界有数学和会计同源之说，但我认为，记录人类劳动成果的会计在先，数学在后，这应是常识。

青少年毛泽东做了 8 年的"家庭作业"属于民间会计。《中国会计史稿》认为我国西周时期就已出现民间会计的蛛丝马迹，并"把日常的零星核算称之为'计'，把对一定时期经济情况的总合考核称之为'会'"①。可以这么推测：当时政府用会计管理国库，先富起来的很多高官为了管理自己家庭的财富，借鉴政府会计的做法，把会计引入家庭的财富管理，从此会计在民间传播，并形成家庭会计这个重要的分支。

家庭会计侧重于记录收支业务，俗称"流水账"。"毛家账簿"就是从"流水账"演化而来的。尽管在社会发展过程中，"流水账"在形式上也有逐步完善的迹象，但万变不离其宗，其每天晚上使用毛笔记账的习惯、只记收支内容的规则，都在"毛家账簿"的记录上得到了体现。

不论是奴隶社会还是封建社会，"轻商"是一脉相承的，"君子耻于利"也是普遍的价值观。但"数"这门学问，由于其不可替代的重要作用，也被发扬光大了，而且都跟会计记录的实践数据有关，在东周时期"数"被列入了君子必备的技能就是一证。当时的"士大抵受过六艺（礼、乐、射、御、书、数）教育"②。其中的"数"，即为"九数：方田、粟米、差分、少广、商功、均输、方程、赢不足、旁要"③。这也是《九章算术》最初"版本"的内容。第一章"方田"主要通过算题介绍丈量田地的方法，目的是把不同形状的田地换算成标准田地，以便确定田地要承担的（税赋）责任。第二章"粟米"主要介绍不同谷物粮食按比例折换的方法，目的是找到一个交换标准，比如"粟米五十"换

---

① 郭道扬：《中国会计史稿（上册）》，中国财政经济出版社，1982，第96-97页。
② 范文澜：《中国通史（第一册）》，人民出版社，1978，第84页。
③ 袁行霈、郭书春：《九章算术》，科学出版社，2019，第8页。

"粝米三十"①，规定了换算比例，不同产品的交换就有了换算依据。第三章"差分"（后改为"衰分"）主要讲"比例分配法则"，目的是解决平等问题，比如"假令甲家三人，乙家二人，丙家一人，共分十二，为人得二也"②。从会计视角审视，这其实就是成本或利润的分配方法。

实践出真知，人不能脱离时代总结理论，更不能把后边产生的理论挪到前边去。1973年7月17日，80岁的毛泽东在会见美籍华人物理学家杨振宁时，对"以今推古"的治学行为也有过微词："如《诗经》，两千多年以前的诗，后来做注释，时代已经变了，意义已不一样。"③所以我认定六艺中的"数"，主要是跟当时民众生产活动密切相关的物资分配数据的演算技能，即会计数据的演算技能。

儒家学派的创始人孔子年轻时受过"六艺"的教育，他也当过会计。据《史记·孔子世家》记载，孔子"尝为季氏史"。"孔子的少年时代，因为门第衰落，家事贫贱，曾经作过鲁国季氏的家臣，是季氏手下管理仓库财物出入及家畜放牧的一个小官。"④少年孔子属于"统计员"的角色，而统计可以纳入大会计之列。可见，孔子的职业生涯一开始便与经济事务活动有着密切的关系。他的"会计当而已也"（《孟子·万章下》），说的是管理库房的账目和财物，重在"当"字上。按照郭道扬教授的解释：这里既有财物的"处理得当"，也有计数的得当，还有会计人员的可靠与得当。所以孔子推崇的"数"，主要是实用的管理数据，也就是账目数据即会计数据。

除了孔子，管子在《管子·七法》中也有"不明于计数，而欲举大事，犹无舟楫，而欲经于水险也"的重要"数"论。他认为："用兵不知双方兵力投用之数，就有兵败，甚至是全军覆没的危险。理财不知道国家财政收入的多少，就会造成财用混乱，甚至发生财用枯竭的危险。"⑤故管子最后的结论是："举事必成，不知计数不可。"管子把"计数"当作成事的必备条件。

这些先贤的论述，就是文化的丰厚土壤，后人的见识也是在这种土壤中"长"出来的。

---

① 袁行霈、郭书春：《九章算术》，科学出版社，2019，第130页。
② 袁行霈、郭书春：《九章算术》，科学出版社，2019，第154页。
③ 中共中央文献研究室：《毛泽东年谱（1949—1976）》（第六卷），中央文献出版社，2013，第488页。
④ 郭道扬：《中国会计史稿（上册）》，中国财政经济出版社，1982，第129页。
⑤ 郭道扬：《中国会计史稿（上册）》，中国财政经济出版社，1982，第132-133页。

人类社会的文明从"数"开始,也因"数"而辉煌,并由此进入目前目力所及的高级"数"的数字社会。

但会计不是显学,在人类社会的学科中属于"无名英雄"。因为在会计信息披露之前,没有谁愿意把自家的账簿数据说出去的,所以外专业的人一般体会不到会计的重要性。

父亲毛顺生为了孩子的生计,手把手教毛泽东记账、打算盘,本意是让他掌握一门谋生技能,但他们均未意识到,这恰恰是人类社会的第一学问,其文化深度孕育出毛泽东理性的数字管理能力——这也是他成功的重要因素。

(二)家庭会计记账实践活动对毛泽东的影响

据现有文献推断,毛泽东学习记账知识早于他接受的儒家经典教育。"但我到了十三岁的时候,发现了一个同我父亲辩论的有效的方法,那就是用他自己的办法,引经据典地来驳他。父亲喜欢责备我不孝和懒惰,我就引用经书上长者必须仁慈的话来回敬。"[①] 这段文献证实,毛泽东13岁开始正式阅读儒家经典,并能善加运用;业内众多学者也认同他开始阅读儒家经典的时间是13岁左右。这就说明毛泽东从9岁开始的记账实践活动,早于他接触儒家经典书籍,由此,我们推定账簿思想和方法是毛泽东庞大知识系统中的"筑底"知识,这也是他"实践观"的源头之一。

我在韶山毛泽东同志纪念馆看到少年毛泽东学习用过的3本书籍:《论语(下)》《诗经》和《中等适用算术教科书》(图1-3)。综观研究青少年毛泽东成长的文献,多是论及《论语》《诗经》这两本经典著作对毛泽东的影响,鲜有提及《中等适用算术教科书》,殊不知《中等适用算术教科书》是与少年毛泽东家庭记账实践活动密切结合的一门课程。

从陈列的文献外形看,《中等适用算术教科书》是一本自编自印的教材,我千方百计而不得阅览,只能根据光绪三十二年(1906年)湖南编译社出版的《新译算术教科书》,从侧面查看那个时代的算术教材。当时算术教材的算例诸如"一米囊盛米4斗2升,问72石2斗4升为几何囊?"[②] "某商人卖出豆1 000石,得价3 125元,其所获利银与32石之卖价相当,问每石之原价若干?"[③] "有甲乙丙三人营商业得利2 648.75两,内用去杂费银1 784.25两。因甲有特别之劳

---

① [美] 埃德加·斯诺:《西行漫记》,生活·读书·新知三联书店,1979,第107页。
② 余焕东、赵缭:《新译算术教科书(上卷)》,湖南编译社,光绪三十二年,第46页。
③ 余焕东、赵缭:《新译算术教科书(上卷)》,湖南编译社,光绪三十二年,第57页。

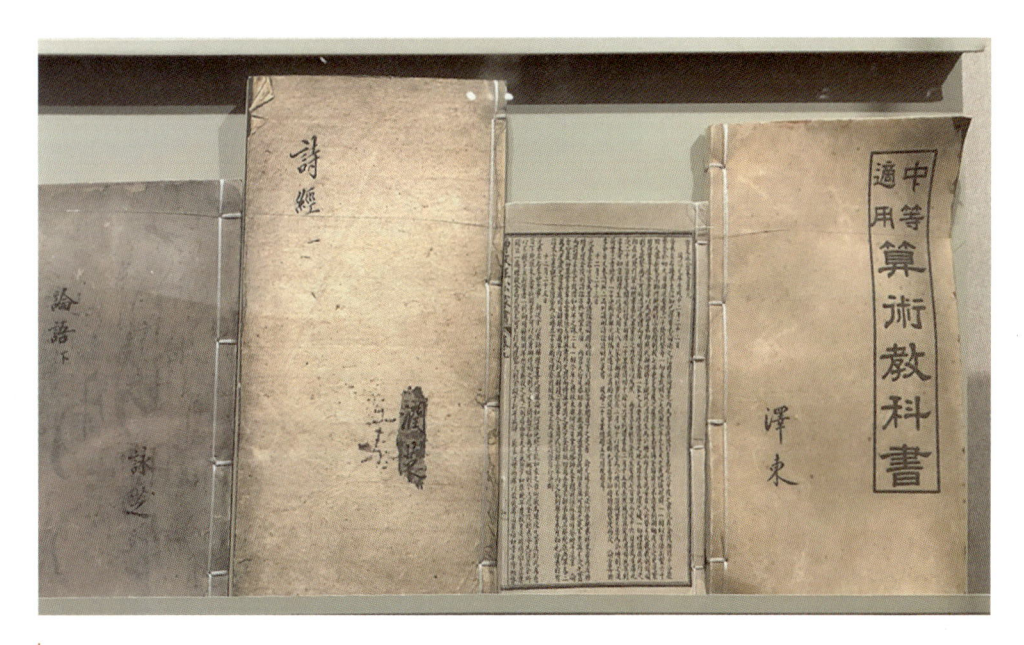

上篇　毛泽东的会计启蒙与早期会计实践

图 1-3
韶山毛泽东同志纪念馆展示少年毛泽东学习用过的书籍

又报酬以 324.62 两。于是将其所余之银三等分之,求甲所得银数?"① 如此等等,多以民间生活或生意为教学内容,跟毛顺生当时经营的家业十分贴近,也能看到《九章算术》的笔法和理论知识对毛泽东的记账实践具有切实的指导作用。少年毛泽东必须学通、记清、算准,甚至字体也要写工整,才能过父亲毛顺生这一关。加上父亲的高压政策,"他性情暴躁,常常打我和两个弟弟"②。如此严厉的管教"使我仔细记账"③。如此就夯实了毛泽东扎实的记账功底,这从他以后的会计实践行为中也可得到验证。

对于当时"所学 6 年的四书五经",后来毛泽东曾坦言:"背得,可是不懂。"④ 而李敏的回忆可以证实从 9 岁开始的记账活动对毛泽东的影响:

爸爸又一次向我提出:"娇娃,你来帮助爸爸管理这个家好吗?"

"我的水平低,刚刚是个高中毕业生,就凭这点水平和我的能力,是管不好这个家的。"我诚恳地对爸爸说出了自己的看法。

---

① 余焕东、赵缭:《新译算术教科书(上卷)》,湖南编译社,光绪三十二年,第 53 页。
② [美]埃德加·斯诺:《西行漫记》,生活·读书·新知三联书店,1979,第 107 页。
③ [美]埃德加·斯诺:《西行漫记》,生活·读书·新知三联书店,1979,第 108 页。
④ 陈晋:《毛泽东读书笔记解析》,广东人民出版社,1996,第 1 页。

> "你的水平比我当年帮爷爷理账时的小学水平要高嘛！实践也是学习嘛。"爸爸又说。①

从这段对话中，可以感知当时毛泽东想让刚刚长大的女儿李敏管理家庭事务的迫切心情。"实践也是学习嘛"不仅是对"实践出真知"的切身体会，也是对女儿学习途径的重点指引；同时证实"帮爷爷理账"这段记账实践活动，让毛泽东掌握了人类理性文化的核心知识，收获了终生受益的数字管理技能。但这个巨大的收获对毛泽东的影响，可能他自己也未必意识到。

> 1920年创办长沙文化书社时，毛泽东亲自设计书社的会计核算制度，凭借深厚的会计功底，率先对我国传统会计进行改造，制定了"半年算"的结账制度和"会计信息披露"制度，也由此耕种了我国红色会计的第一块试验田。
>
> 1926年毛泽东写作的第一篇农村调查报告《中国佃农生活举例》是由"支出之部""收入之部"和"结论"构成的，从会计的视角看就是一篇会计报告；在这篇报告里他还运用"机会损益"理论算账，这也是我国会计理论的重大创新。
>
> 1927年三湾改编时，毛泽东在把党支部建在连上的同时，也把具有分配功能的"伙食尾子账"建在了连上，不仅解决了当时面临的各种难题，还为新型人民军队的经济建设奠定了重要基础。
>
> 瑞金时期，毛泽东开创了国家会计实践的独特模式，由此构建了共和国的财政体制和会计体系之雏形；延安时期，他不仅从战术上重视会计工作，还从战略层面设立了中央特别会计科，管理包括第二条战线支出在内的重要经费；在党的七届二中全会上，毛泽东把胸中有"数"写进《党委会的工作方法》②，将数字管理理论提升到指导全党工作的高度。
>
> 毛泽东还一直用账簿知识管理自己的生活。在延安时期，为了应对艰难的生活，他让炊事员记账管理每月3元的菜金；新中国成立后，他家开始记录的生活账以及他委托中央特别会计室（前身是中央特别会计科）记录的稿

---

① 李敏、王桂苡：《我的父亲毛泽东》，人民出版社，2009，第89—90页。
②《毛泽东选集》（一卷本），人民出版社，1964，第1332页。

酬账，这些账目都记到他去世之后。

这些史实可以直接证实青少年时期的记账实践活动对毛泽东的一生影响深远。

四、本章小结

"思想来源于历史，思想也决定着历史的进程。"[①] 毛泽东思想研究专家施拉姆认为，一个人的思想取决于他的思维结构，即思维结构是思想的母体，思想的不同，根本在于思维结构的不同。我认为，一个人的思维结构，是由其成长过程中吸取的知识及其积累厚度塑造的，尤其是一个人青少年时期吸取的知识，会"雏定"人的思维结构，毛泽东的数字思维结构就是由青少年时期的家庭会计实践所"雏定"的。

用来自实践中的数字反映实践并指导实践是会计的根本思想，与毛泽东主张的"实践出真知"合辙，从中也可以看出重要的关联关系：毛泽东青少年时期长达8年的家庭会计实践活动，让账簿知识由此成为他庞大知识系统的"筑底"知识之一；而务实的会计思想也无疑是他"实践观"的源头之一。

毛泽东是带着一身记账功夫走出韶山冲投身革命事业的；理性的会计知识不仅当之无愧地成为他革命事业初期的重要抓手，也跟他终生相随，是他成功的重要因素。

---

① ［美］斯图尔特·R·施拉姆：《毛泽东的思想》，中国人民大学出版社，2005，第1页。

第二章 长沙文化书社的会计实践

> **本章导读**
>
> 1920年成立的长沙文化书社是毛泽东和他的伙伴合作创办的第一个经济实体,也是他第一次用账簿知识服务革命事业的一个典范,在他的会计实践中留下了辉煌的一笔。长沙文化书社既是一个经营单位,又是一个文化社团,实质上还是一个非营利组织,众多学者从政治、文化等层面的研究成果,都证实了这个组织的先进性以及为传播新文化和湖南建党事业所做出的卓越贡献。正是超越书社经营本身的使命和抱负,促使毛泽东对书社经营管理制度尤其是会计核算制度进行了创新。为了尽早掌握会计信息以便精准决策书社的经营方针,他把总账结账从"年结"改为"半年算",并率先实行"经济公开"的会计信息披露制度,这在我国会计史上都属开启先河之举。我通过与《新青年》编辑部、觉悟社、利群书社和齐鲁书社以及相关经济组织的横向比较,发现这些同时代的社团与经济组织皆不具备产生红色会计的土壤。本章推断长沙文化书社就是我国红色会计的试验田,毛泽东就是我国红色会计的早期探索者。

一、引言

2019年3月22日,在韶山毛泽东同志纪念馆展厅,当我看到《长沙文化书社组织大纲》展板(图2-1)时,就停下了脚步,认真阅读起来,从"半年算"这个陌生的名词中,我预感这是跟毛泽东有关联的重要会计信息。尽管当时还没有掌握文化书社的相关资料,但对"半年算"这个概念的印象很深。这"半年算"就是一种结账制度,属于会计制度,证明长沙文化书社有会计制度,还可能有会计岗位。毛泽东既是书社的主要创办人,又有一身的记账"童子功",这个功夫到了用得上的场合,一定会表现出来。这"半年算"会不会是他的杰作呢?这不是假设,是我对毛泽东调动人生储备——开办书店的实践经验,所进行的推理。

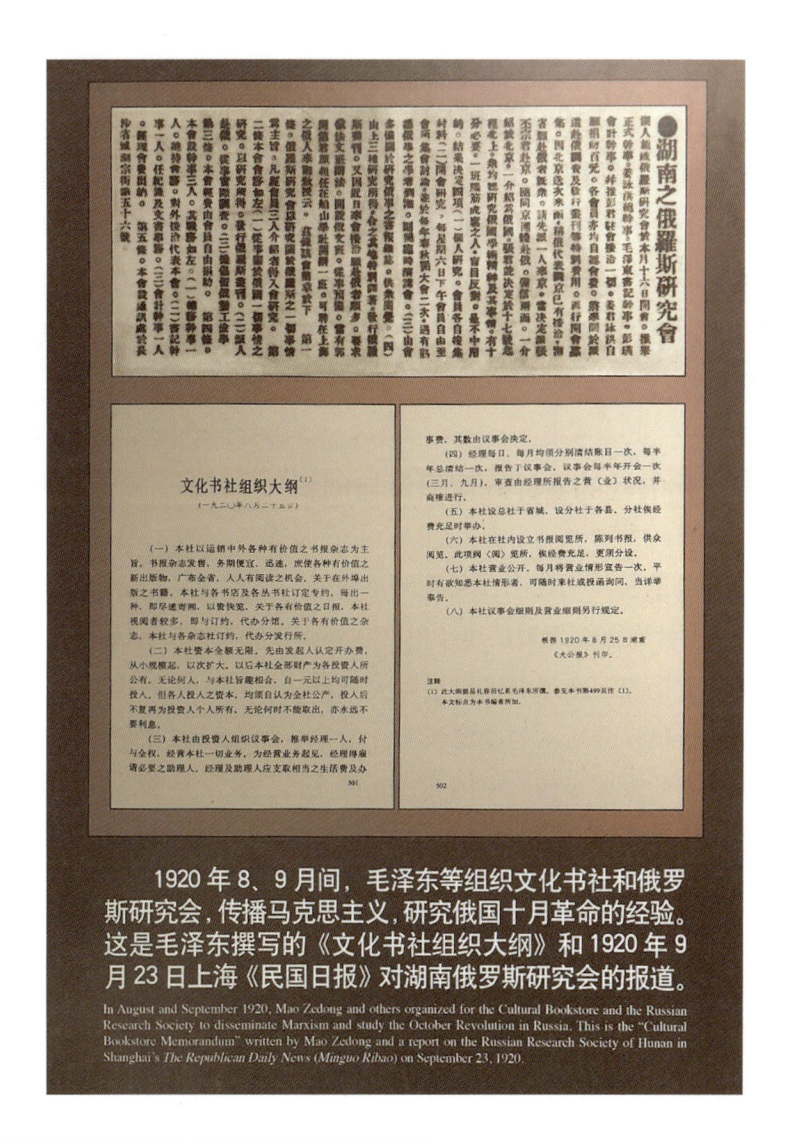

上篇　毛泽东的会计启蒙与早期会计实践

图2-1
韶山毛泽东同志纪念馆展出的《文化书社组织大纲》

1920年8、9月间，毛泽东等组织文化书社和俄罗斯研究会，传播马克思主义，研究俄国十月革命的经验。这是毛泽东撰写的《文化书社组织大纲》和1920年9月23日上海《民国日报》对湖南俄罗斯研究会的报道。

In August and September 1920, Mao Zedong and others organized for the Cultural Bookstore and the Russian Research Society to disseminate Marxism and study the October Revolution in Russia. This is the "Cultural Bookstore Memorandum" written by Mao Zedong and a report on the Russian Research Society of Hunan in Shanghai's *The Republican Daily News* (*Minguo Ribao*) on September 23, 1920.

　　我依据展览馆展板披露的信息按图索骥，搜索长沙文化书社的相关研究资料。搜索结果显示，相关研究成果确实很多，但都是历史、政治视角的学术研究，没有看到会计视角的研究文章。原因可能是，文史学者不注意会计问题，会计学者又很少看文史研究资料，这正好留下了一个学术空间。喝水要喝源头水，做研究最好依据源头文献。根据研究资料中标注的参考文献，追溯源头文献，追到了《毛泽东早期文稿》和《文化书社——中国早期传播马克思主义的书刊发行机构》这两本书。

　　我仔细研读《长沙文化书社组织大纲》原文后，发现8条大纲中有5条属于会计制度，而且都是毛泽东亲自起草的。彼时除了中彩一样的兴奋，我也感

021

觉到了一种责任：这是毛泽东走上革命道路后最初的会计实践，至今还没有人研究，要尽快挖掘出来并"披露"出去。

历史真相果然比我的推理还要丰富多彩。一般人开办书店是为了生计，毛泽东开办书店是为了传播新文化和马克思主义。这境界可谓云泥之别。《文化书社组织大纲》展板在纪念馆挂了很多年，想必也有会计学者参观，但都没有引起注意，主要的原因应学者们是没有把开书店与会计关联起来，与毛泽东的会计实践关联起来。

二、长沙文化书社的会计制度设计与创新

1920年开办的长沙文化书社是毛泽东和他的小伙伴易礼容等人创办的第一个经济组织，书社在蓬勃发展的7年里，在湖南全省发展了9个分社、7个贩卖部，为传播新文化和湖南建党做出了巨大贡献。长沙文化书社不仅是湖南人民的精神粮站、新民学会活动的主要场所，也是毛泽东开展建党建团工作和与外省党团组织联系的重要场所。中国共产党成立后，它又是湖南党组织与省内外各方进行联络的秘密机关，为湖南早期革命活动做出了重要贡献。

（一）毛泽东亲自设计长沙文化书社的会计核算制度

从目前文献资料看，长沙文化书社的组织大纲等管理制度，包括会计核算制度，都出自毛泽东之手。长沙文化书社首任经理易礼容曾多次证实毛泽东当年的"大包大揽"。一次是1978年6月10日的回忆："《文化书社缘起》《文化书社组织大纲》《文化书社社务报告（第二号）》，都是毛主席写的，有些材料是我提供给毛主席的。"[①] 一次是1987年6月7日的回忆："《文化书社通告好学诸君》《文化书社敬告买这本书的先生》《读书会的商榷》和《文化书社第一次营业报告》，这四篇都是当时真实文件，也全是毛泽东执笔起草的。"[②] 还有他在《毛泽东创办长沙文化书社》一文中的记述："文化书社的缘起、组织大纲和社务报告各项文件，都是毛主席亲自起草的，虽然需要其他职员提供材料。"[③] 易礼

---

① 中共中央文献研究室、中共湖南省委《毛泽东早期文稿》编辑组：《毛泽东早期文稿》，湖南出版社，1990，第500页。
② 中共中央文献研究室、中共湖南省委《毛泽东早期文稿》编辑组：《毛泽东早期文稿》，湖南出版社，1990，第539页。
③ 湖南省新闻出版局出版志编写组：《文化书社——中国早期传播马克思主义的书刊发行机构》，湖南出版社，1991，第79页。

容还证实："毛泽东同志任特别交涉员，可说是办'外交'的，我在他领导下任经理。"① 这些材料证明毛泽东在长沙文化书社创始期间的实际领导地位，也可见青年毛泽东的出类拔萃及才优干济。这些文献资料还证明长沙文化书社的纲领性文件组织大纲等管理制度，包括其中的会计制度，以及后来的社务报告及营业报告等管理文案，都是由毛泽东亲自操刀完成，制度创新也出自毛泽东当时的知识储备和先进思想。

毛泽东为文化书社设计的会计制度包括两个层面。

一是纲领性质的会计制度，即通过《文化书社组织大纲》②发布的会计纲领。组织大纲共8条，其中第二条规定："本社资本全额无限。先由发起人认定开办费，从小规模起，以次扩大。以后本社全部财产为各投资人所公有。无论何人，与本社旨趣相合，自一元以上均可随时投入。但各人投入之资本，均须自认为全社公产，投入后不复再为投资人个人所有，无论何时不能取出，亦永远不要利息。"它既明确了吸收股本资金"上不封顶"、一元开头的起点，也确定了股东投入的股本均为"全社公产"的性质，且无息、无红、不退、不转。这在当时私有制盛行的商业领域，明显是"公产"主义即社会主义的宣言。第三条规定了决策层和管理层的权限及其相应薪酬制度："本社由投资人组织议事会，推举经理一人，付与全权，经营本社一切业务。为经营业务起见，经理得雇请必要之助理人。经理及助理人应支取相当之生活费及办事费，其数由议事会决定。"第四条规定了书社的结账制度及报告制度："经理每日、每月均须分别清结账目一次，每半年总清结一次，报告于议事会。议事会每半年开会一次（三月、九月），审查由经理所报告之营业状况，并商榷进行。"因书社是九月份开始营业的，所以"半年结"就据实定在了三月和九月。这条制度的先进性在于把当时总账的"年结"制度改为"半年结"。第五条制定了书社的发展规划及经费筹备规划："本社设总社于省城。设分社于各县。分社俟经费充足时举办。"第七条规定了会计信息披露制度："本社营业公开。每月将营业情形宣告一次。平时有欲知悉本社情形者，可随时来社或投函询问，当详举奉告。"即向全社会披露会计信息。

由此可见毛泽东当时的会计知识储备在书社的会计管理工作中所起到的作

---

① 湖南省新闻出版局出版志编写组：《文化书社——中国早期传播马克思主义的书刊发行机构》，湖南出版社，1991，第81页。

② 中共中央文献研究室、中共湖南省委《毛泽东早期文稿》编辑组：《毛泽东早期文稿》，湖南出版社，1990，第501–502页。

用以及会计管理工作在毛泽东心目中的重要地位。其中,还有三条属于会计制度创新,也可证实毛泽东深厚的会计功底及其会计管理的前瞻性和先进性。

二是经营性质的管理规定。目前的文献资料主要包括《营业细则》(图2-2)、《分社简章》和《分社注意》这三个具体的管理制度。

营 业 细 则

(一) 本社营业内容,分为左列三项:
　　1.书;2.杂志;3.日报。

(二) (略)

(三) 本社书报杂志售价,至多与出版原店一样,或且较原店酌减,以收到相当之邮费及手续费为止。

(四) 本社交易,以光洋计算。

(五) 购买须交现款。有确实信用及担保的人可记帐,但至多以一月为限。

(六) 记帐之户,每月末日结算一次,出月一号将帐单送上,三号派人收款。无论何人,每月须扫数归清。

(七) 外县各学校各团体,有人愿任本社书报之分销者,可来社(或通函)取阅分销简章,订约分销。本社为提倡用国语教科书起见,凡外县要办小学校国语教科书者,可托本社代办,本社当即如嘱购办扎包寄上不误,完全义务,不要酬资。

(录自《五四时期的社团》)

图 2-2
长沙文化书社的《营业细则》

在《营业细则》[①]中,毛泽东制定了实用的会计规则。比如:"**本社交易,以光洋计算。**"它明确了书社的交易币种为光洋,这就统一了记账的"本位币"。又如:"**购买须交现款。有确实信用及担保的人可记帐,但至多以一月为限。**"它明确了现款结算原则,以及"一月为限"的信用期限。再如:"**记帐之户,每月末日结算一次,出月一号将帐单送上,三号派人收款。无论何人,每月须扫数归清。**"这就规定了催收款项的具体日期和每月"扫数归清"的会计管理要求。但"**本社为提倡用国语教科书起见,凡外县要办小学校国语教科书者,可托本社代办,本社当即如嘱购办扎包寄上不误,完全义务,不要酬资**",规定了资助小学教育的优惠事项;经营学校教材属于量大利薄的业务,学校一般都是书店的重点客户,也是毛泽东想承揽的重要目标客户。

---

① 湖南省新闻出版局出版志编写组:《文化书社——中国早期传播马克思主义的书刊发行机构》,湖南出版社,1991,第33页。

在《分社简章》①中，毛泽东制定的七项办法是："（一）折扣：照各出版原店给与本社之折扣全部让与分社"；"（二）邮费，归分社任"，即由分社承担；"（三）消耗费，归分社任"，但明确规定了"每价一元加消耗费四分"的加价原则；"（四）交价：先交价，后取书"，有特别情形的，需有信用担保，可以半价取书，但每月一结清。"（五）领书"，规定了领书程序；"（六）领报"，规定订购十份以上的报纸可以由"报馆直接寄分社"；"（七）退书"，规定"分社领去之书及杂志不能尽数售出者，在一个半月内可退还本社"，但"污损者不能退，杂志及日报不能退"，退还的费用也要由分社承担。这其实也是一套详细的财产管理规定。

对于分支机构的会计管理，毛泽东在《分社注意》②中提议"集本少则五十元，多则百元，就可开一分社"，并建议"开始规模宜小，办法宜踏实，期于逐渐发展"，还特别强调"最忌虚张声势，开支过大，帐目不清，酿成不能维持之局"，并要求"各分社每半年将推销书报情形报告本社一次"，以便将分社的经营信息纳入总社的会计报告。这些举措，都属于会计管理行为。

总体来看，毛泽东为长沙文化书社制定的会计制度，不仅拟订了股本投入的基本规则，还设计了结账日期和信息披露的详细规定，以及交易、收款的细则和分社（异地）财产管理原则。这些制度除了能够证实毛泽东做事细腻，还能证实他从小记录 8 年家庭账簿所积累的会计功底在此发挥了重要作用。

长沙文化书社的会计制度也展示出了毛泽东的会计思想，那就是要记真账、记准账，确保账簿记录的准确性以及"公有"财产的安全与完整，并及时地向全社会披露会计信息。

（二）长沙文化书社的会计制度创新

1. 毛泽东把总账的"年结"制度改为"半年算"

《文化书社组织大纲》第四条规定了文化书社三个结账时点是"日算、月算和半年算"，其中"半年算"是"总清结"，即半年结算一次总账。

1920 年，我国的工商业中既存在传统中式簿记，也引入了西方会计制度，结账方法除了"日清月结"，就是"年结"制度，即年终算总账。我在相关会计

---

① 湖南省新闻出版局出版志编写组：《文化书社——中国早期传播马克思主义的书刊发行机构》，湖南出版社，1991，第 34 页。

② 湖南省新闻出版局出版志编写组：《文化书社——中国早期传播马克思主义的书刊发行机构》，湖南出版社，1991，第 35 页。

文献中至今没有看到提及那个时期有“半年算”或“半年结”的。民国二十年（1931年）出版的《簿记学》[①]，也通篇不见“半年结”之表述，均为“期末结账”的讲解，且书中表格注明的结算日期也都是“19年12月31日”（图2-3、图2-4），显然都是“年结”。这就证实在长沙文化书社开办11年后，会计教材中尚无“半年结”或“半年算”的概念。

卡德試算表

19年12月31日

現　金	1,904 25	
收　票	962 15	
亨　寧	364 25	
史邊大	562 50	
商品餘存（19年7月1日）	2,400 00	
生財裝修	300 00	
運送器具	1,400 00	
卡德資本		4,160 00
卡德自用帳	90 00	
付　票		1,200 00
梅　生		411 40
羅　傑		582 60
進　貨	9,672 20	
進貨運費及車力	127 70	
各項開支	84 50	

图2-3
《簿记学》试算表的结账日期

卡德資產負債表

19年12月31日

資產類		負債類		
現　金	$ 1,904.25	付　票		$ 1,200 –
收　票	962.15	客戶存款		994 –
客戶欠款	926.75	負債合計		2,194 –
商　品	2,760 –	資本主所有權		
生財裝修	270 –	卡德19/7/1資本純值	$ 4,160 –	
運送器具	1,275 –	純　益	$ 1,848.65	
開支項下未用完什品	14.50	除去支用	– 90 –	1,758.65
		19年12月31日資本純值		5,918.65
資產合計	8,112.65	資產及資本主所有權合計		8,112.65

图2-4
《簿记学》资产负债表的披露日期

① 嵇储英、程云桥：《簿记学》，商务印书馆，中华民国二十年。

1934 年 1 月，红军总供给部开办的一期干部会计训练班所使用的自编教材《红军簿记学》中，"分类簿记的结算"章节"包括三项内容：第一部分：日常结算；第二部分：月终结算；第三部分：期末结算"①，"期末结算"应为年终结算。因为会计核算期间是按年计算的，期末就是年末；若是半年结算，应会特别注明"半年结"。

郭道扬老师依据文献资料推断：民国时期的"会计结算有日结、月结和年结三种，一般日记账每天必结，各清账则一月一结，年终时，各账均进行一次总结"②。因此，依据上述文献资料也就给民国总账会计下了初步定论：实行"年结"制度。

但事实是，起源于"西周王朝的岁计"③结账制度，在 1920 年就被毛泽东改为"半年算"了。"半年算"证实毛泽东的会计实践已经走到了当时会计理论的前沿，属于重大会计制度创新。

2. 毛泽东率先实行会计信息披露制度

《文化书社组织大纲》第七条规定了"本社营业公开"的原则，毛泽东"为文化书社制定了一套民主管理制度。书社实行经济公开……凡有欲知书社情形、查阅帐目者，还可随时去社或投函询问，书社均及时详举奉告"④。而当时的社会商业环境是："商家对经营机密是守口如瓶的，而保密的重点则是总清账，查看总清账是商人之大忌，故民间一直有'看账如抄家'的传说。"⑤在"看账如抄家"的时代向全社会公布会计信息无疑是一个大胆创举，也是先进思想引领下的先进行为。"将一切业务往来、明细账目彻底公诸于世，这样的'商业'机关，在旧社会当然是绝无仅有的。这样的商业'社务报告'实际上也是向旧社会宣告，这就是将来理想的社会主义商业。"⑥后来的社会发展也证实，社会主义商业的报表制度源头就是毛泽东的"本社营业公开"制度。

为了做好会计信息披露工作，毛泽东亲自为书社撰写了两份会计报告。一份是"月报"，即 1920 年 10 月 22 日发布的《文化书社第一次营业报告》；另

---

① 赵镕：《长征日记》，山西人民出版社，1990，第 47 页。
② 郭道扬：《中国会计史稿（下册）》，中国财政经济出版社，1988，第 413 页。
③ 郭道扬：《中国会计史稿（上册）》，中国财政经济出版社，1988，第 135 页。
④ 高菊村、陈峰、唐振南、田余粮：《青年毛泽东》，中共党史资料出版社，1990，第 119 页。
⑤ 郭道扬：《中国会计史稿（下册）》，中国财政经济出版社，1988，第 564 页。
⑥ 湖南省新闻出版局出版志编写组：《文化书社——中国早期传播马克思主义的书刊发行机构》，湖南出版社，1991，第 97 页。

一份是"半年报",即 1921 年 3 月底发布的《文化书社社务报告(第二号)》。在"看账如抄家"的年代,毛泽东的会计报告不仅开创了我国会计信息披露的先河,还为以后会计信息披露的年报、半年报和季报报告制度奠定了重要基础。

3. 毛泽东设计的股本投入原则与"非营利组织"经营实践

《文化书社组织大纲》第二条明确了股本的公有性质,且不退,不转,不分红。资金一旦投入书社,即为"各投资人所公有","投入后不复再为投资人个人所有,无论何时不能取出,亦永远不要利息"。这段文字强调的是"投资无偿"的观念,可视为青年毛泽东在制定此制度时所强调的重点,那就是投资的股本一旦投入,就"天下为公",一不退股,二不转股,三不分红(也不支付利息)。

从现在的观点来看,长沙文化书社的股本投入,更像是一种同仁资助书社的经营活动,开办的也是一个非营利组织——不以营利为目的的经济组织,书社的重任是传播新文化和马克思主义,但也要赚钱维持经营,赚钱显然是第二位的,资金短缺了就寻求无偿资助,这也是非营利组织的一个突出特征。

在 1921 年 4 月发布的《文化书社社务报告(第二期)》中,毛泽东再次强调书社的宗旨及经营策略:"大家晓得现时的任务,莫要于传播文化,而传播文化有效则莫要于办'文化书社式'的书社。如果经营得法,一个书社的效何止抵几个学校的效。因此我们为扩张社务,并推广各县分社起见,希望有力的同志,助我们一笔大一点的款子(我们计划于二年内替书社筹足书业资本三千元),我们不知谁是愿意帮助我们的,自然不好到处去问,惟有将社务公开起来,庶几同情于我们的人,好自动的予以帮助。"

这段文献资料透露了三个基本信息:一是文化书社的宗旨是传播先进文化,而非挣大钱,这是书社与当时商业组织的根本区别;二是书社通过 1920 年 9 月到 1921 年 3 月半年多的营业摸索,在不断扩展的同时,也需要源源不断的资金支持,说明当时文化书社急需资金扶持;三是将文化书社办成一个公众公司——类似当今的上市公司,将"社务公开起来",以此吸引志同道合者的无私资助,调动社会资源办书社——这本身就是在传播社会主义思想。

毛泽东的社务公开策略,也确实在社会上赢得了声誉。"文化书社实行这种经济民主、营业公开的原则和方法,在社会上享有很高的声誉。"[①] "经李石岑、

[①] 蒋国海、向飞:《长沙文化书社的创办及其历史地位》,《湖南师范大学社会科学学报》,2011 年第 5 期。

左舜生、陈独秀、赵南公、李大钊、恽代英诸君为信用介绍，各店免去押金。"①有这么多名流支持，也是书社能够快速发展的一个重要原因。

为了完成传播新文化的历史重任，毛泽东在经营活动中是不计成本的。比如："毛泽东同志特别重视向工农群众推销新书刊。根据他的提议，书社规定：凡来社贩运小册子卖给劳动界的，一律照进价转售，不赚分文，有些书的售价甚至比原价还低。"②又如："文化书社考虑到穷苦工人买不起价格较高的书刊，特地发卖一种三个铜板一份的新刊物，颇受工人的欢迎。为了让更多的工人获得精神食粮，文化书社还主动派出成员直接深入到各厂矿推销书报。"③再如："为了让更多的读者，特别是学生和工人群众能够阅读新刊物，书店还销售过三个铜板一份的刊物，此举更是为读者所欢迎。"④向劳苦大众传播新文化、新思想，是开办书社的终极目标。文化书社在这个方面是不赚钱的。

在对待书社的分支机构方面，"分社可以得到全部的优价，就是折扣照原书店全部让与"；对"贩卖部"的销售"只能有百分之五的报酬"；如果他们直接销售给"平民及劳动界的"，总社在中间仍是一分钱不赚。

利润微薄，加之快速发展，文化书社的资金逐渐捉襟见肘，"化缘"就成了"特别交涉员"——也是书社实际领导人毛泽东的一个重要任务。

《文化书社第二期社务报告》记录了毛泽东的第一笔"化缘"："从第一次议事会议决尽本年筹足千元，现尚少五百三十元，大家的零募不是办法，姜君泳洪乃愿独力筹措此五百三十元。"他在这篇报告里也鼓励志同道合者资助文化书社"一笔大一点的款子"。

在1921年7月23日至8月初全程参加中国共产党第一次全国代表大会后，毛泽东的工作重心逐步转到革命斗争中。但他一直没有卸下为文化书社"化缘"的重任，甚至动用家产资助文化书社。

毛家账册《清抵簿》1924年上半年所记录的28笔支付条目中，最大的一笔是"付文化书社花边叁佰元"⑤。这300大洋在当时可是一笔巨款，占了毛家上半年28笔支出总额的45%；从这笔账中，也可窥见毛泽东用家产支持革命活动的力度。

---

① 中共中央文献研究室、中共湖南省委《毛泽东早期文稿》编辑组：《毛泽东早期文稿》，湖南出版社，1990，第536页。
② 《新湘评论》编辑部：《毛泽东同志的青少年时代》，中国青年出版社，1979，第155页。
③ 李万青：《文化书社在长沙共产主义小组建立和活动中的历史地位》，《湖南党史》，2000年第5期。
④ 曾祥虎：《毛泽东与文化书社》，《毛泽东哲学思想研究》，1994年第1期。
⑤ 龙正才：《毛泽东家一本90多年前的老账簿》，《档案时空》，2016年第3期。

易礼容也证实了毛泽东的多次"化缘"成果:"1924年冬,他由上海中央机关请假回湘养病,曾主动与省委书记李维汉同志商量,由省委拨款800元为书社清理债务。1926年初,在广州毛主席与我(当时毛主席、夏曦和我三人代表国共合作的国民党湖南省党部出席1926年1月1日在广州召开的国民党第二次全国代表大会)商量,由我出面写信给国民革命军第二军军长谭延闿,请拨款维持书社业务。谭拨了400毫洋给书社活动。"①

这些"化缘",一方面是在调动社会力量办书社,扩大书社的社会影响力;另一方面也证实长沙文化书社的非营利组织性质。从利润或投入产出分析,文化书社虽没有赚到金钱,但赚到了革命的未来。

尽管尚有很多问题需要探讨,但通过长沙文化书社的会计制度及其会计实践,可以看出毛泽东设计的"半年算"结账制度、会计信息披露制度以及"非营利组织"的会计管理尝试,在我国会计史上,都是开创性的。这也是长沙文化书社会计制度的创新,是毛泽东对会计的贡献。

(三)长沙文化书社会计制度所呈现的红色会计特征

红色会计是围绕我国新民主主义革命发生的会计行为。新民主主义革命是从五四运动开始的,"是世界革命的一部分"②。所以红色会计始自1919年的五四运动,止于1949年中华人民共和国成立,历时30年。③ 红色会计也是共产党人在我国传统会计的基础上,注入使命担当、小钱大用、为公理财、光明正大等诸多红色基因,通过改善会计核算方式、及时提供会计信息、公开披露会计信息等会计方法的升级,逐步形成的一门特色会计,并为我国新民主主义革命的胜利提供了重要的经济核算保证。

尽管学界对红色会计的定义、时间界定以及特征等相关问题还在研究探讨之中,但长沙文化书社及其会计制度所呈现的红色会计特征急需总结。我不揣浅陋,抛砖引玉,归纳如下。

1. 长沙文化书社是肩负使命的非营利组织

因为"新民学会的得力人物,就是文化书社的得力人物。从筹备到开业,

---

① 湖南省新闻出版局出版志编写组:《文化书社——中国早期传播马克思主义的书刊发行机构》,湖南出版社,1991,第80页。
② 《毛泽东选集》(一卷本),人民出版社,1964,第626页。
③ 吴大新、宋小明、孙勇、等:《为人民理财:红色会计的理念与启示》,《财务与会计》,2021年第4期。

仅一月有余,这是一群新民学会会员满腔热情,奋力筹办的结果"[①]。而且"书社是新民学会'改造中国与世界'的一桩事业,不以赢利为目的"[②]。这些都说明长沙文化书社是一家"肩负使命的非营利组织"。

在《文化书社缘起》中,毛泽东就界定了文化书社的使命:"我们认定,没有新文化由于没有新思想,没有新思想由于没有新研究,没有新研究由于没有新材料。湖南人现在脑子里饥荒实在过于肚子饥荒,青年人尤其嗷嗷待哺。文化书社愿以最迅速、最简便的方法,介绍中外各种最新书报杂志,以充青年及全体湖南人新研究的材料。"从中可以体会到毛泽东传播新文化的使命感及其时不我待的激情。正是这种使命感和激情,促进了长沙文化书社会计制度的创新,这也是"实践出真知"的最好佐证。

从目前文献看,非营利组织出现在第二次世界大战之后,也是"政府失灵"和"市场失效"催生的一个公益"产品"。这类组织的特征在于组织使命,并且是公共使命。

正是基于组织使命和公共使命,毛泽东把1920年创办的长沙文化书社办成了一家非营利组织;同时也开创了非营利组织会计管理的先河。而肩负历史使命也就成为红色会计的首要特征。

2. "公产"管理的会计核算导向

在私有制社会,"公产"概念的提出本身就是一个挑战。《文化书社组织大纲》最具创造性的规则是"各人投入之资本,均须自认为全社公产",不分红、不付息,也不准转让。这条规则实质上是把"股本公产化"了,意在大量吸收志同道合者的资本,做大文化书社,完成"广布全省,人人有阅读之机会"的文化传播重任。

在长沙文化书社的管理文案中,毛泽东多次强调书社的"公产"性质。比如,他在《文化书社第一次营业报告》中强调"本社既为公共组织,出资作为公产,亦无利息"。他在《文化书社社务报告(第二期)》中再次强调"社的本是'公财'性质,没有退也没有息"。甚至他在文化书社的广告宣传文案《文化书社通告好学诸君》中也表明"本社为社会公有"。尤其是在《分社注意》中,他特别强调"本社为同志共同组织,投资不退,亦不分红取息,但书社永远为

[①] 湖南省新闻出版局出版志编写组:《文化书社——中国早期传播马克思主义的书刊发行机构》,湖南出版社,1991,第103页。

[②] 湖南省新闻出版局出版志编写组:《文化书社——中国早期传播马克思主义的书刊发行机构》,湖南出版社,1991,第105页。

投资人所公有。各分社希照此办法组织，庶可确立基础"。将书社财产"公产化"作为办社基础可见"公产"在毛泽东心目中的重要地位，这也是社会主义思想的体现。"公产"核算是社会公有制核算的基础，也就成为红色会计的又一大特征。

3. 及时结算总账并提供决策信息

及时结算总账是长沙文化书社会计制度的一个重要特征。《文化书社组织大纲》第四条设定了"日算、月算和半年算"的结账制度，以及半年"报告于议事会"的会计报告制度。这条"半年算"结账规则，改变了起源于"西周王朝的岁计"制度的"年结"制度，属于重大会计制度创新。

在毛泽东当时的经营管理观念中，文化书社的账目总体数据是等不到一年一清算的，账簿数据必须保证及时性、准确性和系统性，发挥指导书社经营活动的作用，这就有了开展半年清算的改革。这么做也是为了满足书社管理的现实需求："对于书报的推销情况，也有详细的统计。这样做，'一来，见某种书在湖南销数若干，便知某种书所及于湖南人的影响；二来，每半年有一次统计，可以比较某种书每半年销数的进退'。"①从"半年算"中不仅可以看出会计核算"收支"和"盈余"的情况，还可以看到销售统计的结果，以便在进货时调整策略，这必有助于书社的发展。

在《文化书社社务报告（第二期）》中，毛泽东又强调了会计结账规则："就是要社务发达，务必要账目清楚，我们社内的账目，有'日算''月算''半年算'三种。'日算'是每日晚上将营业的账算出结果，'月算'是每月一号将上月全月内的账算出结果，'半年算'是将半年的账算出结果。这本社务报告里面所列的'营业情形'，就是'第一个半年算'的结果。我们有了这一算，手续既到，观念乃明，改正旧的失误，定出新的方案，便容易的求进步了。"这段话不仅再次强调、定义了书社的三个重要结账时点，还特别说明这次"半年算"对书社经营活动所发挥的"改正旧的失误，定出新的方案"以及"便容易的求进步了"的重要指导作用。

及时结算总账并提供决策信息——尤其是在后来的战争年代，账簿根据军事行动时间及时结账——也就成为红色会计的一个重要特征。

4. 向全社会披露会计信息

向全社会披露会计信息是长沙文化书社会计制度的又一重要特征。而在当

---

① 《新湘评论》编辑部：《毛泽东同志的青少年时代》，中国青年出版社，1979，第157页。

时"看账如抄家"的环境下，工商企业的经营信息都是隐秘的内幕，最多股东知情。直到1929年之前，我国对于会计信息披露的管制还是以行业自律性规范和相关法律为主。1933年，美国《美国1933年证券法》首次规定实行财务公开制度，这被认为是世界上最早的信息披露制度。而长沙文化书社制定"向全社会披露会计信息制度"的时间是1920年。

为了推动会计信息披露工作，毛泽东在《文化书社社务报告（第二期）》中还批驳了秘密主义："中国人营业，总是秘密主义，实在是一种罪过，一个人光明正大做事，为什么不能将底子宣布出来呢？文化书社是一个社会公有机关，并不是私人营利，我们为避免这种罪过，乃反秘密而公开，将社里一切情形，彻底宣布于社员以外。"从中可以看出，毛泽东把账簿不公开定义为"秘密主义"或自私；将书社秘密彻底公开体现了毛泽东光明正大的性格，这也是他社会主义思想的直观呈现。这就为我国传统会计注入了"经营公开"的红色基因。

5. 遵从精打细算的核算原则

管理需要会计信息，会计信息来自每一笔会计记录。为了保障会计信息的准确性，更是为了践行精打细算原则，在书社的记账环节，毛泽东不允许有丝毫的差错。比如："直接管理经费的人有时未能按时清理，毛泽东同志必来催促，甚至亲自帮助结算。据在书社工作过的人说，毛泽东同志来了后，把社内仅有的四张桌子拼起来，大家一起算账。如果发现银钱出纳有马虎的地方，他总是毫不客气地指出来，并立即帮助改正。"[1]又如，易礼容回忆："有一次我和毛主席说及，社内账目有不清楚的地方。他听了，即约我们把社里4张方桌拼拢起来，大家一道算了一次账，一文不苟，弄个明白。"[2]还有总结性的表述："毛泽东同志经常督促和亲自参加清账、结算工作。"[3]毛泽东对书社账务的重视程度，很多知情人和研究者都有文字传世。例如，"社里的账目随时清理结算，毛主席常亲自协助核算，使它丝毫不乱。由于采取了这些措施，社里逐渐有了一点积累，营业的范围也逐渐扩大"[4]。又如，办社方针"开始规模宜小，办法宜

---

[1]《新湘评论》编辑部：《毛泽东同志的青少年时代》，中国青年出版社，1979，第157页。
[2] 湖南省新闻出版局出版志编写组：《文化书社——中国早期传播马克思主义的书刊发行机构》，湖南出版社，1991，第79页。
[3] 蒋国海、向飞：《长沙文化书社的创办及其历史地位》，《湖南师范大学社会科学学报》2011年第5期。
[4] 湖南省新闻出版局出版志编写组：《文化书社——中国早期传播马克思主义的书刊发行机构》，湖南出版社，1991，第87页。

踏实，期于逐渐发展，账目必须清楚"①。再如，"书社的账目日清月结，半年一总结，向社会公布，争取监督"②。

这些文献资料均清晰地展示了长沙文化书社的会计实践状态，也体现了毛泽东对待会计工作的认真态度；而亲自操刀"帮助结算"或改正差错，也证实了青年毛泽东高于常人的会计功夫。他为长沙文化书社注入精打细算、分毫不差的会计核算理念，也构成了红色会计的一个重要特征。

6. 践行"小钱大用"的会计思想

不以营利为主要目的的长沙文化书社，经常低价销售惠及民众的图书，所以在资金方面是捉襟见肘的，这种情况自开办以后就存在。为了节省开支，毛泽东在《文化书社第一次营业报告》中特别注明："办事人临时经理一人，营业员一人，送报二人，煮饭及走杂一人，均未支薪。"③这说明最初的书社经管人员，不拿薪酬，都是义务劳动。

毛泽东自9岁开始为经商的父亲记账，"吃不穷，穿不穷，算计不到就受穷"是毛顺生的口头禅，对毛泽东影响很大。穷书生办书社不可能有充足的资金支持，所以就必须跟家庭一样算计着过日子。除了自己人义务劳动，为了多卖书，增加书社盈利，毛泽东还给读者出了一个少花钱多读书的建议："一个人买书看，出一元钱只看得一元钱的书。若合五个人乃至十个人组织一个读书会买书看，每人出一元钱便可以看得十元钱的书，经济上的支出很少，学问上的收入很多。"④

我国民间有"一个铜板掰半花"的节约谚语，但毛泽东借助众人的力量，把一元钱当成十元钱花，是完全的升级。从毛泽东的建议中可以看出"小钱大用"的会计思想导向，但发挥这种会计思想，必须借助集体的力量。在以后的革命斗争中，毛泽东率领一支不拿军饷的人民军队，在经费严重短缺的常态下，最后取得了完胜，在这一过程中，"小钱大用"的会计思想和精打细算的会计核算发挥了重要的作用，这也是红色会计的作用。

---

① 湖南省新闻出版局出版志编写组：《文化书社——中国早期传播马克思主义的书刊发行机构》，湖南出版社，1991，第92页。

② 湖南省新闻出版局出版志编写组：《文化书社——中国早期传播马克思主义的书刊发行机构》，湖南出版社，1991，第106页。

③ 中共中央文献研究室、中共湖南省委《毛泽东早期文稿》编辑组：《毛泽东早期文稿》，湖南出版社，1990，第539页。

④ 湖南省新闻出版局出版志编写组：《文化书社——中国早期传播马克思主义的书刊发行机构》，湖南出版社，1991，第32页。

毛泽东"小钱大用"的经济思想在中国革命和建设过程中自始至终发挥着重要作用。三湾改编时,毛泽东通过在连队设立"伙食尾子账"一举解决红军官兵吃饭、军饷等系列现实难题。在新中国成立前夕,为了解决沉重的财政问题,1949年9月2日毛泽东致电时任中共中央华东局书记的饶漱石,给出"三个人的饭五个人匀吃"[①]的具体指导方法。这无疑都是毛泽东"小钱大用"经济思想的具体应用。

尽管还有很多问题尚需探讨,但红色会计的上述特征可以基本确定。红色会计以革命事业的成功为主要目标,不以营利为目的但力争盈利,精打细算,小钱大用,调动社会力量支持革命事业,助力中国革命事业取得成功——这也是红色会计的历史贡献。

三、长沙文化书社是我国红色会计的试验田

红色会计是在新民主主义革命思潮的推动下,为达到一定的核算目的,通过对传统会计注入先进的红色基因而形成的一种特色会计。所以,它是先进思想的产物,也只能产生于用先进思想指导下的经营组织。五四运动时期,为传播新文化和新思想,出现过众多的社团组织,而有些社团组织为了发展或存续,也创办了相应的经济实体。这种在先进思想指导下的经济实体,为了经营目的及其管理效益,会对传统会计的"短板"进行"升级"——注入红色基因,这些经济实体具备成为红色会计试验田的条件。从1919年五四运动开始,到1920年7月长沙文化书社成立,这14个月内成立的一些经济组织,是否存在产生红色会计的可能性?我将进行逐一甄别,以便证实长沙文化书社的会计制度就是我国红色会计最早的试验田。

(一)中华民国时期的会计背景

1911年辛亥革命后,中国进入中华民国时期。《中国会计史稿》将中华民国时期的会计分为两个时期:一是北洋军阀政府统治时期的会计(1912年4月至1927年4月),二是国民政府统治时期的会计(1927年5月至1949年9月)。显然,五四运动后至1920年7月长沙文化书社成立前这段区间的会计,属于北洋军阀政府统治时期的会计。

---

① 中共中央文献研究室:《毛泽东文集》(第五卷),人民出版社,1999,第335页。

《中国会计史稿》在"北洋军阀政府统治时期的会计"章节介绍了三个方面的内容。

一是北洋军阀政府的会计。《中国会计史稿》在"会计法令与制度"的章节提到了"年度决算制度",也推断"这种官厅簿记法已经吸收了近代流行的先进会计方法"①;还特别介绍了路(铁路)、电(电力)、邮(邮政)、航(航运)四政特别会计的建制与发展。比如:"民国二年五月,设立铁路会计委员会之后,遂订立铁路会计则例九种。民国九年十二月,又订立了铁路会计条例。民国十四年,设立改良电政会计委员会后,又定立有电政会计则例三种、收支科目八种、收支报告书十六种,以及辅助账六种。"②其中民国十四年即1925年出现的"收支报告书十六种",比长沙文化书社披露会计信息的时间晚5年。

二是银行簿记的进展。"民国初年,银行会计的改良对于中华民国时期会计的发展起到先驱作用。"③这种改良主要体现在会计组织、会计方法的借鉴上。"民国十三年,全国银行公会联合会在北京举行会议,会上规定银行界的统一会计科目,这是当时会计学界的一项重大举动。"④但当时"我国的大多数工商企业还沉睡于会计改良的前夜……尚无法作出改良会计的姿态"⑤。大多数工商企业的会计还处于传统会计的"规则"里,在资本主义经营方式的冲击下,沾染了很多不良习气,"资本主义社会里那种司空见惯的经营欺骗手段,却捷足先登,深入到账房。那时候,账房编制的红账几无真实可言,是盈是亏,不取决于会计,而取决于经理。"在这个环境中,工商企业的会计信息就算对股东披露,可能也是有水分的。

三是我国会计师事业的兴起。我国会计师事业兴起的几个时间节点包括:"民国七年六月,正在中国银行任总司账的谢霖先生,向北洋政府农商部、财政部递交执业会计师业务的呈文和章程";"民国十二年五月,农商部对'会计师暂行章程'略加修改后又公诸于世";1925年3月成立"上海中华民国会计师公会"。但因帝国主义的压迫,加之北洋军阀政府的腐朽统治,"对当时社会经济的严重摧残,也把这个时期的会计限定在一个极其狭小的范围之内,这便是二十世纪三十年代以前,中国会计的改良,以及会计师事业进展还十分滞缓的

---

① 郭道扬:《中国会计史稿(下册)》,中国财政经济出版社,1988,第390页。
② 郭道扬:《中国会计史稿(下册)》,中国财政经济出版社,1988,第391-392页。
③ 郭道扬:《中国会计史稿(下册)》,中国财政经济出版社,1988,第415页。
④ 郭道扬:《中国会计史稿(下册)》,中国财政经济出版社,1988,第420页。
⑤ 郭道扬:《中国会计史稿(下册)》,中国财政经济出版社,1988,第421页。

主要原因"[①]。这些文献资料证明在1930年之前,中国会计的改良还处在"十分滞缓"的过程。

从目前的会计史文献资料来看,不论是北洋军阀政府统治时期的会计,还是国民政府统治时期的会计,虽有借鉴西方会计的行为,但总体上当时中国企业缺乏会计创新环境和动力,普遍遵循传统会计的核算模式和方法。

(二)"五四"时期的社团及其相应经济组织的会计核算

思想决定行为。先进的会计行为也必定来自先进的思想。为此我假设红色会计的试验田一定存在于"五四"时期的先进社团或相关的经济组织中。

《五四时期的社团》一书共4册,共收录了23个社团组织的产生、发展、分化以及所起作用的文史资料。其中第一册汇集了新民学会、互助社——利群书社、少年中国学会3个社团的详细资料;第二册汇集了国民杂志社、新潮社、北京大学平民教育讲演团、北京大学马克斯学说研究会、觉悟社、工读互助团、工学会等7个社团的相关资料;第三册汇集了平民教育社、曙光杂志社、少年学会、青年学会、觉社、浙江新潮社、永嘉新学会、批评社、新人社、改造社、共进社11个社团的资料;第四册汇集了合作主义小团体、无政府主义小团体两类社团的资料,其中合作主义小团体部分介绍了12个团体,无政府主义小团体部分介绍了24个团体。该文集的编排显然是依据社团的重要性排序的,毛泽东和他的小伙伴创办的新民学会排在首位。

"五四"时期出现的这些社团,是新文化运动和民主爱国运动的直接产物,也反映了那个时代青年们生动活泼的思想面貌。在这些社团中,"发起最早、影响最大的是毛泽东、蔡和森等组织的新民学会"[②]。"随后成立的武昌互助社、天津觉悟社、江西改造社、北京大学马克斯学说研究会等,也都是由先进分子组织和领导的……在五四时期的社团中是最先进和最有贡献的",但"有些社团起初虽然保持着统一的形式,但其内部却存在着明显的分歧。如五四时期最大的社团之一——少年中国学会,就是这类社团的典型",存在着共产主义知识分子、小资产阶级知识分子、资产阶级知识分子的内部斗争,最后公开分裂。"还有一类社团,开始也曾起过一定的积极作用,但它们未能与时俱进,而是拒绝走革命的道路,与蓬勃发展的进步潮流背道而驰。"还有众多的社团,"成员大

[①] 郭道扬:《中国会计史稿(下册)》,中国财政经济出版社,1988,第420页。
[②] 张允侯、殷叙彝、洪清祥、王云开:《五四时期的社团(一)》,生活·读书·新知三联书店,1979,第2页。

都是些要求进步的青年，他们不满旧社会的压迫，痛恨不劳而食的寄生生活，同情劳动人民，但又不懂得阶级斗争，因而便把建立和发展这种'新村'式的小组织当成改造社会的捷径，幻想通过它们树立典型，扩大影响，以便把黑暗的旧社会改变成理想的新社会"。

有一个现象值得注意，"五四"时期，无政府主义思潮在青年中有过较大的影响，全国各地先后出现了一些无政府主义的小团体。"在1916年至1923年间，全国出现的无政府主义团体不下80个，出版的刊物和小册子不少于70种。"[①] 可见无政府主义思潮在当时的影响很大。"最初它们也表现过某种反帝反封建的意愿，但随着马克思主义的传播，特别是中国共产党的成立，这类团体愈来愈趋于反动，终于成为帝国主义和军阀的帮凶。"在选择比较对象时，我首先排除落后的团体，只关注先进团体的经济运作及其相应的会计行为。

1. 社团的经费来源与会计核算

通过对先进社团经费管理的梳理，我发现绝大多数社团都靠会员交纳会费和接受捐助这两种形式维持运转。例如，少年中国学会规约规定："会员入学会时，须纳入会金一元。"[②] "本学会会费以下列各款充之：一、会员入会金；二、会员常年捐；三、职员特别筹募；四、赞助员之赠与。"[③] 国民杂志社社员规则规定："本社社员有担任经费、投稿杂志及促进本社一切事项之义务。"[④] 北京大学平民教育讲演团简章规定："本团团员应纳常年金现币一元。"[⑤] 北京大学马克斯学说研究会将会费分为常费和买书费。"常费：每年分三个学期，每学期缴常费五角，皆于开学时缴纳。""买书费：由各人自由量力认捐，认百元亦可，十元八元亦可，不认一文亦可。"[⑥] 像这种收会费的社团在会计核算方面，应该不会超越现在大学里所设立的社团组织的会计核算水平，所设立的账目主要是收支账，以记录收支为主，不核算利润，因而都不属于完整的会计核算。那些具有工读

---

① 张昭军、孙燕京：《中国近代文化史》，中华书局，2012，第219页。
② 张允侯、殷叙彝、洪清祥、王云开：《五四时期的社团（一）》，生活·读书·新知三联书店，1979，第225页。
③ 张允侯、殷叙彝、洪清祥、王云开：《五四时期的社团（一）》，生活·读书·新知三联书店，1979，第230页。
④ 张允侯、殷叙彝、洪清祥、王云开：《五四时期的社团（二）》，生活·读书·新知三联书店，1979，第21页。
⑤ 张允侯、殷叙彝、洪清祥、王云开：《五四时期的社团（二）》，生活·读书·新知三联书店，1979，第130页。
⑥ 张允侯、殷叙彝、洪清祥、王云开：《五四时期的社团（二）》，生活·读书·新知三联书店，1979，第276页。

性质的社团，因要计算劳动所得，会计工作会比这些社团规范些，例如，北京工读互助团简章规定："本互助的精神，实行半工半读。工作所得，归团体公有。事务员设总会计一人，管理全团银钱出入事务；会计若干人，分管各组会计事务。"① 这种团体虽设立了不同层次的会计岗位，但会计岗位肩负的也多是收支核算及报销等出纳工作。这些团体多是在新村主义或无政府主义思潮影响下组建的。"原来募集的款项用完了，劳动所得的收入又极其微薄，无法维持团员的生活。另外，在缺乏正确的思想教育的情况下，团员的个人主义、自由主义思想与集体主义生活方式也产生了许多矛盾，以至不能坚持下去。"② 故我推断，在这种没有规范的会计核算的团体组织中，很难出现会计改良。

2.《新青年》的经费来源与会计核算

从思想的先进性来看，《新青年》是"五四"时期影响最大的杂志，但《新青年》最初的发行是采取"外包"方式进行的，本身并无规范的会计核算工作。当时一贫如洗的陈独秀，寻求莫逆之交汪孟邹帮忙发行刊物，但汪力不从心，便给陈独秀介绍陈子沛、陈子寿兄弟，由二陈创办的群益书社来承担杂志的印刷和出版发行工作，并约定书社对杂志每期付以编辑费和稿酬200元，月出一期。所以《新青年》杂志社内部不存在真正的会计核算体系。而群益书社是传统商人所经营，遵循的也是传统的会计核算体系，处于北洋军阀统治时期的会计核算水准，且唯利是图。"随着《新青年》声誉飙升，群益书社的利润自然也增大，但书社老板似未改其初时心态，陈独秀与之矛盾遂不断加剧，以致对簿公堂，最终在《新青年》七卷出版后与之脱离关系。"③ 双方发生矛盾的直接导火索是《新青年》第七卷第六号的出版发行问题。《新青年》第七卷第六号为"劳动节纪念号"，篇幅从原来每期130～200页不等猛增至400多页，群益书社提出加价，而陈独秀考虑到大多数读者应是下层无产者，不同意加价。由于双方矛盾激化，陈独秀遂酝酿独立办刊、独立经营。

但是，接下来陈独秀就面临一个很现实的问题："自办一书局"所需的巨额经费从何而来？陈独秀当时想出的"没有办法的办法"是"招股"！而对于"招股"，则是"内外股"兼招。但是，不久，陈独秀便发现"招股"并不顺利。

---

① 张允侯、殷叙彝、洪清祥、王云开：《五四时期的社团（二）》，生活·读书·新知三联书店，1979，第374页。

② 张允侯、殷叙彝、洪清祥、王云开：《五四时期的社团（二）》，生活·读书·新知三联书店，1979，第367-368页。

③ 齐鹏飞：《〈新青年〉与"群益书社"的决裂及独立办刊再梳理》，《光明日报》，2012年5月10日16版。

1920年7月2日，陈独秀致信高一涵，再次重申此立场和自己颇为无奈的心情："《新青年》八卷一号，到下月一号非出版不可，请告适之、洛声二兄，速将存款及文稿寄来。……文稿除孟和夫人一篇外，都不曾寄来，长久如此，《新青年》便要无形取消了，奈何！"事实上，这一阶段《新青年》独立办刊所需的经费问题并没有得到有效解决。

无经费即无会计核算，而此时的长沙文化书社即将开张。故笔者推断"五四"时期影响最大的《新青年》，在会计贡献方面乏善可陈。

3. 觉悟社的经费来源与会计核算

觉悟社是"五四"时期影响很大的学生社团，于1919年9月16日成立，是"天津学界中最优秀、纯洁、奋斗、觉悟的青年结合的小团体"①，也是天津学生运动的领导核心。骨干社员刘清扬在《觉醒了的天津人民》一文中描述了当时的思想认识："那时我们都很幼稚，只有满腔爱国的热情，还没有一定的信仰，社会主义、无政府主义、基尔特社会主义等等，什么都谈论。共产主义是什么？我们都不懂得，只听说最理想的社会是共产主义。"②觉悟社成立后的11月，"八号北京大学教授周作人先生来社谈'日本新村的精神'。"③说明觉悟社的成立也深受当时新村思潮的影响。再从其分组研究的问题"一、家庭改造；二、共同生活；三、工读主义"④，也可以看出当时流行的非无产阶级思潮对社员们的影响。1920年1月29日，周恩来等骨干分子领导各校学生举行了声势浩大的请愿活动，被捕入狱，觉悟社从此转入地下。在全国各地的强烈抗议和积极营救下，7月17日被捕学生全部获释出狱。周恩来"同年11月7日赴法勤工俭学；国内的社员继续求学、就业，分散各地，觉悟社也就停止了活动"⑤。

觉悟社的存续时间只有一年多，"所有'开始''经常'等费，全归举定的会计兼庶务员十九君算出来，大家纳入"⑥。由此可见，觉悟社的活动经费是社员

---

① 张允侯、殷叙彝、洪清祥、王云开：《五四时期的社团（二）》，生活·读书·新知三联书店，1979，第299页。
② 萧三、周世钊、贾芝等：《青年运动回忆录——五四运动专集（2）》，中国青年出版社，1979，第175页。
③ 张允侯、殷叙彝、洪清祥、王云开：《五四时期的社团（二）》，生活·读书·新知三联书店，1979，第309页。
④ 张允侯、殷叙彝、洪清祥、王云开：《五四时期的社团（二）》，生活·读书·新知三联书店，1979，第310页。
⑤ 张允侯、殷叙彝、洪清祥、王云开：《五四时期的社团（二）》，生活·读书·新知三联书店，1979，第301页。
⑥ 张允侯、殷叙彝、洪清祥、王云开：《五四时期的社团（二）》，生活·读书·新知三联书店，1979，第313页。

"凑份子"筹集的。"《觉悟》第一期原定于一九一九年十一月五日出版,由于觉悟社的成员大都是学生运动的骨干。在这期间,天津接连发生反动政府迫害学生事件,觉悟社社员都投入了紧张的斗争;同时,印刷、经费又遇到困难,以至延至一九二〇年一月二十日才出版。"[①] 周恩来被捕入狱时,司法科长追问:"学生会款项从何而来?"周恩来同志回答:"是爱国人民捐助的。"又问:"捐款的是些什么人?捐大宗款的是谁?"周恩来同志厉声地斥责敌人:"你们无权调查我们学生会的经济内容,我也无需回答你!"[②] 由此可以判定,觉悟社的经费除了社员筹资,也有社会捐助成分。但其会计核算跟其他社团相近,应以收支流水账为主。存续一年多的觉悟社没有关联的经济组织,也不存在会计创新的可能性。

我据此推断,"五四"时期的社团组织内部会计核算"大同小异",不存在完整的会计核算行为,均没有产生红色会计的"土壤"和条件。

(三)利群书社和齐鲁书社会计制度之比较

我将比较研究的重点转向社团开办的"关联"企业的会计制度上。通过比对,《五四时期的社团》收录的社团中,只有毛泽东创办的新民学会和恽代英创办的互助社开办过"关联"经济组织。新民学会 1920 年 7 月发起了长沙文化书社,互助社 1919 年 12 月开办了利群书社,二者在会计核算方面具有可比性。再通过相关文献梳理,我发现《五四时期的社团》中没有收录的创办于 1919 年冬的齐鲁书社,也是山东省第一家推销进步书刊的书店,也可纳入本文对比研究的范围。

1. 利群书社的创建及其会计制度

利群书社于 1920 年 2 月 1 日在武昌横街头 18 号一个旧官僚公寓正式开业,这一天正好也是农历的正月初一,书社最初定名为利群书局,后改名为利群书社。武昌是打响辛亥革命第一枪的地方,也是革命思想与反动势力对立的前沿阵地。"此时全国的政治形势已不容乐观,割据武汉地区的军阀王占元时任湖北督军。1921 年 6 月 7 日,王占元的嫡系部队陆军第二师在武昌发生兵变,昔时车水马龙的大街被大火毁于一旦,位于横街头的利群书社也没能幸免,在大火中被焚毁。随着书社的焚毁,存在了一年零四个月的利群书社在这种混乱的社

[①] 萧三、周世钊、贾芝等:《青年运动回忆录——五四运动专集(2)》,中国青年出版社,1979,第 122 页。

[②] 萧三、周世钊、贾芝等:《青年运动回忆录——五四运动专集(2)》,中国青年出版社,1979,第 130 页。

会现实中宣告结束。"① 利群书社结束后，1921年7月，恽代英等人又在黄冈浚新小学发起组织共存社，但共存社已是长沙文化书社发起后的社团组织了，暂不将其列入探讨之列。

利群书社主要是由互助社的成员创办的。这是一个"洁身自好"的群体，也深受无政府主义和新村主义的影响，认为改造社会先从改造自身做起。五四运动爆发后，互助社的部分成员积极投身其中。"恽代英自己也于1919年5月6日，和学生林育南商议响应，起草并油印了600余份爱国传单《勿忘五月七日之事》，广为散发。"② 但在1919年11月1日的日记里，恽代英还曾记下"新村的企望"。"我与香浦谈，都很赞成将来组织新村。我们预备在乡村中建造简单的生活，所以需费不多。村内完全废止金钱，没有私产，各尽所能，各取所需。举一人做会计，专管对外金钱出入的事，举一人做买办，专办向外处购买或出售各事。村内衣服都要一致，能男女都一致更妙。"③ 这些文字，尤其是衣服"能男女都一致更妙"之句，彰显了当时知识分子"跳出红尘"的思想。这种思想也无疑会被带进3个月后创办的利群书社的精神世界里。

五四运动直接推动了利群书社的开办，其办社宗旨也从互助社的"群策群力，自助助人"升级为"利群助人，服务群众"，开始关注人民群众，这是一次思想的升级。但"书店开张后，前三天的业绩并不理想，直到第四天和第五天才开始有进账，这一情况让社员们十分高兴。自此以后，书店营业开始趋于正常，每天都有几串钱的生意，总体上来说发展形势见好"。尽管形式见好，但书社的发展还是遭遇了经济问题，为此"1921年春，在成员林育南的组织下，利群书社在武昌大堤口创办了有实业性质的武昌利群毛巾厂"，搭建用经济实体支撑文化实体的运营模式，但文化人对经济运作总是无奈，所以"好景不长，正当这一群年轻人如火如荼的开展他们的事业之时，各种社会压力扑面而来，因革命人士来往较多，开支过大，加上经济实力、技术设备不如同行业竞争对手，利群毛巾厂被迫在成立了一年多之后宣布倒闭，至此，利群书社在城市创办实业的构图也遭到了现实的猛烈打击"。④

因存续时间较短，相关研究也少，利群书社的会计资料很难收集，我从《恽代英日记》中看到两处"账页"。一处是图书销售统计表⑤，如表2-1所示。

---

① 余婷：《利群书社文化传播研究》，华中师范大学硕士学位论文，2014年。
② 余婷：《利群书社文化传播研究》，华中师范大学硕士学位论文，2014年。
③《恽代英日记》，中共中央党校出版社，1981，第652页。
④ 余婷：《利群书社文化传播研究》，华中师范大学硕士学位论文，2014年。
⑤《恽代英日记》，中共中央党校出版社，1981，第676页。我作了整理。

上篇　毛泽东的会计启蒙与早期会计实践

表 2-1　图书销售统计表

一九一九年　　　　　　　　　　十二月十六日　　　　　　　　　　星期二

书名	寄来册数	已销册数	尚存册数	应缴价金	邮费
《少年中国》四期	50	30	20	2.40	0.30
《少年中国》五期	100	51	49	4.08	0.60
《胡适短篇小说》	40	25	15	7.00	0.40

注：以上书价邮费共 14.78，汇洋拾伍元。

1919 年 12 月 16 日的"图书销售统计表"，设计了"书名、寄来册数、已销册数、尚存册数、应缴价金、邮费"等栏目，记录了《少年中国》四期、《少年中国》五期、《胡适短篇小说》3 本书的进销存数据，并注明"以上书价邮费共 14.78　汇洋拾伍元"字样。这种记录类似书店的台账，简单实用，属于对传统会计表格的延续。

另一处是恽代英经手的学校款项存底①，如表 2-2 所示。

表 2-2　民国八年日记备查

上半年经手校款存底			
入款		出款	
学膳费	8 290 900	火食	3 590 792
体育费	235 440	教员薪俸	2 991 827
补考费	84 000	教务用费	519 960
制服费	301 980	体育用费	245 340
杂收	1 480 977	退膳费、补考费	234 110
		制服费、退制服费	295 160
		寄宿舍用费	138 740
		灯油费	423 910
		杂用	278 538
		学生欠费	249 910
		校长欠费	1 424 650
共	10 393 297	共	10 392 937

注：单元为元。

出入相抵应余 360 大洋。不知何处誊错核错，已扣作我下半年薪水。三月五日、五月二日均无火食账，未知是否漏记。

---

①《恽代英日记》，中共中央党校出版社，1981，第 685 页。

表 2-2 记录的是恽代英经手的学校公款，采用"入款""出款"两栏式。其中"入款"包括学膳费、体育费、补考费、制服费、杂收 5 项共计 10 393.297 元；"出款"包括火食、教员薪俸、教务用费、体育用费、退膳费、补考费、制服费、退制服费、寄宿舍用费、灯油费、杂用、学生欠费、校长欠费 11 项共计 10 392.937 元。并注明"出入相抵应余 360。不知何处誊错核错，已扣作我下半年薪水。三月五日、五月二日均无火食账，未知是否漏记"。从中可以推测，恽代英是重视记账工作的，也曾身体力行记过图书代销账和学校的经费账。然而，其会计核算方式仍属于传统的流水记账方式，且发生了短款，其经手的校款没有对上，"已扣作我下半年薪水"补上。从中可以大致推断利群书社的会计核算水准。

综上，我们可以认定，利群书社没有形成红色会计的肥沃土壤。但利群书社在传播新文化、新思想方面做出了巨大贡献，关键是利群书社对毛泽东影响很大。从现有文献看，毛泽东曾两次求教于利群书社。一次是"早在 1919 年 12 月下旬到 1920 年初，毛泽东率驱张代表团赴京请愿路过武昌时，就与当时正筹备创办利群书社的恽代英有过接触，甚至一度就住在利群书社里"[①]。"在武昌'利群书社'后面的一栋房子里的楼上住了一星期左右……毛泽东同志还经常和恽代英烈士进行长时间交谈。"[②] 另一次是 1920 年"7 月初，离沪返湘。经过武汉，与利群书社创建人恽代英会见，商谈在长沙开办'文化书社'问题"[③]。而且毛泽东在创办长沙文化书社的同时，还比照利群书社"经济实体支撑文化实体"的经营模式开办了一个织布厂："1921 年时毛泽东同志还集股办了一个织布厂；一年后，因敌不过洋布竞销而停业。"[④] 但长沙织布厂开办之初，也赚了一些钱，"养活了几十位兼职的革命者"[⑤]。由此可见，利群书社对毛泽东开办长沙文化书社的影响之大，也足见利群书社重要的历史作用。

2. 齐鲁书社的创建及其会计制度

齐鲁书社也是在原先社团组织的基础上升级而来的。1919 年 10 月，王乐平和济南教育界、知识界的部分进步人士，在天地坛王乐平的家中组建了齐鲁通

---

① 余婷：《利群书社文化传播研究》，华中师范大学硕士学位论文，2014 年。
② 湖南省新闻出版局出版志编写组：《文化书社——中国早期传播马克思主义的书刊发行机构》，湖南出版社，1991，第 89 页。
③ 中共中央文献研究室：《毛泽东年谱（1893—1949）（修订本）》（上），中央文献出版社，2013，第 60 页。
④ 李锐：《毛泽东同志的初期革命活动》，中国青年出版社，1957，第 140 页。
⑤ 马祥林：《红色账簿》，北岳文艺出版社，2012，第 30 页。

讯社和齐鲁报社，用新闻机构的名称联络各地文化界人士。通讯社附设贩书部，专门贩卖各项杂志及新出版物。据山东省情网站（山东省地方史志办公室）提供的文献资料介绍："贩书部创设的本意不以营利为目的，但营业额逐月增加，头一个月只卖了五六十元，后来，每天平均可卖十几元钱。创设的同人都非常高兴，愿意增加资本，扩大营业。"为此，"1920年9月，全体股东在该社开创立大会，公推姚仲辉、徐晶岩等7人为董事，由董事会公推王乐平为社长，聂湘溪为副社长，租赁大布政司街（今省府前街）北头路东铺房为营业地点，正式更名为'齐鲁书社'"。由此证实，营业额增加直接促进了齐鲁书社的升级。

据原齐鲁书社店员成湘舟1963年12月10日回忆："齐鲁书社于1919年成立，原地址在省府前门街门牌88和90号，由国民党山东领导人王乐平创办。具体负责的经理人前后共有王昌龄（王大年）、王稚祥、王立哉三个人，此外会计一人，店员三人。"[①] 这段回忆资料提到了会计岗位设置，并由一人承担。成湘舟还回忆："在1924年国民党改组以前，单纯地宣传三民主义，把书店作为据点，进行国民党组织工作。在1924年国民党改组以后，实行联俄联共扶助工农三大政策，与共产党合作，共产党员同时在书店经常进行工作，与各方面的同志在这里联系。""1925年军阀张宗昌来到山东，对人民进行血腥镇压，在各中等学校和工厂搜捕了很多参加革命活动的人，局面非常险恶。因此党的工作就更加隐蔽起来，而主要负责人难以潜伏，只好转移外地，所有国民党的显要人物都离开了济南。"到了1926年夏季，"书店因被军警严密监视，文件、书刊被检查扣禁，营业活动受到很大阻挠，经理、店员大部出走躲避，遂被警局封闭"[②]。

齐鲁书社的招股简章中也出台了相关会计制度："（五）本社资本拟招三百股，每股十元，共为三千元……（七）本社股票为记名式，得随意让渡本国人……（十一）本社每年结账一次，由董事会核阅后，开股东会报告。（十二）本社所得纯利分为十成，以一成为基金，三成为办事人花红，其余六成分配众股东。（十三）本简章有不适用时，得由股东提交董事会修改。"其中"每股十元，共为三千元"约定了股本的价格和总额；"每年结账一次"也延续了传统的总账"年结"制度；"本社所得纯利分为十成，以一成为基金，三成为办事人花红，其余六成分配众股东"规定了留存和分成制度，延续了传统经营组织的会计制度，并无创新之处。

[①] 中共山东省委党史资料征集研究委员会：《山东党史资料（增刊）》，1982。
[②] 中共山东省委党史资料征集研究委员会：《山东党史资料（增刊）》，1982。

尽管都是在传播新文化，但齐鲁书社由国民党左派人物创办，且有明显的逐利经营性，会计核算也停留在传统会计的水平上，由此推断，齐鲁书社的会计制度也不存在红色会计的生成土壤。

3. 长沙文化书社的创建及其会计制度

因历史贡献大，研究资料多，关于长沙文化书社的文献记载就比较翔实。1920年7月31日长沙《大公报》第六版刊登了书社的宣言《发起文化书社》，8月2日，"在楚怡小学开成立会。通过毛泽东起草的《文化书社组织大纲》"①，宣告了书社的成立，并依据当时北洋政府"关于公共事务之结社"的管理要求，向长沙警署呈报备案资料。"经过一个月余紧张的筹划工作，从增添骨干力量、集结名流人士、聘任信用，介绍、租觅房屋、筹措资金、联系出版社到进行社团注册，长沙文化书社于9月9日在长沙潮宗街正式开业。"② 至1927年马日事变后被反动派查封，长沙文化书社经营了7年时间，并在湖南开办了平江、浏西、武冈、宝庆、衡阳、宁乡、溆浦、嘉禾、岳阳等9家分社和7个贩卖部。

长沙文化书社的创办比利群书社和齐鲁书社晚半年左右。但正因为创办晚，毛泽东的思想在这段时间发生了重大变化，他回忆在北大图书馆工作时（1918年10月至1919年3月）曾说："在那个时候，我赞同许多无政府主义的主张。"③ 第二次北京之行时，毛泽东还正式加入了少年中国学会，"他曾到周作人的寓所，拜访这位中国新村运动的倡导者"④。但"到了一九二〇年夏天，在理论上，而且在某种程度的行动上，我已成为一个马克思主义者了，而且从此我也认为自己是一个马克思主义者了"⑤。这些材料说明，毛泽东是在成为马克思主义者后，才和新民学会的易礼容、彭璜等人一起创办了长沙文化书社，这跟利群书社和齐鲁书社的创办指导思想就存在根本的不同。

书社除了传播新思想、服务民众，还为湖南党建做出重要贡献。"党的经费除中央拨给点外，始终是极其困难的，间常靠少数几个同志教点书，拿一点薪水作生活费用和活动费。有时实在周转不过来了，便通过文化书社借钱；因为在社会上，这总算一个'商业机关'，有资格向钱庄借钱。同时在书社内部也可

---

① 中共中央文献研究室：《毛泽东年谱（1893—1949）（修订本）》（上），中央文献出版社，2013，第61页。
② 湖南省新闻出版局出版志编写组：《文化书社——中国早期传播马克思主义的书刊发行机构》，湖南出版社，1991，第77页。
③ ［美］埃德加·斯诺：《西行漫记》，生活·读书·新知三联书店，1979，第128页。
④ 金冲及：《毛泽东传（1893—1949）》，中央文献出版社，1996，第56页。
⑤ ［美］埃德加·斯诺：《西行漫记》，生活·读书·新知三联书店，1979，第131页。

养活几个人。"[①] 在那个时代，钱的作用不能回避，没有经费连一张宣传单都印不出来。所以，文化书社除了提供党组织的借款担保，"一时的经济周转，书社是始终担负着的"[②]，"书社本身也还为党提供过革命活动的周转经费"[③]，这些服务党建的文献资料，证实长沙文化书社跟利群书社和齐鲁书社的根本不同。

再从会计制度比较来看，长沙文化书社的会计制度是相对完备的，不仅包括纲领，还有细则，特别是"半年算""会计信息披露"以及非营利组织会计管理等创新，都是对传统会计的改造和升级，尤其是其呈现的红色会计特征，是利群书社和齐鲁书社所不具备的。以上分析可以证实长沙文化书社的会计制度就是我国红色会计的试验田，毛泽东就是我国红色会计的早期探索者。

四、本章小结

通过对长沙文化书社会计制度和会计实践的总结，以及与同时代其他文化团体和经济组织的横向比较，可以认定，与同时代的文化团体和经济组织相比，长沙文化书社是在马克思主义指导下创办的一个经济组织，为了这个组织的有效运营，毛泽东亲自拟订了"公产核算""半年算""信息公开"等超越传统会计的先进核算制度，并为其注入红色会计的基因。在经营过程中，这些先进的会计制度会从影响分社、贩卖部以及往来的经济组织开始，逐步影响相关的民间工商企业，推动我国会计实践的自我升级。鉴于毛泽东在中国革命过程中的决定性地位，学界对其早期活动的研究极为重视，书社的组织大纲等文献是重要的研究内容，其中的会计部分也随之完整保留下来，这就为证实长沙文化书社是我国红色会计的试验田、毛泽东是我国红色会计的重要奠基人，提供了充足的证据。

---

① 湖南省新闻出版局出版志编写组：《文化书社——中国早期传播马克思主义的书刊发行机构》，湖南出版社，1991，第95页。
② 湖南省新闻出版局出版志编写组：《文化书社——中国早期传播马克思主义的书刊发行机构》，湖南出版社，1991，第96页。
③ 湖南省新闻出版局出版志编写组：《文化书社——中国早期传播马克思主义的书刊发行机构》，湖南出版社，1991，第108页。

第三章　用会计的方法进行调查研究

本章导读

调查研究是毛泽东的强项。他最初的调查研究，也借助了从小储备的会计知识，并形成了独特的调查研究风格。本章从毛泽东的第一篇农村调查研究报告《中国佃农生活举例》入手，证实他通过入户采集佃农张连初全年的收支数据，用"利润表"格式搭建调查报告结构，并运用折旧摊销以及"机会损益"创新理论得出"亏损"的结论，是借助会计思想和方法完成的。用理性的数字来证实中国佃农的穷苦生活，寻求中国革命的动力源，也是这篇调查研究报告的创新点。在井冈山时期，毛泽东的调查研究就注重从商人的账本收集信息，甚至把调查报告写在商户的账页上。他早期调查报告中使用的会计术语比如"清算""股本""增股"及"改股金单位"等，彰显了他深厚的会计功力，也是他把会计思想和方法运用到调查研究之中的明证，并确定了"毛氏调查研究""用数字说话"的调查风格。调查研究是毛泽东的重要论断"实践出真知"的主要"培养基"之一，也是毛泽东"没有调查，没有发言权"的系统理论与中国共产党的调查研究传统和作风的形成基础。

一、引言

"没有调查，没有发言权"，对于毛泽东的这句重要论断，我们只有通过实地调查获得真知后，有了亲身体验，才能真正理解，并形成信念。

韶山实地调查取得的收获，让我的团队更加相信"实践出真知"，要扩大研究成果，更急需来一次"长征"，把毛泽东战斗、生活过的地方，认真走访一遍。为此我们买了一张全国地图，挂在办公室，并用红笔在地图上标注了井冈山、瑞金、遵义、延安、西柏坡等必去之地。2019年是我们的一个实地调查研究年，3月去了韶山后，7月去了延安，8月又马不停蹄地去了井冈山和广州，每一次实地调研都有新的发现和重大收获。

井冈山这一趟实地调查的收获之一,就是发现了毛泽东的调查研究运用了会计思想和方法。井冈山这一趟实地调查,让我越来越清楚毛泽东为什么重视调查研究,也让我感觉到了现场的直观认识在史学研究中的重要作用。很多红色学者重走长征路,文史学者总到秦砖汉瓦那儿挖掘,重大考古发现颠覆人们原先认识甚至改写了《史记》等,都在证实文献资料不是100%可靠。历史一旦成为文字,都会带有行文者的气息、偏好甚至是喜怒哀乐。要搞清楚历史,就得去现场调查。整理文献资料与会计人员审核原始凭证有点相似,虽然大部分原始凭证都没有问题,但一旦某些凭证出了问题,会计人员就得现场审核。所以,现场调查这一环节,是毛泽东会计实践研究的必修课。

这趟调查活动的一个重要收获就是发现井冈山时期毛泽东的调查研究已经涉及了商人的账簿。把调查报告写在账页上,或许与账簿或账簿数据有关。这个发现让我们更加坚信毛泽东在调查研究中使用了会计思想及其方法,相关证据一定封藏于历史深处,也等着我们去揭开挖掘。

2019年8月14日我们调查小组从井冈山飞到广州,在广州的热浪中走访旧址故居,感受历史信息,寻找研究线索和证据。

发现都在意料之外。我们广州之行的最大收获,就是在2019年8月20日整理调查文献时,发现了毛泽东在广州农民运动讲习所给学员主讲农民问题时使用的一本教材《中国佃农生活举例》——这也是毛泽东撰写的第一篇农村调查报告——是一份"会计报告",也是毛泽东把会计知识用于革命活动的一个明证。我们马上赶写出《基于会计思想和方法的〈中国佃农生活举例〉》一文,这篇论文的价值,就是把毛泽东平生撰写的第一篇农村调查报告,定位为一篇"会计报告",也解开了一个历史真相,即会计知识在毛泽东走上革命道路初期起到了重要作用。

二、基于会计思想和方法的《中国佃农生活举例》

1926年毛泽东撰写的《中国佃农生活举例》[①],是至今所发现的毛泽东遗存最早的一篇农村调查报告。该报告曾被编入"中国国民党中央农民运动讲习所丛书",并于1927年3月出版,是广州农民运动讲习所的主要学习用书,为培养农民运动骨干发挥过重要作用,也是研究毛泽东调查研究活动的"源头"文献。

[①]《毛泽东农村调查文集》,人民出版社,1982,第28-34页。

"调查研究，是毛泽东的独创"①，也是其"实事求是"思想的重要"培养基"。可以说，只要有人研究毛泽东调查活动，《中国佃农生活举例》必被引证，诸多专家学者从不同的角度，探讨、论证了这篇调查报告的时代作用和历史意义。但"毛泽东的这个别具一格的调查材料"②，其实就是毛泽东运用了会计思想和方法撰写的一份反映佃农全年收支的"会计报告"。它的完成，得益于毛泽东自幼积累的会计知识，也体现了他在报告形式选择上的深思熟虑。

（一）《中国佃农生活举例》的结构按利润表格式搭建

利润表是反映一个会计报告主体一定期间的经营成果的财务报表，也是建立在"收入－费用＝利润"这个会计等式基础上的一张会计报表，其基本构成要件包括会计报告主体、收入、费用、利润4个部分，并按收入、费用和利润依次"上下排列"、披露信息。《中国佃农生活举例》的4个组成部分一一对应着利润表的4个要件。

《中国佃农生活举例》的结构及其4个部分内容简略列示如下：

> （一九二六年）
> 地点：湖南湘潭西乡。
> 时间：民国十五年。
> 假定事实：一个壮年勤敏佃农，租人十五亩田（一佃农力能耕种之数），附以相当之园土柴山，并茅屋一所以为住宅。……
> 第一　支出之部
> （一）食粮。佃农和他的妇人每人每年吃谷七石二斗，小孩吃谷三石六斗，三人共吃谷十八石。每石时价四元，共七十二元。
> ……
> （十一）杂用。季节庆吊通情送礼，人客来往烟酒招呼，及此外一切零星用费，每月至少一元，全年共十二元。
> 以上十一项共计一百六十七元三角六分五厘五。
> 第二　收入之部
> （一）田收。每亩年获谷（稻）四石，十五亩，共获六十石，交租

---

① 余伯流、陈刚：《井冈山革命根据地史》，江西人民出版社，2014，第129页。
② 孙克信、于良华、佟玉琨等：《毛泽东调查研究活动简史》，中国社会科学出版社，1984，第27页。

上篇　毛泽东的会计启蒙与早期会计实践

四十二石（十分之七），自得十八石，每石价四元，共七十二元。

……

（四）工食省余。九、十、十一三个月出外砍柴挑脚，不在家里吃饭做事，应从支付项下除去这三个月一个人的伙食和工资。……二项共十五元七角二分。

以上四项共计一百四十七元七角二分。

第三　结论

收支相抵，不足一十九元六角四分五厘五。

报告的结论很明确：佃农张连初全年的支出是167.365 5元，收入是147.72元，亏损是19.645 5元。他的生活显然是入不敷出的，这就是当时中国佃农的生存现状。

报告的结构也很明显，由"假定事实""支出之部""收入之部"和"结论"4部分内容构成。《中国佃农生活举例》（图3-1）就是一份用"文字+数字"表述的利润表。报告的4个部分严丝合缝地对应着利润表的4个要件，其中"假定事实"对应着"会计报告主体"，"支出之部"对应着利润表中的"费用"，"收入之部"对应着利润表中的"收入"，"结论"对应着"盈利或亏损"。报告框架完全是按利润表的构成要件搭建，只是把"支出之部"放在了"收入之部"前面，目的是强调佃农的支出之重，这也是为了突出调查研究的重点。

也正是为了达到调查目的，准确反映佃农的贫苦生活，这张"利润表"列示的内容非常全面，事无巨细地列出佃农张连初一家三口的全年收支，采集的数字也非常详细，比如："薅锄一把。一斤半，三角七分五厘，可用二年，每年一角八分七厘五。锄头三把，每年消耗共六角二分七厘五。"数字精确到了小数点后4位。文字表述也非常精准，有使用当地的偏僻字"铡"为证："犁头、犁

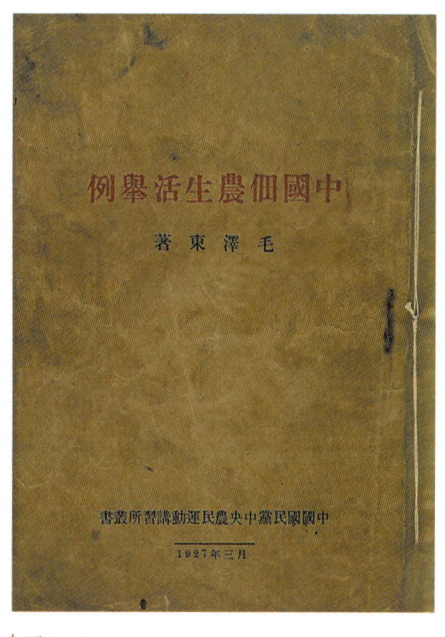

图3-1
《中国佃农生活举例》书影

051

铡四角。上桐油半斤，一角五分（每斤三角）。一犁共一元零九分三厘。二犁共二元一角八分六厘。"这些都体现了会计的严谨性及其深厚的专业素养。

与规范的利润表相比，《中国佃农生活举例》出于调查研究的需要，列示的数字更加周密、详细，严谨精确地将佃农张连初全年的各项收支全部采集到位并和盘托出，既展示了采集数据的精准，又列明了数据归类、运算和加计总额的过程，全程展现数据的采集点、运算流程及其结果，充分展示出数据的来源及其采集过程的真实性，也夯实了调查研究的基础数据。毛泽东在处理采集数据时，又自然而然地运用了会计科目分类、成本摊销、资产维护费用追加等诸多会计方法，并在"结论"部分进行了系统的"会计报表分析"——这些超越利润表本身的内容，就是毛泽东独创的用会计方式反映社会实践的调查报告格式。

为了进一步直观地比较分析，我再将《中国佃农生活举例》还原成一张佃农利润表，如表 3-1 所示。

表 3-1 佃农利润表

会计报告主体：张连初　　　时间：1926 年（民国十五年）

计算项目	序号	收支细目、金额和备注			
收入之部（收入）		收入项目	金额（元）	占比	备注
	1	田收	72	48.74%	
	2	喂猪	40	27.08%	
	3	冬季砍柴或挑脚	20	13.54%	
	4	工食省余	15.72	10.64%	机会收益
	5	合计	147.72	100%	
支出之部（费用）		费用项目	金额（元）	占比	
	6	食粮	72	43.02%	
	7	猪油	3	1.79%	
	8	盐	3.12	1.86%	
	9	灯油	0.84	0.50%	
	10	茶叶	2	1.19%	
	11	工资	36	21.51%	机会损失
	12	种子	2.4	1.43%	
	13	肥料	18	10.75%	
	14	牛力	11.4	6.81%	租牛

（续表）

计算项目	序号	收支细目、金额和备注			
支出之部（费用）	15	农具消耗	6.605 5	3.95%	按折旧额计算
	16	杂用	12	7.17%	人情及零星用费
	17	合计	167.365 5	100.00%①	
结论（利润）	18	收入−支出	−19.645 5		实为亏损
收入假定条件（会计报表分析）	19	每年一百四十七元七角二分之收入，还须假定在下列六个条件之下才有可能： （一）绝无水、旱、风、雹、虫、病各种灾害。 （二）身体熬练，绝无妨碍工作之疾病。 （三）精明会转计（本处会转计谓会计算）。 （四）所养猪牛不病不死。 （五）冬季整晴不雨。 （六）终年勤劳，全无休息。 事实上呢，六个条件具备者乃很少的，尤其是第三和第五个条件。穷苦佃农总是老实者多精明者少，在生存竞争十分剧烈之今日农村，此点关系荣枯极大；而冬天往往风雨连绵，害得穷苦农民大大减少砍柴挑脚之收入。至第一条之天然灾害，第二条之疾病，第四条之牲畜病症，都是在所难免。第六条则表示中国之佃农比牛还苦，因牛每年尚有休息，人则全无。然事实上佃农不能个个这样终年无一天休息地做苦工，稍一躲懒，亏折跟来了。这就是中国佃农比世界上无论何国之佃农为苦，而许多佃农被挤离开土地变为兵匪游民之真正原因。 这种小部分靠正业大部分靠副业，计算起来每年亏折一长项之佃农生活，在中国现时重租制度之下，是极其普遍的。 许多佃农每年尽其勤力所获之副业以与生活相挣扎，还觉得可以勉强遮敷不甚感亏折之苦者，则以工资一项全不计算之故。				

注：相比原报告，表3-1调换了"支出之部"和"收入之部"的位置。

通过还原的佃农利润表，我们可以一目了然地看到佃农张连初全年的收支结构、详细数据、结余情况（表中的收支占比是我另加的）以及亏损的原因。

反映佃农穷苦生活必须用事实说话，用事实说话的最可信方式是"用数字说话"，数字才是理性的、客观的。用数字客观、准确地传递出理性的信息，如摄影一样最直观地揭示中国佃农疾苦现状，以此达到揭示中国民众疾苦并发动群众的调查目的。这也体现了毛泽东采用"利润表"反映佃农穷苦生活的智慧。从这个"源头"调查报告还可以看出在革命初期的实践活动中毛泽东就已十分

---

① 因四舍五入的关系，本表中支出之部（费用）各项细目的金额占比的合计实为99.98%。

理性和务实的一面，跟空喊救国救民口号的一些知识分子有着明显的区别。这种理性，也明显来自"用实践数据反映实践并指导实践"的会计思想，体现了这篇"源头"文献"用数字说话"的创新之处，更展现了毛泽东一开始进行调查研究就不落俗套的过人智慧。

（二）《中国佃农生活举例》的会计思想和方法分析

记录实践，反映实践，指导实践，是会计的根本思想，而这个思想要通过具体的会计方法之运用来体现。其中的逻辑关系是：会计方法越精细，反映实践就越精准，对实践的指导性就越正确。《中国佃农生活举例》就是遵循这种会计思想完成的，其4个部分所展现的会计元素也证实了会计思想及其会计方法在这篇文献中的充分运用。

1."假定事实"即会计的基本假设

在"假定事实"部分，毛泽东给定了"一个壮年勤敏佃农，租人十五亩田……仅一妻一子……所以田租照本处通例要交十分之七"的调查前提，界定了调查研究的范围，这跟确定会计核算主体，即确认、计量和报告的空间范围异曲同工。确定了会计核算的主体，会计核算才能进行；也只有确定了调查研究的主体，后续的调研工作才可以开展——两者均体现了严谨性会计原则。

但这个"假定事实"并不是凭空想象的，它基于田租要交十分之七的事实、毛泽东跟佃农张连初交谈的事实（文后特别注明"本文乃与佃农张连初君会谈之结果"，是说明一手数据来自实践）、各种收支要素考虑周全的事实。"假定事实"其实不假，是为了界定调查范围，在这个范围内收集真实数据，用这个"典型"案例来揭示佃农的穷苦生活。

2."支出之部"即会计的成本费用项目

"支出之部"列出了佃农一年必须支出的11项成本费用，包括食粮、猪油、盐、灯油、茶叶、工资、种子、肥料、牛力、农具消耗和杂用，合计数为"一百六十七元三角六分五厘五"，数据精确到小数点后4位，可谓精细。这个分类运用了会计科目分类的思想和方法，在这11个一级科目中，"农具消耗"科目还划分了15个二级科目，其中"锄头"这个二级科目又划分为3个明细科目，调研内容十分精细，也是基于"严谨精确"的会计思想和观念。

在"农具消耗"一项，毛泽东使用了折旧摊销方法计算支出，比如："铁把一架。六元，可用十年，每年六角。""耙头二把。每把五斤，一元四斤，二角五分一斤，每把一元二角五分。二把二元五角。可用三年，每年八角三分三厘。""风车一架。六元，可用六十年，每年一角。"除此之外，毛泽东还考虑到农具在使用过程中的维修费用，并将其维修成本纳入支出之中，比如："挖锄一把。五斤，一元四斤，一斤二角五分，五斤一元二角五分。可用十年，每年须含钢一次，七分（二百三十文），十年七角。以上共一元九角五分。以十年均分，每年一角九分五厘。""田锄一把。三斤半，八角七分五厘。可用五年，每年含钢一次七分（二百三十文）共含钢三角五分。五年共一元二角二分五厘。每年二角四分五厘。""含钢一次"就是维修一次，维修支出的费用也纳入成本计算范围，这种算账方法，已经跟当代会计的算账方法一致了。

3. "收入之部"即会计的收入项目

"收入之部"列出了田收、喂猪、冬季砍柴或挑脚、工食省余等4项收入，每年"共计一百四十七元七角二分"。按收入数额看，"田收"属于佃农的"主营业务收入"，其他属于"其他业务收入"，这跟会计的收入分类标准是相吻合的。把不在家吃饭省下的钱记入收入，可见毛泽东考虑之细致，体现了调查研究者的精细入微及其"把账算透"的理念，没有深厚的会计功底和农家生活经验，也是算不到这种通透程度的。

但"每年一百四十七元七角二分之收入，还须假定在下列六个条件之下才有可能"，这6个条件就是取得收入的要素分析，只是分析跟后边的调查结论放在一起了。

4. "机会损益"算账理论属于重大创新

毛泽东在计算佃农一家的全年收支时，还运用了"机会损益"创新理论，这确实是一个重大创举。

"支出之部"的"工资"一项支出36元，是因为"此农人如不租田耕种，可往人家做工，一年可得工资三十六元，今不做工，便损失此项工资了"。由此可见，毛泽东在计算佃农一家的支出时，也把可外出做工的工资这项"机会损失"，即选择一项收入所损失的另一项收入，考虑进去了。"机会损失"跟西方经济学中的"机会成本"类似，但我认为叫"损失"比叫"成本"更准确。因为此时毛泽东正在给张连初一家算全年收支账，损失是可以直接扣除的，而成本不能直接扣除，资产的成本在会计核算时都要根据使用年限分期摊销，毛泽东当时也是这么计算的。

在"收入之部"的"工食省余"15.72元，是因为佃农"九、十、十一三个月出外砍柴挑脚，不在家里吃饭做事，应从支付项下除去这三个月一个人的伙食和工资。每月伙食二元七角四分（谷六斗二元四角，油一斤二角五分，盐十一两九分），三个月共八元二角二分。工资每月二元五角，共七元五角。二项共十五元七角二分"。佃农一年有3个月的农闲时间外出做工，不在家吃饭，也不会发生工资的"机会损失"，毛泽东把佃农省下的饭钱和没有发生的"机会损失"都算作了收入，算计之细实属罕见。这种"收入"属于选择一项收入所减少的另一项支出或损失，比照"机会损失"的概念可以称之为"机会收益"。

毛泽东在此运用的"机会损失"和"机会收益"算账理论可以并称为"机会损益"。尽管他当时没有提出此概念，但实质重于形式，他已经把"机会损益"的算账原理运用到了调查研究的实践中；也证实我国当时的民间会计实践已经体现"机会损益"算账智慧，但没有被系统地总结成理论。

1926年正是西方经济学家探讨、争论机会成本的时期，毛泽东已经将"机会损益"理论运用到调研实践中了，这除了证实各国的会计理论都出自实践、具有相通之处，还足以说明毛泽东的深厚会计理论功底。西方经济学中至今尚无跟"机会成本"对应的"机会收入"概念，也是单边思维所致。这种理论用于谈论可以，但若用于指导社会实践，是要慎重的：因为在现实中选择A收入而放弃B收入，同时节约了B支出，如果只谈B收入不谈B支出，没有B利润或B亏损做参照，机会成本是"正"是"负"就说不清楚。这种没有把事说透的理论概念，也是脱离实践的经济研究行为造成的。

毛泽东的"机会损益"理论是他基于我国古老哲学思想、民间传统会计理论和自身的会计实践与会计功力，率先创造并应用的：有阳必有阴，有收必有支，因而有"机会损失"也必有"机会收益"，具有完美对称性的理论才是完整的会计理论。毛泽东的"机会损益"理论不论是对世界经济史，还是对中国经济史，尤其是对中国会计史，都是一个重要贡献。这个重要理论不仅证实会计真理都来自实践，还提醒我们：我国有着几千年的文化，有着几千年的会计史，或许还有很多好东西没有被发现或挖掘出来。

5. "结论"即"会计报表分析"

"结论"是通过会计等式得出的。较之"收入－费用＝利润"这个规范的会计等式，"收入－支出＝结余"这个计算公式则属于传统民间会计常用的计算公式，《中国佃农生活举例》的调查"结论"就是依据这个传统的公式算出来的："收支相抵，不足一十九元六角四分五厘五。"

既然算下来是亏损，佃农又是如何生活下去的呢？原因就在"支出之部"有36元的工资属于机会损失，没有发生实际支出，毛泽东对这一点是十分清楚的，所以在最后总结时说："许多佃农每年尽其勤力所获之副业以与生活相挣扎，还觉得可以勉强遮敷不甚感亏折之苦者，则以工资一项全不计算之故。"佃农能活得下去的原因就是这36元的工资（机会损失）没有发生实际支出（36元机会损失减去15.72元机会收益等于20.28元，刚刚超过全年亏损的19.6455元）——但这是在正常情况下的"勉强遮敷"，一旦发生天灾人祸，佃农的生活仍会入不敷出，这才是严峻现实。

在"结论"部分，毛泽东对影响"利润表"收入的6个要素进行了重点分析，但"事实上呢，六个条件具备者乃很少的，尤其是第三和第五个条件"。毛泽东最后得出的结论是："中国之佃农比牛还苦，因牛每年尚有休息，人则全无……这就是中国佃农比世界上无论何国之佃农为苦，而许多佃农被挤离开土地变为兵匪游民之真正原因……这种小部分靠正业大部分靠副业，计算起来每年亏折一长项之佃农生活，在中国现时重租制度之下，是极其普遍的。"这个结论也归集出了改造社会的原因和动力。

从上述会计元素的列示及分析可以看出，《中国佃农生活举例》不但运用了设置会计科目、使用会计等式等基本的会计方法，还运用了成本费用摊销和会计分析等财务会计的实用工具。更为难得的是，毛泽东还运用"机会损益"原理通透地计算收支，这就属于管理会计的理论范畴了，属于重大会计理论创新。

由此，我们可以认定：1926年毛泽东在湘潭西乡的入户调查是一次重在收集佃农家庭会计信息的调研活动。《中国佃农生活举例》也是一篇用数据说话的经典"会计报告"。其不仅准确地反映出毛泽东当时的知识储备、擅长的调查研究方法以及认识世界的基本观点，也确定了"毛氏调查研究""用数字说话"的基本特征。1930年，毛泽东在《反对本本主义》一文中强调"中国革命斗争的胜利要靠中国同志了解中国情况"。《中国佃农生活举例》就是一篇"了解中国情况"的典范。在从"没有调查，没有发言权"到"不做正确的调查，同样没有发言权"之调查研究理论升级过程中，毛泽东始终保持着"用数字说话"的调研风格。

三、"算账"是毛泽东开展调查研究的常用办法

毛泽东从投身革命事业的一开始就注重调查研究，他的思维跟"在真实数据基础上做决策"的账簿思想交相辉映。会计的本质是用实践数据反映并指导实践，要年复一年地记录（采集）数据、分析数据，并运用数据指导下一阶段的生产活动。这种循环往复地认识实践并改造实践的会计思想和方法，对毛泽

东产生了重大影响，这从他每到一个新地方就要重新进行调查研究活动可以得到证实。

中国共产党走上武装斗争的革命道路后，由于敌强我弱，更需要知己知彼，保留革命的火种。而知己知彼，就要注重调查研究，了解实际情况。张宗逊在《战斗的岁月》一文中回忆："自从文家市会师以来，毛委员一直随部队活动，一路上除确定部队大政方针外，每到一地都设法找到当地党的同志，了解本地和周围地区各方面的情况。"① 这段文献资料是关于毛泽东走上武装斗争道路后进行调查研究的最早记录之一，也证实了毛泽东当年带领这支弱小工农革命军的生存法则就是避实就虚，先保存自己，再消灭敌人——这更需要知己知彼，更需要探听敌情和调查研究，用最基本的数字比大小、做决策。

1927年10月23日，工农革命军受到地主武装萧家璧袭击，在撤回井冈山的路上，遇到王佐派来的搞侦查的朱诗柳。据张宗逊回忆，"我们在黄坳靠金竹山的路上宿营"，毛泽东"同朱诗柳坐在床上继续交谈，我听到他问朱诗柳，井冈山上有几个村子，多少人口，都出产些什么东西；从井冈山到五斗江、拿山、黄坳各有多少路，都经过一些什么地方，这几个地方各有多少人口等等。还问了附近的萧家璧、李士廉等地主武装各有多少人、枪，他们压迫人民的情况等等。毛委员向朱诗柳这样一个衣衫褴褛的人作调查，一直谈到深夜，而且在谈话中对他表现得很尊重。我在一旁听着很受感动，也很受教育"。② 这段回忆透露3个信息：一是毛泽东一见到朱诗柳就急切打听井冈山的情况，作调查研究，是以有"坐在床上继续交谈"之表述，足见调查研究、摸清情况在当时毛泽东心目中的首要地位；二是调查研究的时间很长，"一直谈到深夜"，说明毛泽东问得很细，也很全面；三是毛泽东的调查研究注重数据，"几个村子""多少人口""多少路""多少人、枪"都是量化的数据。掌握了这些数据，才能精准地知己知彼，战胜敌人。而毛泽东对数据的敏感性，也是由其从小养成的数字思维决定的，并一直贯穿他的调查研究。这种用"算账"方式对比敌我力量，并用数据做决策的方法，也是毛泽东总打胜仗的一个主要原因。

（一）毛泽东调查研究注重账簿信息

一年的账簿只能提供一年的会计信息，一个地方的调查研究，也只能说明

---

① 《革命回忆录（19）》，人民出版社，1986，第12页。
② 《革命回忆录（19）》，人民出版社，1986，第16页。

一个地方的具体情况——这就是毛泽东每到一个地方都要重新进行调查研究的原因。他在调查研究时还十分注重收集账簿中的数据资料，因为账簿是汇集生产劳动信息的主要载体。1928年6月间，杜修经代表湖南省委来到井冈山区，毛泽东"要秘书把他到达井冈山后写下的永新、宁冈等地的农村调查拿给我看。我一看，这些写在商人账本'总簿''坐簿'上的农村调查，一本一本地叠了尺多高。由于我不理解这些就是毛泽东同志为我们党制定方针政策的依据，对这些调查材料，只当作一些故事或情况阅读，一天的工夫就看完了。毛泽东同志见我启而不发，知道我没有看懂，失望地把这些退回来的调查材料收捡起来"①。

杜修经这段话证实，毛泽东给他看的农村调查材料，是写在商人账页上的。报告写在账页上，可能是毛泽东在商店调查研究时，准确地说，是在查看商人的账簿时，商人应急提供的，不然毛泽东是不会把这些报告写在账页上的。由此可以推断，井冈山斗争时期毛泽东就注重收集商业信息了，而且还要通过商人的账簿数据来收集，查看账簿信息毛泽东也是行家里手——没有账簿知识，要看懂账簿也是很难的。而要看到一个地方的经济状况，账簿信息就是最原始也是最准确的渠道来源。"一本一本地叠了尺多高"的调查报告，也证实毛泽东调查研究内容的详细程度、工作量以及正确决策的依据和来源。

收集账簿数据也成为毛泽东调查研究的一个重点项目。"1929年3月中旬，在当地中共党组织的帮助下，邀请长汀城里的钱粮师爷、老衙役、老裁缝、老教书先生、老佃农、流氓头等各阶层的人，到辛耕别墅召开各种座谈会和调查会，了解长汀的政治、经济情况和风土人情。"② 这里的钱粮师爷就是账房先生，也是毛泽东调查研究邀请的首位对象，可见毛泽东对收集账簿数据和会计信息的重视程度。

正是因为调查研究数据翔实，调查研究上升为红军的一项工作制度。1930年4月，红四军政治部发布贯彻古田会议精神的《宣传员工作纲要》，特别规定："每一宣传员出发工作时，要注意当地的社会调查。"③

可能有感于调查研究的"实践出真知"，1930年5月，毛泽东在《调查工作》一文中提出"没有调查，没有发言权"的著名论断，指明"一切结论产生

---

① 《革命回忆录（3）》，人民出版社，1981，第37页。
② 中共中央文献研究室：《毛泽东年谱（1893—1949）（修订本）》（上），中央文献出版社，2013，第266页。
③ 中共中央文献研究室：《毛泽东年谱（1893—1949）（修订本）》（上），中央文献出版社，2013，第303页。

于调查情况的末尾，而不是在它的开头"，"调查就是解决问题"，强调"必须努力作实际调查，才能洗刷唯心精神"，"我们需要本本，但一定要纠正脱离实际情况的本本主义"。这篇文章初步形成了毛泽东思想活的灵魂的三个基本点，即实事求是、群众路线、独立自主。①

毛泽东在才溪乡调查研究时，还特别强调了合作社要注重查账："合作社每月查帐两次。"② 才溪乡纪念馆也展出了这个查账规定（图3-2）。

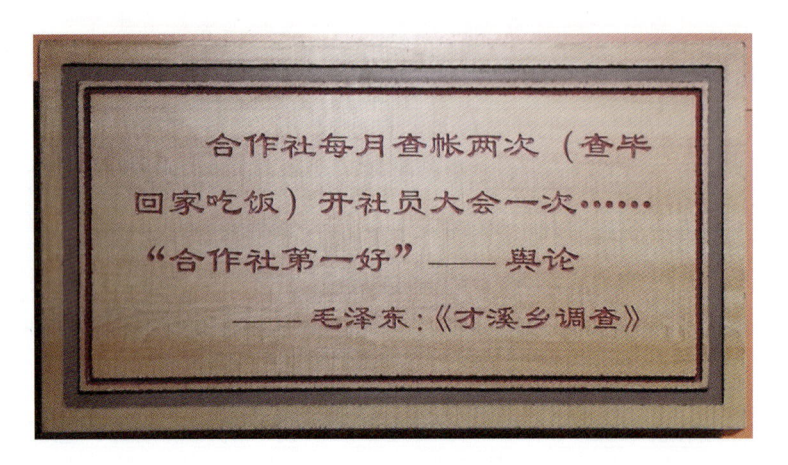

图3-2
毛泽东才溪乡调查研究纪念馆展示的查账规定

毛泽东调查研究的技法随着革命事业的发展也越来越娴熟，调查内容也越来越丰富、全面。他的警卫员吴吉清在回忆录里多有记载。比如："老表一来，主席像一家人似的，和他们拉家常、谈天，从中了解乡亲们对政府的要求，农村工作中存在的问题，红军公田的情况，红军军属的情况。问他们村里的干部有没有贪污、浪费和违法乱纪行为。"③ 这是1932年1月毛泽东到江西瑞金城郊东华山古庙休养期间，乡亲们来看望他的一个现场记录。毛泽东也借机向乡亲们作调查研究，内容涉及红军公田和军属，这是巩固红军队伍的重要政策。"村里的干部有没有贪污、浪费和违法乱纪行为"，证实毛泽东从那时开始，就关注干部队伍的纯洁问题了。

吴吉清的回忆录还记载了1933年11月毛泽东在才溪乡调查研究的诸多场景及其评价。比如："夸奖主席对人谦虚，就是因为主席在调查研究工作中非常

---

① 中共中央文献研究室：《毛泽东年谱（1893—1949）（修订本）》（上），中央文献出版社，2013，第305-306页。
② 中共中央文献研究室：《毛泽东文集》（第一卷），人民出版社，1993，第333页。
③ 吴吉清：《在毛主席身边的日子里》，江西人民出版社，1978，第91页。

善问。"这一点，给了地方干部和群众特别深刻的印象。他们都说："主席问的事情真多，真详细啊！其实，善问、多问，这是主席一贯的工作作风，他在任何一件事情上，都再三再四地强调'没有调查就没有发言权'。其他工作是如此，调查研究工作更是如此。就以才溪乡的情况来说，主席每到一个村庄，都必先访问干部，访问群众。而且在问干部，问群众时，一问不明再问，追根究底地问，直到把情况彻底问明为止。这种勇于向人民群众求教的谦虚态度，和那些自以为比谁都高明的主观主义者和不从实际情况出发的教条主义者相比，真是鲜明的对照啊！主席在一个村里，往往少则三天，多则五天，就把这个村的全部情况吃透了，同时能窥一斑而见全豹，把它提高为党的理论，制定出党的方针政策，指导中国革命。所以老表们都说：'毛主席是最好问最好学最有学问的人！'"①

毛泽东"问的事情真多，真详细"就涉及算账了。吴吉清《在毛主席身边的日子里》也记下了这个场面：

> 主席说："说实在的，我们这次来，不光是为了帮助群众生产，主要的，还想听听像您说的这样的心里话。"
>
> 老船工说："这不难，我们先吃饭，吃了饭，我就给你们把互助社的人叫来。他们和我一样，都有一本账装在心窝里啊！"
>
> 主席说："我们请老船工谈谈他心里的那本账啊？"
>
> 老船工笑了笑说："这有啥难的，你们只要看看我家的摆设，身上的穿戴，床上的被褥，就全明白了。就说吃的吧，在国民党统治时期，我们这里的人，平均每年只有三个月的米吃，剩下的九个月，全得凭杂粮、红薯和糠菜填肚子。可是在红军来了以后，我们不但全年吃米饭，还有余粮卖给红军和缴纳土地税。穿的更不用说，过去除了土豪劣绅，穿绸着缎外，全村子的老老少少都是补钉打补钉的。可是现在每人每年都能做上新衣服。要不是工作做得好，生产搞得好，我们才溪乡的后生子，一百个人中那能有八十几个当红军的？"
>
> 主席说："是啊！哪一种生活，哪一种政权，是农民群众愿意的呢？您的话，就替他们回答了这个问题。"

---

① 吴吉清：《在毛主席身边的日子里》，江西人民出版社，1978，第126页。

当晚,"毛主席就以老船工的生活变化做例子,帮助老表们算细账,算他们新旧生活的对比账。在这个村里,算来算去,进行调查研究,整整在'老民政'家里住了四天,完成了任务后,我们才怀着无限喜悦的心情,跟随毛主席又到了下一个村庄"①。

吴吉清的回忆表明,毛泽东在才溪乡调查研究时,也采用过"算账"的方式。也只有通过生活数字的对比,才能真正说明日子的好坏问题;也正是算清了这些生活账、生产账,老百姓听得明白,他们的动力才能汇入"革命账"。这些"账"的信息,也是《才溪乡调查》这个名篇牢固的基础材料。

(二)毛泽东著作中的会计语言和数字思维

会计语言就是用会计的术语或思维传递知识、技能或思想的一种表达方式。在毛泽东著作中,时常可以看到这种专业语言。

例如,在《湖南农民运动考察报告》中,毛泽东谈到了清算:"清算。土豪劣绅经手地方公款,多半从中侵蚀,账目不清。这回农民拿了清算的题目,打翻了很多的土豪劣绅。"②同时还有数字证实斗争力度:"在这些罪名之下,农民决议,某土豪罚款若干,某劣绅罚款若干,自数十元至数千元不等。"这"数十元至数千元"的罚款,就是依据事实对土豪劣绅的打击力度,很具临场感,生动、准确,也最能传递出作者的文字表达意图。这样的清算运动,意义不在追回款子,重在宣布土豪劣绅的罪状,把他们在乡村的政治地位和社会地位打下去,把农会扶持起来。从查账入手达到此目的,既体现了毛泽东的会计专业水平,也呈现了他的斗争智慧。

又如,在《寻乌调查》一文中,毛泽东又谈到了"本利":"还待举出几家杂货店,好更具体地了解他们的情况。

最大的杂货店……县城这一间本钱三千元,自己只有千把元,余是借来的。三千元每年利息要九百元,除了工钱、伙食等项开销,每年以赚得利息为止。

第二家要算纶泰兴,三个份子合成,本钱二千元。除了开销,每年赚得三四百元。

第三家算义泰兴,三个份子,吊多钱本(即千多元本),每年赚得一二百元。"③这些也是很专业的记述。

---

① 吴吉清:《在毛主席身边的日子里》,江西人民出版社,1978,第136页。
②《毛泽东选集》(一卷本),人民出版社,1964,第24页。
③ 中共中央文献研究室:《毛泽东文集》(第一卷),人民出版社,1993,第138页。

再如，在《长冈乡调查》一文中，毛泽东更为专业地谈到分红和股本："区社去年九月至今年三月（半年），四百多元本钱赚了六百多元，以百分之五十为公积金，百分之十为营业者及管理委员、审查委员的奖励金，百分之十为文化教育费（为俱乐部、学校及红属儿童买纸笔），百分之三十分红。为了增发红利，鼓励社员，临时将教育费取消（以后应该恢复），共分红百分之四十，每人分了一串钱。分红时，清算账目，悬榜公告。分红后，增加了许多股本，今年七月时，共有二千股一千元了。十一月，第二次分红，每股分五角，实发三角，二角作为增股。决定改股金单位为一元，每人不得超过十股。"①

"清算"和"本利"都是很专业的会计术语。至于"增股"及"改股金单位"的表述，没有深厚的会计功底，是写不出这些专业文字的。

透过现象看本质。毛泽东早期的调查报告，可谓调查之全面，数字之精细，数据之准确，其中展现的会计功夫之高，着实令人叹为观止。

中华人民共和国成立后，毛泽东的会计语言也不时出现在一些重要的报告中。例如，在《关于国家资本主义经济》一文中，他谈到了利润分配："工人们还要为资本家生产一部分利润，但这只占全部利润中的一小部分，大约只占四分之一左右，其余的四分之三是为工人（福利费）、为国家（所得税）及为扩大生产设备（其中包含一小部分是为资本家生产利润的）而生产的。"②

毛泽东早就意识到分配制度是社会主义国家的重要制度。为了公平分配，他多次用"分红"比例强调分配标准。1953年，在《在中央政治局扩大会议上的讲话》一文中他再次给出这个"分红"比例："但这部分利润，在整个盈利中至多占百分之二十五；而百分之七十五以上的盈利部分，是为国家（所得税）、为工人（福利费）和为扩大企业设备（公积金——其中包含一小部分是为资本家生产利润的）而生产的。"③

其中的"利润""所得税"和"公积金"，都是规范的会计术语或会计语言了。

又如，在《改造资本主义工商业的必经之路》（图3-3）一文中，毛泽东直接列了一个专业的"利润分配表"④来指导利润分配。这个表格其实就是会计报表了。毛泽东将企业的利润分为所得税（34.5%）、福利费（15%）、公积金

---

① 中共中央文献研究室：《毛泽东文集》（第一卷），人民出版社，1993，第305页。
② 中共中央文献研究室：《毛泽东文集》（第六卷），人民出版社，1999，第282页。
③ 中共中央文献研究室：《毛泽东文集》（第六卷），人民出版社，1993，第286-287页。
④ 中共中央文献研究室：《毛泽东文集》（第六卷），人民出版社，1993，第292页。

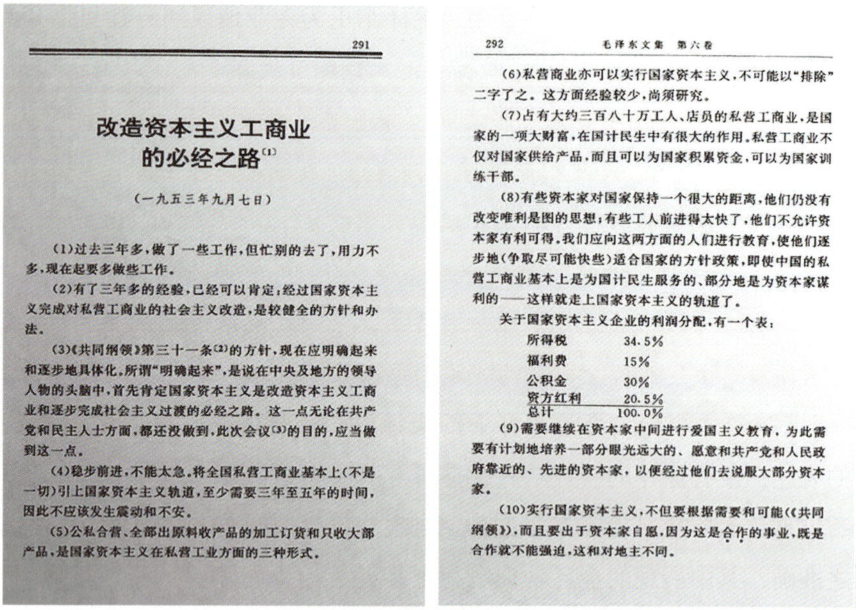

291

改造资本主义工商业的必经之路[1]

（一九五三年九月七日）

（1）过去三年多，做了一些工作，但忙别的去了，用力不多，现在起要多做些工作。

（2）有了三年多的经验，已经可以肯定：经过国家资本主义完成对私营工商业的社会主义改造，是较健全的方针和办法。

（3）《共同纲领》第三十一条[2]的方针，现在应明确起来和逐步地具体化。所谓"明确起来"，是说在中央及地方的领导人物的头脑中，首先肯定国家资本主义是改造资本主义工商业和逐步完成社会主义过渡的必经之路。这一点无论在共产党和民主人士方面，都还没做到，此次会议[3]的目的，应当做到这一点。

（4）稳步前进，不能太急。将全国私营工商业基本上（不是一切）引上国家资本主义轨道，至少需要三年至五年的时间，因此不应该发生震动和不安。

（5）公私合营、全部出原料收产品的加工订货和只收大部产品，是国家资本主义在私营工业方面的三种形式。

292 毛泽东文集 第六卷

（6）私营商业亦可以实行国家资本主义，不可能以"排除"二字了之。这方面经验较少，尚须研究。

（7）占有大约三百八十万工人、店员的私营工商业，是国家的一项大财富，在国计民生中有很大的作用。私营工商业不仅对国家供给产品，而且可以为国家积累资金，可以为国家训练干部。

（8）有些资本家对国家保持一个很大的距离，他们仍没有改变唯利是图的思想；有些工人前进得太快了，他们不允许资本家有利可得。我们应向这两方面的人们进行教育，使他们逐步地（争取尽可能快些）适合国家的方针政策，即使中国的私营工商业基本上是为国计民生服务的、部分地是为资本家谋利的——这样就走上国家资本主义的轨道了。

关于国家资本主义企业的利润分配，有一个表：

所得税	34.5%
福利费	15%
公积金	30%
资方红利	20.5%
总计	100.0%

（9）需要继续在资本家中间进行爱国主义教育，为此需要有计划地培养一部分眼光远大的、愿意和共产党和人民政府靠近的、先进的资本家，以便经过他们去说服大部分资本家。

（10）实行国家资本主义，不但要根据需要和可能（《共同纲领》），而且要出于资本家自愿，因为这是合作的事业，既是合作就不能强迫，这和对地主不同。

图 3-3
韶山纪念馆展示的含有利润分配表的文章图片

（30%）、资方红利（20.5%），从这几个概念来看，毛泽东对现代会计术语了然于胸，并且他也不排斥向资方分配利润。

这些会计术语足以证实毛泽东的会计知识在指导中国革命和建设中的作用。他的会计知识在更多的时候是转化为他的数字思维，也促进他形成了善于用数字、数据指导工作的习惯和风格。

数字思维在毛泽东著作中比比皆是，特别是在他早期指导土地革命和经济建设的文章中，用数字摆事实、讲道理成为行文的一大特色，真可谓"无数字不成文章"。

例如，在《井冈山的斗争》一文中："党代表伤亡太多……希望中央和两省委派可充党代表的同志至少三十人……现在办了一个百五十人的教导队……各县枪数：宁冈百四十，永新二百二十，莲花四十三……共六百八十三。"①

又如，在《必须注意经济工作》一文中，毛泽东在揭示商人剥削、指导根据地贸易时也使用了准确的数字："去年万安、泰和两县的农民五角钱一担谷卖给商人，而商人运到赣州卖四块钱一担，赚去了七倍。……我们的对外贸易局在这方面要尽很大的努力。"②

①《毛泽东选集》（一卷本），人民出版社，1964，第 63-65 页。
②《毛泽东选集》（一卷本），人民出版社，1964，第 107 页。

再如，在《新解放区土地改革要点》一文中，为了防止扩大富农的打击面，毛泽东就用数据进行了限制："对待富农应同对待地主有所区别。总的打击面，一般不能超过户数百分之八，人口百分之十。"①

可见他善于用准确的数字、数据指导革命斗争和建设。这些数字、数据无疑均来自毛泽东的账簿知识和会计素养。

四、本章小结

毛泽东撰写的第一篇农村调查研究报告和毛泽东著作中呈现的会计术语和数字思维，可以证实会计知识在毛泽东知识系统中的重要地位。而用来自实践的准确数字、数据指导中国革命和建设，是毛泽东指挥艺术的一个显著特点，也是毛泽东思想的精髓之一。

---

① 《毛泽东选集》（一卷本），人民出版社，1964，第1178页。

计家计国计天下
——毛泽东的会计实践

中篇

毛泽东革命斗争过程中的会计实践

第四章 用"算账的办法"进行革命斗争

> **本章导读**
>
> 中国革命走的是农村包围城市、武装夺取政权的独立自主道路，农民是革命的大元勋，但当时绝大多数的农民都不识字，如何让他们明白革命道理、起来革命，是头等大事。本章从毛泽东用"算账的办法"发动群众入手，证实毛泽东针对"识数不识字"的广大农民群众，最初采取的是"用数字比大小"的思想启蒙方式，让他们认识到地主阶级的剥削性，激发起他们的反抗意识和革命动力。毛泽东还让广大红军战士学会算账，并帮农民算清剥削账，点燃了人民群众"打土豪分田地"的土地革命运动的燎原之火。走上井冈山后，由于敌强我弱，每次战斗前，毛泽东都通过算反动势力的账的方式对比敌我人数，看看能否打得过并谋划如何打得过。他在战争实践中总结出了"赚钱就来，蚀本不干"的井冈山战术。正是用数字指导实践的过程逐渐塑造了毛泽东"道理+数字"的说服模式，形成了毛泽东独特的语言艺术。

一、引言

当我在《回忆毛主席》一书中看到"毛泽东还用算账的办法，说明地主豪绅和贪官污吏吮吸农民的血汗"时，马上就警觉起来。这个发动群众的方式很特别，跟青年毛泽东当时的会计知识储备也很吻合。毛泽东既然采取这种方式，肯定有他的道理。但难的是，这本书里关于毛泽东算账的描述只有这一句话。

毛泽东是带着一身记账功夫走出韶山的，这个功夫在没有被其他功夫替代之前，肯定会优先呈现在他的行为中。青年毛泽东的算账行为在文献中鲜见记述的原因，应是很多回忆者不太注意这种算账的细节，在回忆时多挑选自己认为的大事、要事说，忽略了青年毛泽东解决具体问题的方法和智慧。

但既然有文献资料提到，那就说明存在这种算账行为。毛泽东的成功，肯定跟他做事的细节有关，我们的任务就是找到这些关键的历史细节。

毛泽东的智慧也分战略层面和战术层面。对于军事战略和战术，毛泽东是这么表述的："我们的战略是'以一当十'，我们的战术是'以十当一'，这是我们制胜敌人的根本法则之一。"① 在这段话中，毛泽东的战略和战术是用数字表示的，这也是他的语言特征。而战略和战术的关系是：战略指引战术，但战术决定战略——因为战术仗打不赢，就没有战略了。所以要"以十打一"，保证完胜；用绝对数制敌，也是毛泽东战无不胜的军事理论依据，这依据还是数字理论。

毛泽东战略的自信来自战术的自信，来自做事的细节。因为所有的"大事"都是由具体的"小事"即细节组成的，战略必须靠战术去实现。张云逸回忆长征时曾对"大事"做过精彩的论述："什么是大事？部队过乌江时，毛泽东指示去架桥，架桥便是大事。"② 这就透彻地说明了，长征是战略任务，是由这些具体的架桥战术组成的，完不成架桥战术任务，历史就有可能改写。这正是毛泽东格外重视战术的原因。

毛泽东思想是从实践中来到实践中去的。在学习与研究他的会计实践过程中，我越来越感觉到必须依据毛泽东的具体实践行为来研究毛泽东，那就是要注重历史细节，即重视对战术的研究。

从革命战争烽火硝烟中走出来的毛泽东，思想认识最接近本源，且处于一览无余的绝顶层面；不在他那个层面，要学到他从实践中来到实践中去的战略思想，我认为有难度。

但毛泽东的做事方式容易学。延安整风即将结束时，从井冈山时期就和毛泽东患难与共的朱德说，毛泽东是一个"有魄力、有能力，遇到困难总能想出办法的人。我们这次学习，就要每人学一套本事，主要学好毛泽东办事的本事"③。由此看出，"红军之父"朱德对毛泽东的办事本事尤其赞赏，认为他的办事本领容易学。办事属于战术层面。

所以，学习毛泽东的战略必须从他的战术学起，也必须从一点一滴做起。这与欲"扫天下"得先"扫一屋"是一个道理。他用算账的方式给农民讲清剥削关系，发动他们起来革命。这个方法简单易学，不识字的人能学会，当时的

---

① 金冲及：《毛泽东传（1893—1949）》，中央文献出版社，1996，第441页。
② 王太和：《我的父辈在长征中》，中共党史出版社，2016，第73页。
③ 金冲及：《毛泽东传（1893—1949）》，中央文献出版社，1996，第661-662页。

中篇　毛泽东革命斗争过程中的会计实践

红军也都学会了。

但如何把毛泽东教农民算账的历史场景挖掘出来并让大家学到，就需要大海捞针了。

认准了目标，就要开足马力。我先翻书，从一本书到另一本书，但每一本书都鲜见毛泽东算账的细节。我心里明白，一身记账功夫的毛泽东，在革命初期肯定有算账行为，文献资料上越没有，则说明越珍贵，我也越要尽快找到，并且坚信一定能找到。

有心栽花花不开，无心插柳柳成荫。2020 年 9 月中旬的一天，我在电视剧《毛泽东》第 10 集，看到了毛泽东和杨开慧给农友算账的场景。来回看了几遍后，我认准这就是我们要找的算账历史场景；也确认电视剧的情节跟史实吻合，不吻合也播不出来。

既然电视剧能找到素材，我们也可以。找不到，只能说明资料看少了。功夫不负有心人。在阅读很多党史资料后，2020 年 12 月 25 日，我终于在谭冠三将军的回忆文章里，找到了毛泽东给农民算账的历史细节：他不光自己算，还让红军战士帮农民算清剥削账，让广大农民明白自己受到了剥削，他们才会起来反抗[①]——这等于找到了中国农民运动的正确打开方式。可以说，正是有了这个通过算清剥削账发动农民的历史细节，才有了轰轰烈烈的"打土豪分田地"运动，以及后来解放区"一手拿算盘，一手拿枪杆"的土地革命。这个充分证明"毛泽东为什么能"的历史细节确实是很精彩的一笔。

二、用"算账的办法"发动群众

中国革命的成功所依靠的主要是"三农"（农民、农村、农业）。农民是人民军队的主要组成部分和骨干力量，农村提供了革命队伍跟敌人周旋的广阔天地，农业保障了革命队伍的基本食物。所以，在毛泽东提出"枪杆子里面出政权"后，中国革命运动的重点和难点就是发动农民起来革命。

但旧中国的农民识字率很低，如何让他们明白革命道理，特别是让那些迷信又认命的农民认识到地主阶级的剥削性？如果光用喊口号、贴标语等城市斗争方式，恐怕难以让大多数农民搞懂。因为这些提炼的口号和标语，很激励

[①] 井冈山革命根据地党史资料征集编研协作小组、井冈山革命博物馆：《井冈山革命根据地》（下），中共党史资料出版社，1987，第 495 页。

"知者"，但不能激励"不知者"；不把剥削问题说清楚，农民就不知剥削；宣传者清楚，被宣传者不清楚，这宣传就没有瞄准靶心。

尽管农民不识字，但他们对田里产了多少粮，交了多少租，欠了多少钱——这些现实生活中的数字，是门儿清的，也是最关心的。若用这些数字比大小，来揭露地主阶级盘剥农民的事实，就很容易把道理讲清楚。知道了自己受压迫，农民们就会恍然大悟，就会起来反抗，就要分田地，甚至拦都拦不住。所以，让农民知道剥削真相是发动农民的突破口，毛泽东就找到了这个突破口，并用算账的方式巧妙地解决了难题，而算账恰恰又是毛泽东的"童子功"！

（一）毛泽东如何教农民算账

毛泽东是带着一身记账功夫走出韶山的。根据人的本性，这个绝活一到特定场合，就会发挥出来。1917年10月30日，他在《夜学招学广告》中就写道："每夜上课两点钟，教的是写信、算账，都是列位自己时刻要用的。"[①]这也是关于毛泽东教民众算账的最早文献记录，他深知底层人们的需求，就从最简单的事情"写信、算账"教学做起，这也印证了"天下大事必作于细"。

1925年春节期间，毛泽东回到韶山，为发动群众，他把在长沙开办夜校的做法复制过来，和杨开慧一起给韶山的乡亲们开办夜校。但在那个环境下，传播革命思想是很危险的。"夜校师生十分警惕，一发现狗腿子，马上改教写字和打算盘。"[②]但这写字和打算盘不是掩护，而是实实在在的教学活动，其目的是教会农民算账和识字。

1925年2月至8月，毛泽东在韶山待了半年之久，他发动农民的具体方法之一，也是算账。据韶山毛泽东同志旧居陈列馆集体写作的《韶山播火种》一文记载："毛泽东还用算账的办法，说明地主豪绅和贪官污吏吮吸农民的血汗，装进了腰包，灌满了肥肠。"[③]

毛泽东通过算账把革命的火种播种在家乡的大地上，他在这段时间里创建了中共韶山支部，并培养出"韶山五杰"。

走上武装斗争的革命道路后，毛泽东也一直"用算账的办法"发动群众。

---

① 中共中央文献研究室、中共湖南省委《毛泽东早期文稿》编辑组：《毛泽东早期文稿》，湖南出版社，1990，第94页。
② 《回忆毛主席》，人民文学出版社，1977，第37页。
③ 《回忆毛主席》，人民文学出版社，1977，第34页。

1927年10月底，毛泽东同志率领工农革命军来到大井村后，"毛泽东同志帮他们算了土豪劣绅的剥削账"①，让大井的农民明白了，自己的苦日子，不是因为"命苦"或"八字不好"，而是受土豪劣绅剥削、压迫的结果。毛泽东同志还启发大家说："零散的稻草轻飘飘，拧成绳的稻草拉不断。只要我们穷苦人民团结一条心，就一定能打倒土豪劣绅。"②

1933年11月，毛泽东在才溪乡调查研究时，也是通过"算账的办法"跟农友对比新旧生活。因为通过生活中的数字比大小，最容易说明问题并让农民接受。

保卫胜利果实就要抓住枪杆子，才溪乡80%的后生参加红军就是为了保卫到手的革命果实，这调动了农民群众的内驱力，使他们积极参加革命战争，用"革命大业的元勋"之力，抓牢枪杆子。毛泽东的过人之处，就是在推广理论、面对实践难题时，他总能创造出一套破解的方法——"算账的办法"就是其一。这些办法之所以现在看起来很简单，是因为它们作为"未知"已经被毛泽东发现并运用，而发现"未知"的难度是可想而知的。

在领导中国革命的进程中，毛泽东不仅独具慧眼地发现了农民的革命力量，还精准地运用了有效方法把农民发动起来。毛泽东的特质是不仅有正确的思想，还有正确的实施方法。这种"知行合一"的特质，也是毛泽东与当时那些"有想法没做法"的本本主义者的主要区别，更是他成功的重要元素。

（二）算账能直接揭示地主阶级的"黑账"盘剥

毛泽东"用算账的办法"发动农民，也是由客观的历史条件决定的，可能也是他当时最佳的行为方式。旧中国的地主盘剥农民，除了采取"大斗进小斗出"等明目张胆的剥削手段，还有高级黑的伎俩——通过"黑账"剥夺农民。农民多不识字，对一些复杂的账务，如"利滚利"也多算不清楚，所以就搞不懂地主的账簿，任凭他们扒拉算盘，算多少就是多少，直至被这些算出来的"债务"逼得倾家荡产、妻离子散甚至家破人亡。

毛泽东的警卫员吴吉清回忆："父亲一辈子，连骨髓都让地主榨干了。到去年七月，因为老病缠身还不清债，不得不把爷爷留下的三间破草房和一亩

---

① 井冈山革命根据地写作组：《井冈山革命根据地》，上海人民出版社，1977，第70页。
② 井冈山革命根据地写作组：《井冈山革命根据地》，上海人民出版社，1977，第70页。

十年九不收的薄地，典卖给了地主吴喜宾。典卖那天，父亲满以为可以还清地租，靠我这一身力气来养活一家人。没料想吴喜宾的算盘一拨拉，除了典卖的房地，还欠他十八石净谷。"① 这段文字如实记录了旧中国地主阶级用"黑账"盘剥贫苦农民的一幕。农民一旦欠了地主的债，那就永远还不清了，会彻底成为奴隶，因为算盘掌握在地主的手里。其实这也是一种"知识欺压"，欺压农民不识字，也不会记账。在这种欺压下，吴吉清一家的最后结局是："我父亲一气之下，病更重了……就在那个凄风寒雪的黄昏，吴喜宾又来逼债，一棍子敲碎了我家的窗户；狗仗人势的狗腿子就拔锅拆门，把我家抢劫一空。"②

像吴吉清这样受地主欺压的家庭，在旧中国极为普遍。土豪劣绅用"黑账"盘剥农民也是一种惯用手段。苦于不识字，账簿又掌握在地主豪绅的手里，贫苦农民为了维护自己的劳动成果，也曾用各自的"记账方式"弱弱地反抗。《毛委员在井冈山》一书就记载了一个老表的控诉："我十七岁那年给你做长工时，只字不识，怕你赖账，就自己用泥团作账，谁知叫你家鬼仔用水给浇成了一堆烂泥。结果，让我给你白干了一年。"③ 这个控诉虽短，但内涵丰富，不仅让人看到地主阶级剥削的无耻和残忍，还感受到这个老表的无助和绝望。

不仅是汉族人民，少数民族的贫苦人家也同样深受土豪劣绅的"黑账"剥削。蒙古王公在收购皮毛畜产品时："春天记账赊销，秋后结账加倍，牧民们不识字，他们说多少就是多少。"④

不论是《大清律例之户律》的"严禁利滚利，以本作利"，还是民国的法规，都不允许放高利贷。但那时的法律管不住土豪劣绅，且现实中存在官官相护的情况。有钱能使鬼推磨，这也是地主阶级可以任性用"黑账"剥夺农民财产的前提条件之一。所以，这种社会必须推倒重来，人民群众才能当家作主。

哪里有压迫，哪里就有反抗。反抗地主阶级的"黑账"，顺势成为中国革命运动的一个重要号召。《西北工农革命军总司令部布告》（图4-1）就用诗歌的形式，把"驴打滚"盘剥穷人作为革命的动因，呼吁农民起来革命：

---

① 吴吉清：《在毛主席身边的日子里》，江西人民出版社，1978，第10页。
② 吴吉清：《在毛主席身边的日子里》，江西人民出版社，1978，第10页。
③《毛委员在井冈山》，江西人民出版社，1977，第56页。
④《革命回忆录（8）》，人民出版社，1983，第122页。

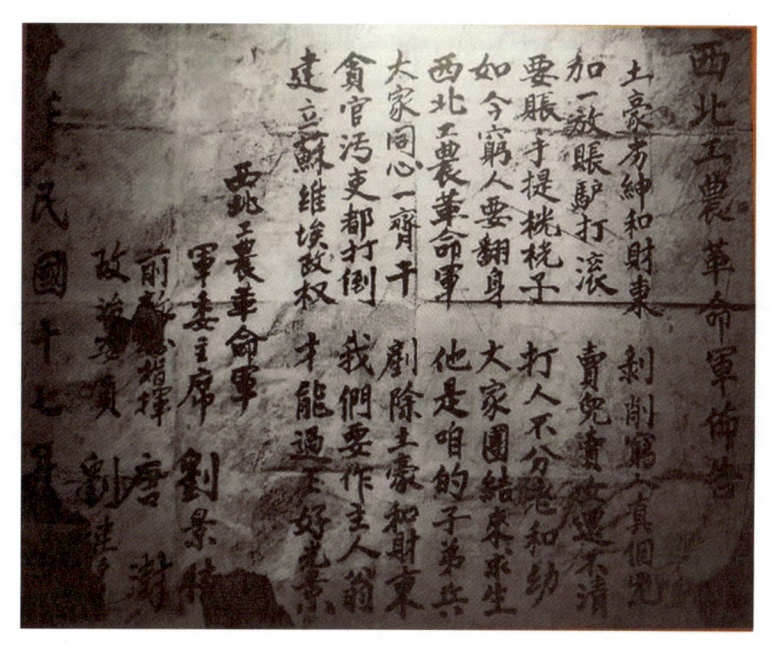

| 中篇 毛泽东革命斗争过程中的会计实践

图 4-1
《西北工农革命军总司令部布告》

> 土豪劣绅和财东,
> 剥削穷人真个凶。
> 加一放账驴打滚,
> 卖儿卖女还不清。①

诗歌简洁明快,朗朗上口,一听就懂。"加一放账"就是每年本利加一倍的意思。农民借 1 元钱,1 年后要还 2 元,2 年后要还 4 元,3 年后要还 8 元,4 年后要还 16 元,以此类推,每年本息翻 1 倍,10 年后就要还 1 024 元。"加一放账"能把借款人逼得卖儿卖女、家破人亡。"本银一锭十年后得本息一千二十四锭,叫羊羔儿息,和陕甘的黑驴打滚一样。"②所以,这还不清的"驴打滚"最能触动广大穷苦农民的心灵。在"天下乌鸦一般黑"的旧中国,每一个村子,每一户贫民,几乎都有一本血泪账。

旧中国地主阶级的"黑账"剥削事实,也是人民艺术家揭露封建剥削制度的重要创作素材。经典作品《白毛女》就是反映"黑账"的艺术精品:杨白劳

---

① 《革命回忆录(3)》,人民出版社,1981,第 20 页。
② 《谢觉哉日记》,人民出版社,1984,第 470 页。

辛辛苦苦劳作一年，年底去领工钱，结果黄世仁的账房先生一扒拉算盘就算出了杨白劳反欠黄世仁的"黑账"，要拉喜儿抵债，直接把喜儿逼成了白毛女。

地主剥削农民是农业社会存续几千年的现象，"黑账"是剥削的主要方式之一。在旧中国的农村，"谁掌握了账簿谁就掌握了权力"①。毛泽东走上革命道路后，一上手就抓住主要矛盾和矛盾的主要方面开展农民运动和武装斗争。正如一把钥匙开一把锁，毛泽东用算账这把钥匙，打开了中国农民运动的大门。

（三）毛泽东也让红军官兵帮农民算账

一个行之有效的方法，必须得到普及才能发挥最大作用。毛泽东不仅自己身体力行地为农民算账，还把算账知识普及给部队，让广大红军帮助百姓算账，揭示地主阶级的剥削真相。

走上武装斗争的革命道路后，如何发动群众，壮大革命队伍，就是一个严峻的问题。1927年11月18日工农革命军攻克茶陵县城前，毛泽东在"部队出发前，作动员讲话，要求部队沿途发动群众，打土豪，筹款子"②。这也是关于毛泽东要求部队发动群众的较早记载，但文献没有记载发动群众的具体细节。

张鼎丞在《红四军四纵队在宁都》一文中对"如何做群众工作"进行了记述："怎么发动群众呢？一是开展宣传，揭露帝国主义、封建主义、国民党军阀政府的滔天罪行，讲清贫苦工农为什么灾难深重，求生不得，以及要不受压迫，只有起来革命的道理。这样的宣传讲到群众的心里，群众愿意听、听得懂，很容易把群众发动起来。二是我们领导群众去豪绅地主家里开仓分粮、分东西，把能够吃的、用的东西，如粮食、猪、鸡、腌菜、衣服等都没收，除了留一部分作为红军口粮，都分发给贫苦工农，解决群众无米之炊的问题。群众十分喜欢。三是打土豪，烧田契、债约。我们就是这样发动群众，摧毁了封建主义的经济基础。为了防备敌人破坏，保护胜利果实，在斗争中，我们把群众武装起来，组织了赤卫队、赤少队，主力红军也得到了扩大。"③这段描述尽管是如实记录，但没有说明如何把"宣传讲到群众的心里，群众愿意听、听得懂"的具体方法。

其实最初发动群众的具体方法就是算账。

---

① ［美］雅各布·索尔：《账簿与权力》，侯伟鹏译，中信出版集团股份有限公司，2020。
② 中共中央文献研究室：《毛泽东年谱（1893—1949）（修订本）》（上），中央文献出版社，2013，第224页。
③ 《革命回忆录（16）》，人民出版社，1985，第3页。

谭冠三将军《在我记忆中的井冈山斗争》一文有精准的记载:"在发动群众的过程中,毛泽东同志要我们学会算账,并要求我们替农民算账……经过算账后,他们就会明白,地主是怎么剥削自己的。并且,就可以了解到自己一年劳动了多少,又得到了多少,结果,一下子什么都明白了。通过算账,使他们知道自己是一个被剥削者。地主不劳动,却过好日子,原来是个剥削者。贫苦农民的觉悟一旦提高了,他们就会拥护共产党,拥护红军,就会跟共产党干革命。"[1] 红军一起用"算账的办法"启蒙民众,唤醒他们的革命意识,进行武装斗争,促成了"星星之火,可以燎原"。

这就是工农红军发动群众的具体方法,也是毛泽东倡导的行之有效的革命运动细节。没有这些细节,就不能全部还原当时的革命活动,也就不能充分展示其中的智慧,后人就不能全面学习。"从实践中来,到实践中去"的毛泽东思想就是从这些细节中产生的,一旦太抽象化了,就脱离了广大民众,回不到实践中了。

《桥林乡党支部》一文也记载了一个算账的故事,这是毛泽覃在夜校向贫苦农民讲的一个故事:"有一个小长工,从小给土豪放鸭子。有次黄鼠狼叼跑了一只小鸭仔,土豪就按一只大鸭子给他记上账;腊月寒冬,土豪把一件没人穿的破衣服丢给小长工,却按新衣服记上账;小长工平日吃的馊饭剩菜当然更是全部记了账。到这个小长工十二岁时,土豪不想用他了,就把几年的黑账一亮,弄得小长工不仅分文没得,倒反欠了土豪五块银洋。"[2] 毛泽覃是由毛泽东带上革命道路的,深受毛泽东的思想和行为的影响。哥哥帮农民算账,受影响最大的肯定是弟弟,因而弟弟也会带头学着哥哥帮农民算账。这顺理成章,因为算账是揭露土豪劣绅剥削的有效方法。把数字摆出来,比大小,便胜过千言万语的硬道理,不识字的农民就认硬道理。

还有史实证明毛泽覃带领群众打土豪,也用了算账的办法:"一九二八年二月间,毛泽覃同志深入到宁冈县乔林乡,与乔林乡党组织一起,带领群众打了土豪陈云开。由于事前做了周密的调查工作,当陈云开装穷叫苦,不承认自己是土豪时,便当众公布了他的剥削账。从他每年收多少租谷,收多少茶籽,雇几个长工,放多少高利贷,到如何欺压老百姓等,都一一摆了出来。在铁的事实面前,陈云开无可狡辩,不得不承认自己是土豪,接着便没收了他的全部财

---

[1] 井冈山革命根据地党史资料征集编研协作小组、井冈山革命博物馆:《井冈山革命根据地》(下),中共党史资料出版社,1987,第495页。
[2]《毛委员在井冈山》,江西人民出版社,1977,第54页。

产。"① 当时红军打土豪是有政策的，不是谁都打，只打够标准的土豪。所以打前要做"周密的调查工作"，算一算目标够不够土豪的标准，这就涉及算账了。从这段文献描述看，算账确实是当时打土豪的一个有效方法。

在农民运动初期，这些算账的史实应该很多，但中国革命的牺牲太大了，早期的亲历者大多已经牺牲，健在的亲历者在讲述这段历史时，也多以刻骨铭心的战斗经历为主，相比之下，算账这种发动群众的小细节往往被省略。后人在整理亲历者的回忆资料时，可能意识不到算账也是一种有效的斗争方式——如此诸多原因，就让算账这个发动群众的有效方法，掩映在历史的浓荫之中，鲜为人知。

从谭冠三将军的回忆和毛泽覃算账的文献记载，可以推断，走上井冈山后，毛泽东就把算账作为发动农民群众的初始方法在红军队伍中推广了。从后来的效果看，这也是正确打开农民运动的有效方式。这个打开方式后来在解放区升级为"一手拿枪杆，一手拿算盘""白天劳动支前，晚上算账分田"的群众运动，有力地推动了中国革命的历史进程。

算账作为毛泽东发动群众的初始方法，是一个重要的历史细节，也是证明"毛泽东为什么能"的一个"原始凭证"。"从实践中来，到实践中去"的毛泽东思想，很实在，也很实用，除了提供理论指导，还配套提供行之有效的实践方法，使人们可以活学活用。他的农民运动理论和独特的算账启蒙方法充分体现了这个特征。对毛泽东用"算账的办法"启蒙民众、发动民众、武装夺取政权这个逻辑关系的梳理，有助于我们理解毛泽东成功的要素，学好毛泽东办事的本事。

三、井冈山战术和"道理+数字"语言特征

在中国革命初期，毛泽东来源于会计实践的数字思维，除了用于发动群众，还用于腥风血雨的武装斗争，使其稳操胜券，带领年幼的中国工农红军渡过一个又一个难关。

（一）井冈山的战术：赚钱就来，蚀本不干

毛泽东没有经过军事学校的科班训练，但在井冈山的军事斗争中，他指挥

---

① 《井冈山革命根据地的经济斗争》，农村读物出版社，1978，第72页。

打仗总能打赢，并让经过科班训练的红军将领们心悦诚服。这可能说明3个问题：一是一个人的军事理论一旦固化，就可能出现教条主义，在实战中若不实事求是，不一定能打赢；二是毛泽东用常识打仗，而这种常识往往是传承千年的经验和方法，最接近真理，适用于各个方面；三是毛泽东用数字思维把战争量化了，与用算账的方式调查研究一样，打仗前会用数字比大小，打得赢就打，打不赢就走，这是他稳操胜券的一个重要原因。

秋收起义部队上了井冈山后，1927年12月下旬，毛泽东深入连队安定部队情绪，同指战员一起总结经验教训。

> 现在敌强我弱，不能用过去的那套战法，更不能硬拼。从前井冈山有个"山大王"朱聋子，同官兵打了几十年交道，总结出一条经验，叫做"不要会打仗，只要会打圈儿"。"打圈"是个好经验，不过他们"打圈"只为保存自己，不是为了消灭敌人，扩大根据地。我们改他一句：既要会"打圈"，又要会打仗。"打圈"是为了避实就虚，强敌来了，先领他转几个圈子，等他晕头转向暴露出弱点后，就抓准狠打，打得干净利索，打得要有收获，既消灭敌人，又缴获武器。最后毛泽东概括起来说：赚钱就来，蚀本不干，这就是我们的战术。①

"赚钱就来，蚀本不干"是一句商业用语，被毛泽东拿来用作工农革命军的战术。这一方面说明商业经营和军事斗争的道理是相通的，那就是要赚钱或打胜仗，而绝不是相反；另一方面也证明毛泽东知识系统的商业知识基础，父亲毛顺生在他小的时候就想把他培养成"经商高手"，毛泽东也学到了商业的精髓；同时还证实了毛泽东是用常识来指挥军事斗争，而常识是经过千锤百炼的经验，也是最基本的理论或最管用的方法。

秋收起义的一个深刻教训就是：敌强我弱，不能用鸡蛋碰石头。这就是常识。朱聋子"打圈"的生存法则，提醒毛泽东要避实就虚，牵着敌人的鼻子走，瞅准机会再狠狠打。年幼的中国工农红军正是在这种心中有数的务实战术指引下，如星星之火得以燎原。

1928年年初，赣军第一次"进剿"井冈山，攻占了宁冈新城，毛泽东率领

---

① 中共中央文献研究室：《毛泽东年谱（1893—1949）（修订本）》（上），中央文献出版社，2013，第226-227页。

工农革命军"打圈"撤回井冈山。经过周密侦察和准备，工农革命军决定攻其不备，在 2 月 18 日拂晓，趁国民党军队出来架枪做徒手操时，发起猛攻，攻克新城，全歼守军一个正规营和一个靖卫团 500 多人，击毙守军营长，活捉宁冈县长，粉碎了赣军对井冈山革命根据地的第一次"进剿"。

朱毛会师后，1928 年 5 月 13 日，赣军 5 个团对井冈山革命根据地发动第三次"进剿"。毛泽东和朱德采取敌进我退、声东击西的战术，"先在高陇消灭敌人半个团，后在草市坳歼灭敌军一个团，把敌人姓刘的团长也打死了"；接着趁敌不备，再次攻占永新县城，击伤敌师长杨如轩，缴获迫击炮 7 门、山炮 2 门、银圆 20 余担，彻底粉碎了赣军的第三次"进剿"。原北京军区副司令员韩伟曾回忆："这次打高陇是毛主席领导和指挥。赚钱就来，蚀本不干，这是毛主席的一贯原则。"①

也是在 1928 年 5 月，毛泽东和朱德等根据敌强我弱、以弱胜强只能采取游击战术的原则，总结南昌起义、秋收起义以来革命军多次作战的经验，提出"敌进我退，敌驻我扰，敌疲我打，敌退我追"的十六字游击战术，为后来红军整体作战原则的形成奠定了基础，也是"赚钱就来，蚀本不干"战术的系统升级。

井冈山斗争时期，国民党反动军队对井冈山革命根据地总共进行了 4 次"进剿"——以赣军为主的进攻；3 次"会剿"——湘军和赣军等的联合进攻；5 次"围剿"——全国国民党军队的进攻。除了第五次反"围剿"，红军用毛泽东"赚钱就来，蚀本不干"战术的打法都取得了胜利。

取胜的直接原因之一，就是毛泽东在打仗前，会先仔细算账——全面推算"反动势力的账"，然后再"雷公打豆腐，专拣软的欺"。

当时在宁冈古城区苏维埃政府"做文书和收发工作"的苏兰春回忆："1928 年 6 月底毛主席在古城文昌宫召开过一次军事人员会议，参加会议的有 100 多人，都是一些穿黄衣服的军官。毛主席作报告，我坐在靠窗户底下作记录；杨开明、杜修经也参加了会议。我记得毛主席的报告主要是分析敌情，算了一下赣南的反动势力的账……我还记得毛主席算敌人的势力账时还说了湖南的鲁涤平、何键等人。算来算去是湖南的反动势力大，是敌强我弱；又算了江西的反动势力账不如湖南强。"②

---

① 黄仲芳、罗庆宏：《井冈山斗争口述史》（上），江苏人民出版社，2015，第 127 页。
② 黄仲芳、罗庆宏：《井冈山斗争口述史》（上），江苏人民出版社，2015，第 225 页。

这段文献资料是一位会议现场记录者的回忆，与《毛泽东年谱》上的记载大致吻合：1928年6月20日，毛泽东、朱德、陈毅在宁冈古城召开红军连以上干部会议，讨论如何应对赣敌的第四次"进剿"。"连以上干部"参会与苏兰春"都是一些穿黄衣服的军官"的回忆吻合；杜修经当时到井冈山参会也与史实吻合。值得注意的是，在苏兰春的回忆中，毛泽东是用"算账的办法"分析敌情，"算来算去"，"江西的反动势力账不如湖南强"——尽管这是1967年的回忆，距离1928年已有39年，但毛泽东用算账的特殊方式指挥打仗是有鲜明特点的，而且苏兰春是当时的会议记录员，所以记忆深刻，也就把这个独特的算账方式记录了下来。这与毛泽东当时的知识储备也十分吻合，与"赚钱就来，蚀本不干"合辙押韵，都属于数字指挥艺术。

把敌人的"势力账"算清楚了，"胸中有数"了，决策的正确性就有保障了。这次会议制定了"牵制湘敌、消灭赣敌"的策略。结果也如所算的"账"一样：经过新、老七溪岭战斗和龙源口大捷，红军歼灭赣敌一个团，击溃两个团，乘胜第三次占领永新县城，彻底粉碎了赣敌的第四次"进剿"。而且赚大了：湘赣边界工农武装割据区发展到7 000余平方公里，人口65万，井冈山革命根据地进入全盛时期。

又如，第一次反"围剿"时，毛泽东"算来算去"，还是决定"诱敌深入"，把敌人放进根据地再打。虽然最初苏区会暂时丧失一些地方，但放进敌人后，红军就占据了天时、地利、人和的主要战争优势，也只有这样才能战胜强敌。最后的战果也证实，红军不仅战胜敌人，收复了失地，还扩大了根据地。对于这场"先舍后得、得大于舍"的战斗，毛泽东总结道："这是赚钱的生意。"在毛泽东的战争账里，"亏本的生意"是不能做的，尤其是当时也做不起。

"你打你的，我打我的；打得赢就打，打不赢就走。"这个灵活机动的战略战术指引人民军队从弱到强，逐步将军事形势扭转过来。人民解放军进入战略反攻阶段后，毛泽东依然遵循"赚钱就来，蚀本不干"的战术，但这不是"打圈"了，而是"圈打"，解放军要用数倍于敌的绝对优势兵力，围打敌人，打歼灭战，一打一个准，消灭敌人的有生力量——总之，要打有绝对把握的胜仗，不论战争条件如何变化，都要"胸中有数"，保证"不亏本"。

走上武装斗争道路后，毛泽东将发动群众、调查研究和军事斗争密切联系在一起，形成一套组合拳。这套拳打出去，将敌人击倒，逐步形成了取胜的模式——要打胜仗，先做调查研究。调查研究要注重数据，用数字比大小；"不打无准备之仗"就是不打"无调查研究之仗"。决定中国革命成功的无疑是在"枪杆子里面出政权"论断指引下的军事斗争，在军事斗争理论方面，毛泽东的伟大贡献之一，就是把"知己知彼"这个古老的战争法则予以量化了，或说数字化了。

（二）"道理+数字"的语言特征

思维模式塑造习性，习性也证实思维模式。毛泽东在算账实践中逐步形成的数字思维模式，塑造了他用数字说理的语言特征。这个鲜明特征的基本呈现方式是"道理+数字"，即先讲明道理，再用数字来论证这些道理。尤其是在关键时刻，毛泽东总会拿出具体的数据来证实自己的观点，用数字比大小，结果一目了然，也就总能让大家心悦诚服。

比如，在中国革命武装斗争初期，1928年2月，工农革命军攻克宁冈县的新城，俘虏官兵400多人。因当时刚开始执行优待俘虏的政策，很多人对这个战略举措还不理解，在毛泽东宣布"放人"的时候，有不少人想不通，还很有情绪。这种情绪在那个复杂时期是要不得的，必须疏通。为此，毛泽东专门给大家讲了一次话："大家要出气、报仇，这种心情是可以理解的，但是找错了对象。白军士兵绝大多数是工农子弟，你杀了他们，地主豪绅连眉头都不皱，马上又去找新的，结果还是穷苦老百姓倒霉。红军不是要解放劳苦大众吗？有些同志脑子一热就忘了。做什么事都得有耐心，白军士兵越是不了解我们，就越是要多往回放，让他们回去替我们宣传。一回不行就两回，两回不行三回，总有一天，他们会醒悟过来的。"讲完道理后，毛泽东就用数字说话了："要是放回去一个能争取十个，这个账不是很好算吗？"①

经毛泽东这么一讲——其实是用"放回去一个能争取十个"来给大家算账，用数字比大小，能让大家知道孰轻孰重，也能让人绝对信服。那些不愿意释放俘虏的人听了这个"投入产出比"，都觉得"这是赚钱的生意"，心里顿时就亮堂了，也就心平气和了，对这个优待俘虏的政策更是口服心服，以后都照准执行。

这条铁的纪律和政策，在解放战争时期战略决战的三大战役中发挥了决定性的作用，起义或争取过来的国民党官兵，比"十个"多了几万倍。解放大西南时，也有"起义、投诚和俘虏的国民党九十余万部队"②加入了中国人民解放军。中国革命走的是武装夺取政权的道路，这种"不战而屈人之兵"的最高战

---

① 陈果吉、田戈、李东朗：《重大事件中的毛泽东》，山西人民出版社，1994，第136页。
②《怀念贺龙同志》，湖南人民出版社，1979，第264页。

争境界，就是从"放回去一个能争取十个"开始的，是毛泽东的胸襟和智慧决定了这一切。

在决定中国革命生死存亡关头发挥重要作用的遵义会议上，毛泽东的精准发言扭转了危局。他先是定性地批驳了博古、李德的错误："这个错误，在整个战争中，归纳起来，表现为三个阶段，第一阶段是进攻中的冒险主义，第二阶段是防御中的保守主义，第三阶段，则为退却中的逃跑主义。"接着又分析了主客观原因："为什么敌人的一、二、三、四次进攻，都被我们打败了呢？唯独第五次，我们不能取胜？当然，有一些客观原因，但主观上的原因，博古同志分析得少一些。我想趁此机会，把前后五次战争的基本情况向诸君作一个介绍，道理就明白了。"此时，毛泽东拿出了撒手锏，用数据进行定量分析："第一次反'围剿'时，敌军是10万，而红军只有4万，是2.5比1；第二次反'围剿'时，敌军20万，红军4万，是5比1；第三次反'围剿'时，敌军30万，红军3万，是10比1；第四次反'围剿'时，敌军50万，红军5万，仍是10比1；第五次反'围剿'时敌军50万，红军5万余，不包括地方武装，仍然是10比1。为什么这次反'围剿'我们会失败得这么惨？连个地盘都保不住，来个大搬家，逃之夭夭。这难道可以说，我们在军事策略方面，没有一点儿过错？"①

定量分析的结果往往会取得"2大于1"一样不容置疑的结论。把数字摆出来，便能清楚地表达用文字表达不到位致使争论不休的观点：同样的兵力数据对比下，前4场打赢了，但在越来越好的其他条件下——比如，"还有10万工农积极分子武装上前线"，第5场却没打赢，这显然是军事指挥出了问题。这些客观数据的对比，让博古、李德本人无法自圆其说，更让在场的政治局委员和红军将领们清醒地认识到"左"倾军事路线的错误，从而愈加认同毛泽东的军事思想和指挥才能。这对遵义会议的成功起到了决定性的作用。

新中国成立后，"三反"运动查出原天津地委书记刘青山、专员张子善的贪污犯罪行为，1951年12月14日，河北省委根据调查和侦讯结果，向华北局提出"处以死刑"的处理意见。华北局上报中央后，有不少人为刘、张求情，甚至求到毛泽东面前，认为他们过去对革命有功，希望不要枪毙。

为了说通这些求情的人，更是为了挽救更多的领导干部，毛泽东又用数据说话了："正因为他们两人的地位高、功劳大、影响大，所以才要下决心处决他们。只有处决他们，才可能挽救20个、200个、2 000个、20 000个犯有各种

---

① 石永言：《从遵义到延安》，贵州人民出版社，2001，第92页。

不同程度错误的干部。"[①]

是要 2 个还是要 20 000 个？这是明摆着的事，得要 20 000 个！这段用数据比大小的话又是一锤定音，毛泽东的大局意识和深谋远虑，不仅让那些说情的人，也让广大领导干部心折首肯。随后的两声枪响，在向世人表明中国共产党反腐败决心的同时，更是震醒了新中国一大批领导干部。从后来的效果看，枪毙这两个人确实挽救了大批的领导干部。多年后曾亲历该案审理工作的当事人感慨，当年对刘、张二人执行死刑"管了几十年"，几十年无腐败就是其震慑效应和挽救效果。

语言是思想的载体。"用数据说话"特色语言的背后，是毛泽东知识体系中根深蒂固的算账知识和数字思维。"毛泽东用兵真如神"一点也不神秘，那都是毛泽东在采集的数据之上"算"出来的。由于当时历史发展的局限，"大数据"概念尚未出现，但事实是"大数据"已经客观存在于毛泽东的指挥系统里了。

四、本章小结

中国革命的主力军是农民，如何让这个大都不识字的群体迅速成为革命的生力军，是需要找到一个突破口的。这个突破口恰恰是毛泽东的长项，那就是数字——准确地说是算账。

数字发展至今——不论是会计学还是数学，都已经成为博大精深的学科，在社会发展过程中发挥着举足轻重的作用。通过毛泽东在中国革命初期发动民众、军事斗争等方面的算账行为，可以看出，当时还在"问苍茫大地"的毛泽东，开创革命事业所借助的重要工具之一就是"数字"，而数字知识恰恰又是他的"童子功"——历史都是精准的安排，毛泽东借助数字的能量推开了中国革命的大门。

思想要通过正确的行为实施，才能得到验证并发挥作用；思想打败利剑，但思想往往要借助利剑才能完成使命。毛泽东不仅是思想的巨人，还是实践的先驱——这两个方面是互相作用、共同攀升的，而这正是他成为一代伟人的重要特质。

可以认定的是，毛泽东借用了源于会计实践的数字力量，推动了中国革命的历史进程，在历史上留下了独具特色的印记，并构筑了毛泽东运用数字管理世界的精彩篇章。

[①] 逄先知、金冲及：《毛泽东传（1949—1976）》，中央文献出版社，2003，第 218 页。

第五章　三湾改编——把账簿建在连上

本章导读

在奠定新型人民军队基础的三湾改编过程中，毛泽东不仅把支部建在了连上，同时也把账簿建在了连上：把伙食费按人头分配到连队，支出记账，月底算账，节余部分在官兵中平均分配——充当军饷。这解决了红军当时面临的吃饭、零用钱、官兵平等和经济公开等系列难题，也率先把会计管理嵌入新型人民军队经济建设的根基。这本账就是三湾改编后每个连队都要记录的"伙食尾子账"，也是在士兵委员会监管下的一本官兵菜金账，更是毛泽东为改革旧军队军饷制度而发明创造的一本革命账，它帮助年幼的中国工农红军度过最艰难也最危险的时期。如果说把支部建在连上算的是一笔政治账，那把账簿建在连上算的就是一笔经济账；政治账是引领新型人民军队的战略举措，经济账是构建新型人民军队的战术动作。战略指引战术，但战术决定战略——"天下大事必作于细"，再伟大的理想，也是建立在"一针一线"基础上的，这本"伙食尾子账"在当时就起到了"一针一线"的作用。从这本账中，我们不仅可以看到毛泽东"小钱大用"的经济思想，还可以看到会计管理在人民军队初创时期的重要作用——这也是红色会计在建军历史上所发挥的最初作用。

一、引言

对于"伙食尾子"这个名词，我最早是在毛泽东的《井冈山的斗争》一文中看到的："红军的生活如此菲薄，战斗如此频繁，仍能维持不敝，除党的作用外，就是靠实行军队内的民主主义……士兵管理伙食，仍能从每日五分的油盐柴菜钱中节余一点作零用，名曰'伙食尾子'，每人每天约得六七十文。这些办法，士兵很满意。"[1]

---

[1]《毛泽东选集》（一卷本），人民出版社，1964，第64页。

我对"伙食尾子"很陌生，甚至不知道它是伙食费用的节余，只是从字里行间看出毛泽东对这个"分伙食尾子当军饷"的办法很满意。很多红军在回忆录中频繁提到"分到了伙食尾子"，中国革命军事博物馆至今存放着朱德委员长省吃俭用节约下来的几枚"伙食尾子"。既然红军分到了"伙食尾子"，那就得有分配依据。关于这个分配依据，除了账簿，我实在想不到其他工具，而毛泽东又是账簿管理行家……想到这些关联关系，我赶紧依据手头掌握的资料，写了《三湾改编：毛泽东不仅把支部建在了连上，也把账簿建在了连上》。这篇文章经党史专家严格审核，获得"此文很好，没有意见"的评价。2019年10月29日，中共北京市委机关刊物《前线》杂志麾下媒体"东方红啦"公众号发表了这篇文章，众多媒体也转发了这篇文章。

在追踪毛泽东会计实践的过程中，随着学术视野的扩大，我越来越觉得"行话"与"真理"的区别。三百六十行，行行都有"行话"，但"行话"在本行好使，跨行就不一定管用。所以，"行话"的道理必须适用三百六十行，才能上升到"真理"的层面。真理的特质是"真"，求真才是各行各业的最高使命。

如何根据"伙食尾子"这个名词，求到"伙食尾子账"这个"真"？这在电脑上是查不到相关文献资料的，解决这个问题的方法还是"实践出真知"——必须去三湾，收集一手资料，追寻毛泽东在江西的足迹，把他住过的旧居和江西各地的纪念馆等参观一遍，系统收集各地的文史资料，排查并筛选需要的文献和证据。

在三湾纪念馆，我找到了"伙食尾子账"的直接证据——营部给连队拨付费用的凭证。图5-1是三营七连伙食费用结算凭证。同时，我们也求到了"真"。之前我们接受的知识是：三湾改编在连队建立党支部制度和士兵委员会制度是毛泽东的"原创"。到了三湾才知道，这两个制度都发源于苏俄红军，并在黄埔军校中实行过，贺龙的国民革命军也建立过共产党组织，彭德怀的国民革命军也建立过士兵委员会，这些都早于三湾改编。所以，三

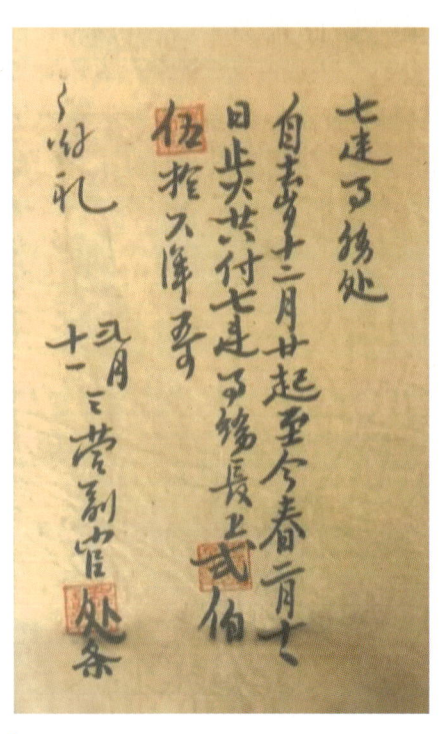

图 5-1
三营七连伙食费用结算凭证

湾改编的两个制度建设是毛泽东对他人经验的借鉴，但均有所发展。比如，把党支部建设从团级下沉到连队，士兵委员会增加经济管理功能——监管司务长的伙食账。随着掌握的文献资料越来越多，看到的直接文物越来越丰富，我最后判定，在连队建设严格核算的"伙食尾子账"，是毛泽东的绝对创新，且意义重大。

二、三湾改编的"两建"制度

三湾改编是中国共产党人创建新型人民军队的开端，此后，军队开始实行"两建"制度，即党代表制度和士兵委员会制度，中国共产党在掌管人民军队政治方向的同时，把民主制度引入部队建设，发挥士兵的主动性管理连队事务——这也是党代表制度的重要配套措施。

（一）支部建在连上

支部建在连上的党代表制度来源于苏俄红军的政治委员制度。"1924年，国民党改组前已有军队……各军都接受了苏联顾问鲍罗廷、加仑将军的建议，设了党代表。"[①] 后来，该制度实行于孙中山创办的黄埔军校。"1924年6月16日黄埔军校正式开学，孙中山亲自兼任学校总理，他非常强调学习苏联红军的经验，在军校仿照苏联红军的政治委员制度，建立了党代表制度。"[②] 且其在实战中落实到团级单位，"参加东征部队分兵三路，编入右翼军的黄埔军校两个教导团约3 000人。教导团仿照苏联红军的建军原则，建立了政治工作制度"[③]。周恩来任职黄埔军校第三任政治部主任后，除了"将孙中山的党代表制度和设立政治部做法，在军校加以推广，使全校的政治工作面目一新"，还陆续通过各种途径将一批共产党员输送入校，这批党员掌管着军校的重要岗位。比如，1925年8月，"熊雄从苏联回国接任校政治部主任，聂荣臻任政治部秘书；萧楚女、张秋人、高语罕、王懋廷等人，进入军校担任政治教官"[④]。中国共产党人还建立了共产党的直属支部或特别党部等组织，开始党务活动。中国共产党人最早的这批军事干部，也是苏俄红军政治委员制度的主要传播者。

---

① 《郭汝瑰回忆录》，中共党史出版社，2020，第75页。
② 《叶剑英传》编写组：《叶剑英传》，当代中国出版社，2018，第26页。
③ 《叶剑英传》编写组：《叶剑英传》，当代中国出版社，2018，第32页。
④ 徐国栋、刘晓农：《三湾改编》，光明日报出版社，2008，第4页。

此后，国民革命军的队伍，除了国民党的支部，也陆续出现了共产党的秘密组织。"1926 年 9 月，贺龙任命周逸群为第一师政治部主任……共产党在第一师营以下各级官兵中开始秘密发展党员，建立党支部。"[1] 这也是较早出现在国民革命军中的共产党组织。

从现有文献看，国民革命军的国民党支部有的建在团上，有的建在营上，这对中国共产党的建军活动具有重要的启示作用。在三湾改编时，毛泽东借鉴了这些做法，并进行了改善。其主要表现在三个方面：一是为了突出党的领导，把苏俄红军的"政治委员制度"改称为"党代表制度"，将"政治委员"一律改称为"党代表"。这个细节对强化党的领导起到了重要作用，由此也可以看出毛泽东"天下大事必作于细"的品性。二是把支部建立在部队的基本作战单元——连队一级，连以上都设党代表，连、营、团的指导员都改为党代表，班、排也设立党小组，让党组织这个鲜活的细胞深入部队最基层单位。三是建立配套措施——士兵委员会制度，让士兵参与部队管理。这就让党的领导、官兵平等、经济民主等政治导向落实在伙食等具体的事务上，并让官兵切实感受到实际利益，从而达到治军目标。

（二）士兵委员会制度

士兵委员会制度最早产生于苏俄红军的创建时期。"十月革命前夕，为了争取旧军队转向革命阵营，布尔什维克党就在波罗的海舰队和西方面军中成立了大量的士兵委员会。1917 年 3 月 1 日，彼得格勒苏维埃通过并颁布的 1 号命令规定：各部队选举产生士兵委员会，部队的一切行动只听命于代表苏维埃和本部队的士兵委员会；武器由士兵委员会控制，无论如何不能让军官插手；指挥员实行选举制。"[2] 可以说，士兵委员会发起于十月革命前夕并助力了十月革命的成功。从"1 号命令"也可以看出士兵委员会权力之大——可以控制武器。这个决定苏俄红军命运的制度也深刻地影响了中国军队，尤其是中国共产党领导的处于弱势群体的工农红军。1928 年 6 月，在莫斯科召开的中国共产党第六次全国代表大会上，刘伯承做军事问题的副报告，他交流的主要经验是通过"在军队中成立党的支部，和革命士兵们的组织，以使在该部队中实行军事政治工作，使自己的人散布到军队以便逐渐地扩大自己的影响，且于紧急的时候，把

---

[1] 《贺龙传》编写组：《贺龙传》，当代中国出版社，2018，第 38 页。
[2] 王建强：《红军时期的士兵委员会制度探析》，《中共党史研究》，2015 年第 5 期。

军阀军队吸引到革命方面来"①。这里提到的"革命士兵们的组织"就是指士兵委员会。

从我掌握的资料看，中国军队的士兵委员会最早产生在贺龙的国民革命军部队："在1926年9月，贺龙……在连队建立了士兵委员会。"②成型于彭德怀任职的国民革命军第三十五军第一师第一团第一营："1927年元旦，彭德怀召集16名救贫会会员，秘密商议将救贫会改为士兵委员会，争取公开活动。"彭德怀部队的士兵委员会还拟订了明确的章程，引导士兵从"吃粮卖命"转变为工农革命，这也为以后的平江起义奠定了政治基础。"一营各连成立了士兵委员会，各排成立了士兵会小组，全营士兵都参加了士兵会。"③在国民党的部队中，士兵委员会触动了国民党在部队的统治根基，所以，士兵委员会在公开活动8个月后只能转入地下。1927年，"九月初，召集张荣生、李灿（二连长）、李力（特务连长）等讨论了时局，大家认为是严重的。士兵委员会不宜公开存在"④。这取消了士兵委员会的名义，但保证了士兵得到的一些实际利益，如"禁止军官打骂士兵，加强士兵自治；保留经济清算委员会，实行财政公开"⑤。此后的经济清算委员会实际上代替士兵委员会，成为团结士兵的公开形式。

党代表制度和士兵委员会制度都源自苏俄红军，被试行于少数进步的国民革命军中，并逐步成为中国共产党人的建军共识。三湾改编的"两建"制度对此均有提升和发展，除了党代表制度一律下沉到连级单位这个举措，士兵委员会制度还增加了宣传、发动民众等功能。尤其是把"伙食尾子账"建在连上这个创举，是毛泽东借用会计毛泽东的会计实践，从经济根源上改造旧军队的重要措施，是完全创新，也对人民军队的经济基础建设起到了重要"筑底"作用。

三、把"伙食尾子账"建在连上

1927年9月29日，毛泽东率领秋收起义的工农革命军撤到永新三湾村。10月3日，这支工农革命军第一军第一师第一团离开三湾，向宁冈古城挺进。在这短短的5天内，是什么力量让这支遭受挫折的队伍焕然一新地走向下一个更远大

---

① 《刘伯承传》编写组：《刘伯承传》，当代中国出版社，2017，第48页。
② 《贺龙传》编写组：《贺龙传》，当代中国出版社，2018，第38页。
③ 《彭德怀传》编写组：《彭德怀传》，当代中国出版社，2018，第18页。
④ 彭德怀：《彭德怀自述》，人民出版社，1981，第52页。
⑤ 《彭德怀传》编写组：《彭德怀传》，当代中国出版社，2018，第21页。

的目标？

答案就是"两建"制度。而其中的士兵委员会制度发挥了重要的作用，毛泽东给士兵委员会设计的首要职责是用账簿管理部队的伙食收支，这一安排解决了当时面临的吃饭、军饷（零用钱）、经济公平和官兵平等系列难题，可谓一举多得。这一安排也为这支新型人民军队的经济建设奠定了基础。

（一）旧军队的军饷制和伙食账

旧军队实行军饷制，士兵吃饭要交纳伙食费。毛泽东回忆其在旧军队短暂的从军经历时曾提道："我的军饷是每月七元——不过，这比我现在在红军所得的要多了。在这七元之中，我每月伙食用去两元……剩下的饷银，我都用在订报纸上，贪读不厌。"① 每月7元是当时二等兵的军饷标准，不同军阶的官兵所拿的军饷差别很大，从几元、几十元到几百元不等。按月领军饷并支付伙食费及其他个人花费，或养家糊口，"当兵吃粮"就是旧军队的"经济生态"，官兵缺乏战斗力成为旧军队的常态。

毛泽东每月2元伙食费，占军饷的28.57%，每天不到7分钱，比红军每天5分钱的伙食费预算高一些。但当时各派部队的军饷和伙食费是有差别的，"当兵每月六元五角，除了伙食三元三角，只剩三元二角又不发，叫人难不难？"② 彭德怀部队的伙食费占军饷的50.77%，超过了一半。由此看出，旧军队的军饷标准是由不同军队掌管者的经济实力决定的，"当兵吃粮"，伙食也分好坏。欠饷也是一种常态，"已经三个多月不发饷了，去年还有两个月未发清，欠饷已五个月"③。所以，旧军队甚至是国民革命军中的士兵闹饷就成了一种普遍行为。"民国九年那次大闹饷，全省军队都向长沙开，只听士兵代表的话，不听长官的话。"④ 旧军队欠饷导致士兵反水的事件屡次发生，曾是士兵起义的主要理由。"闹饷是发动起义的主要手段……只有闹饷，才能团结全团绝大多数人。"⑤ 南昌起义后，8月3日叶挺在公开发表的《告第二方面军同志书》中，也把"积欠百八十万元的军饷，官兵的生活实万难维持"⑥ 作为起义的重要理由，而"城内

---

① ［美］埃德加·斯诺：《西行漫记》，生活·读书·新知三联书店，1979，第117页。
② 彭德怀：《彭德怀自述》，人民出版社，1981，第79页。
③ 彭德怀：《彭德怀自述》，人民出版社，1981，第78页。
④ 彭德怀：《彭德怀自述》，人民出版社，1981，第80页。
⑤ 彭德怀：《彭德怀自述》，人民出版社，1981，第89页。
⑥ 马祥林：《红色账簿》，北岳文艺出版社，2012，第128页。

敌军的士气并不怎么高，因为很多士兵已经三个月没有领到军饷了"。军饷俨然成为影响旧军队战斗力的一个重要因素。

旧军队的连队也记账，而且记录全连的收支。"在士兵委员会下，一营各连组织了公开的经济清算委员会，负责清算全连账目，掌管缺额军饷。"由此可以看出，彭德怀的军队已经实行经济监督、监管连队账目的措施了。旧军队的账目由连长掌管，且不公开，因而多成了当权者中饱私囊的工具，其通常做法是吃"缺额军饷"，即挂名领取军饷，也称"截旷"。在中国旧军队中，截旷几乎是军官的不成文的收入。因此，彭德怀整治的重点是"掌管缺额军饷"，连队收入一律入账，"规定各连每月要召开一次全连大会，报告本营、连的财政开支，包括截旷（吃空额）、办公、杂支、医药等费用的收支情况，伙食费用每日在黑板上公布，月终公布总账目"①。从这段文献资料看，彭德怀部队的伙食费用是每天在黑板上公布的，对士兵起到告示作用，让他们明白交纳的伙食费用是怎么花的。月底公布的总账目是连队的总账，其应包括伙食费用总支出：若是结余，就滚动到下月使用；若是亏损，则用其他经费弥补。"一营经济清算委员会把全营经费节省的钱用于改善伙食，补助士兵生活。"②军官是根据级别单独吃"几菜一汤"的，伙食支出记在连队的大账上，不在士兵伙食支出的记录范围。所以当时的伙食费用应是连队账簿中的一个支出项目，没有形成专门的账册。

综合分析上述文献可以得知，旧军队的伙食费用在彭德怀的部队有记录，但只有公示，而无单独核算。彭德怀的部队对伙食的管理方法在当时是相对完善的。由此推断：旧军队的伙食账只有记账、算账的功能，没有分账的作用，因而不属于完整的会计核算，也就不能发挥账簿核算的重要作用。

（二）工农革命军的"伙食尾子账"

毛泽东曾回忆，秋收起义的部队来到三湾后，"当时部队的纪律差，政治训练水平低，指战员中有许多动摇分子。开小差的很多。余洒度逃跑以后，部队到达宁都时进行了改编。陈浩被任命为剩下来大约一团兵力的部队的指挥员，后来他也'叛变'了"③。师长余洒度逃跑了，改编时委任的团长后来也叛变了，这就是当时的状况。

---

① 《彭德怀传》编写组：《彭德怀传》，当代中国出版社，2018，第21页。
② 《彭德怀传》编写组：《彭德怀传》，当代中国出版社，2018，第18页。
③ ［美］埃德加·斯诺：《西行漫记》，生活·读书·新知三联书店，1979，第142页。

现状是："我不说大家也清楚，部队的建制一团混乱，第二团全团覆灭，只剩下个工人爆破队，第三团的二营也没有了，有的连队剩下不到一排人，无法开炊。"① 部队开饭都面临困难，由此我们可以想象当时部队的散乱情况。"当时的历史情况是打了败仗，兵的士气不高，听见敌人放枪就吓得跑，非常零乱，要走的人也不少。"② 在这种状况下，"维持一支军队不散，军饷和纪律都是不可缺少的"③。

这就是前委书记毛泽东当时面临的严峻问题。要彻底改变旧军队的常态，但又发不起军饷，还得保证队伍有饭吃，如何打破这种困境？

任何改革都可能由一个具体的事件促动。9 月 29 日晚上，何长工到协盛和店铺向毛泽东汇报工作，言及三团有个连队的"司务长带着两个伙夫半路上开小差跑了，锅子也丢进山沟里，五六十号人只得东一伙、西一伙地到处找饭吃，被苏团长一顿好骂。那些人也回骂说，当兵的也是革命，连饭都吃不上，你们做官的偏要吃几菜一汤，这是哪里来的道理。苏团长不晓得有多气，要用皮带揍这说话的人，被大伙劝住了"④。毛泽东听何长工说完，点着头说："人家讲得对呦。"毛泽东当过半年的兵，对旧军队中的伙食差异和官兵不平等深有体会，他理想中的新型人民军队应消除这些不公平。大概从这个时刻起，毛泽东就决定废除军官的"几菜一汤"待遇了。

在把党支部建在连上后，"下一步，该是第二个建在连上的工作了，这与'支部建在连上'是同样紧要的"⑤。这"第二个建在连上"就是士兵委员会的建设，而士兵委员会当时的职责就两条："参与军队的经济管理，派人到伙房监厨，与司务长结算伙食；参与部队的纪律管理，有权对违反纪律的军官作出处罚。"⑥ 这两条制度是针对当时队伍中存在的突出问题而设计的，目的性很强，那就是要在部队中推行民主制度，让广大士兵参与部队管理，实行官兵平等，杜绝军官打骂士兵的军阀作风。从中可以看出毛泽东十分务实的一面，他在借鉴苏俄红军的士兵委员会制度时，没有照搬照套，而是以解决实际问题为导向，设计了实用的士兵委员会制度内容，并依据现实的迫切需求把经济管理作为首

---

① 徐国栋、刘晓农：《三湾改编》，光明日报出版社，2008，第 67 页。
② 黄仲芳、罗庆宏：《井冈山斗争口述史》（上），江苏人民出版社，2015，第 60 页。
③ 马祥林：《红色账簿》，北岳文艺出版社，2012，第 178 页。
④ 徐国栋、刘晓农：《三湾改编》，光明日报出版社，2008，第 64-65 页。
⑤ 徐国栋、刘晓农：《三湾改编》，光明日报出版社，2008，第 82 页。
⑥ 徐国栋、刘晓农：《三湾改编》，光明日报出版社，2008，第 171 页。

中篇　毛泽东革命斗争过程中的会计实践

要切入点。这与毛泽东当时的经济思想有关，他从小参与父亲的经商活动，对经济的作用深有体会，所以就把解决经济上的平等问题作为解决官兵平等问题的一个首要举措。而当时部队的经济支出主要发生在吃饭这个方面。年轻时就提出"吃饭问题最大"的毛泽东，便从伙食入手，解决部队的官兵平等和经济民主问题。

所以，"从这天（10月1日）的晚餐起，工农革命军实行了一项重大的管理制度变革——废除军官小灶，官兵同吃伙食。从前委书记、团长到士兵，无人例外"①。

而监管伙食安排必须建立符合管理要求的伙食账，没有真实的账簿做基础，监管就是一句空话，无法落实。所以，当时在连队建账是实现"第二个建在连上"的首要举措。从会计的视角可以看出前委书记毛泽东的精心布局：在连队建立正规的伙食账，由士兵委员会监管；伙食费按人头分配到连队，支出记账，月底算账，节余部分在官兵中平均分配——充当军饷，解决官兵的零用钱问题。从10月1日开始改革也便于结清旧账，设立新账。

因红军官兵分配的是伙食费节余，俗称"伙食尾子"，所以这个账簿应该命名为"伙食尾子账"。

毛泽东设计的"伙食尾子账"，是对旧军队连队账的一项改造，在记账、算账的基础上加了一个"分账"功能——即结算节余并进行分配，从而建立了具有完整的"记账、算账、分账"核算功能的"伙食尾子账"。从会计学的角度审视，毛泽东改造的"伙食尾子账"有神来之笔的感觉！这个改革确实需要会计功力。其重要作用在于：账簿涉及所有官兵的经济利益，从而自动形成全员监督机制，并从经济公平方面提高军队的向心力。这就把完整的账簿核算理论，用到了新型人民军队的经济基础建设上，充分发挥其应有的作用。

从毛泽东当时接受袁文才接济大洋一事判断，毛泽东当时还面临着"无米之炊"的困境。毛泽东当时缩编人员有无经济上的考虑，目前尚未看到相关文献探讨，但淘汰"扛枪吃粮"或"混饭吃"的官兵，确实减轻了部队的经济压力，也是不争的史实。

黄克诚在《怎样认识毛泽东》一文中曾谈到，毛泽东确实要比一般人高明好多倍："毛主席当时在政治上、军事上创造了一套路线、方针和政策，现在看来似乎很简单，但那时大家都没有经验，能搞出这么一套正确的东西就非常困

---

① 徐国栋、刘晓农：《三湾改编》，光明日报出版社，2008，第171页。

093

难呀！……毛主席提出军队不能发饷了，要搞供给制。我当时想：这个办法行得通吗？对于有觉悟的共产党员来说，这样做不成问题，但很多战士不发饷怎么行呢？当兵的发饷、当官的发薪，是一切旧军队的惯例。北伐时的国民革命也是这样，当个少校每月就有一百几十块大洋。现在一下子变过来，部队能带下去吗？我有些怀疑，可是后来，这个办法居然行通了。只要干部带头，官兵一致，就行得通。"[1] 黄克诚参加过北伐战争，在国民革命军第八军担任过营、团政治指导员，拿过军饷，对毛泽东的军饷改革制度尚有怀疑，可以清楚地推测，军饷在当时其他官兵中的吸引力。对于这段历史，历史唯物主义者都不会忽略经费或金钱的特定作用，关键是如何把有限的经费或金钱使用好，毛泽东设计的"伙食尾子账"就巧妙地解决了这个难题，这也是毛泽东"小钱大用"经济思想在人民军队建设中的最初实践。黄克诚将军这段话十分清楚地表达出了毛泽东的创新能力、民主的力量以及"伙食尾子账"的重要作用。图5-2是三湾改编纪念馆展示的旧式军队军阶薪饷。

旧式军队军阶薪饷一览表	
上将	月薪大洋800元
中将	月薪大洋500元
少将（师长、旅长）	月薪大洋320元
上校（团长）	月薪大洋240元
中校	月薪大洋170元
少校	月薪大洋135元
上尉（营长、连长）	月薪大洋80元
中尉	月薪大洋60元
少尉	月薪大洋42元
准尉	月薪大洋32元
上士	月薪大洋20元
中士	月薪大洋16元
下士	月薪大洋14元
上等兵	月薪大洋12元
一等兵	月薪大洋10.5元
二等兵	月薪大洋10元
——何应钦《军政十五年》	

图5-2
三湾改编纪念馆的展品——旧式军队军阶薪饷一览表

1965年，毛泽东重上井冈山，在下榻的井冈山宾馆曾问汪东兴等陪同人员："你们说，井冈山精神是什么？"在场有人回答"艰苦奋斗"。毛泽东听后笑了一下，随即说到，艰苦奋斗只是一个方面，还差两点，要从制度方面的改革去想。

汪东兴稍一思索，回答说："支部建在连上，建立党对军队的领导。"

毛泽东点着头，继续讲道："在井冈山时期，我们摸索到了一套好制度，好作风，现在比较提倡的是艰苦奋斗，得到重视的是支部建在连上，还忽视了一个方面，就是士兵委员会的建设。"[2]

从这段对话，可以感受到38年过

---

[1] 陈果吉、田戈、李东朗：《重大事件中的毛泽东》，山西人民出版社，1994，第4页。
[2] 袁小荣：《毛泽东离京巡视纪实（1949—1976）》（下卷），人民日报出版社，2016，第1137页。

去后，毛泽东把士兵委员会建设依然摆在与支部建设同样重要的地位。尽管后来士兵委员会改为伙食委员会，但他肯定了士兵委员会曾发挥的重要作用。而从"伙食尾子账"入手设计的持之以恒的军队经济管理制度，应归属毛泽东所说的"摸索到了一套好制度"之中。"士兵委员会和支部建在连上意义一样深远"更现实的理论意义是"党、政府、军队的权力应该而且可以通过普通群众监督、制衡"。这也是毛泽东认定的跳出历史"周期率"的治国模式。

（三）"伙食尾子账"的核算过程

发源于三湾改编、成型于井冈山时期的"伙食尾子账"作为文物存世的可能性很小。一因没有引起人们的足够重视，二因战争年代，账簿属于机密的范围，红军部队曾执行"结算后就销毁"的制度。所以，研究这段历史时，找到完整的账簿实物证据很难。但账簿核算有一种固定程序，也有专门的方法，在众多文献的支撑下，只要懂得账簿核算原理，就能"复制"其核算过程。比如，既然分配了"伙食尾子"，那肯定是根据核算后的数据分配的，而要把数据核算清楚，就必须准确记账，并从建账入手。关键还有众多文献和旁证支撑——比如，在中国人民革命军事博物馆里，珍藏的朱德和康克清省吃俭用、无论多么困难都没有舍得花掉的"伙食尾子"：3枚壹圆面值银圆和1枚五分面值的铜币，就是"伙食尾子账"的重要旁证。

图5-3是三湾改编纪念馆展出的伙食结算单。

从我目前掌握的文献资料看，"伙食尾子账"的记账、算账和分账3个过程都很清晰。"那时，红军的伙食钱都是按十天或一个月发下来，银圆用米袋装着，由连长背。"[①]这背回来的银圆就记在"伙食尾子账"收入方。核定的伙食费数额也跟"打土豪"的成效有关：打的土豪多，伙食费就高些；经济困难，

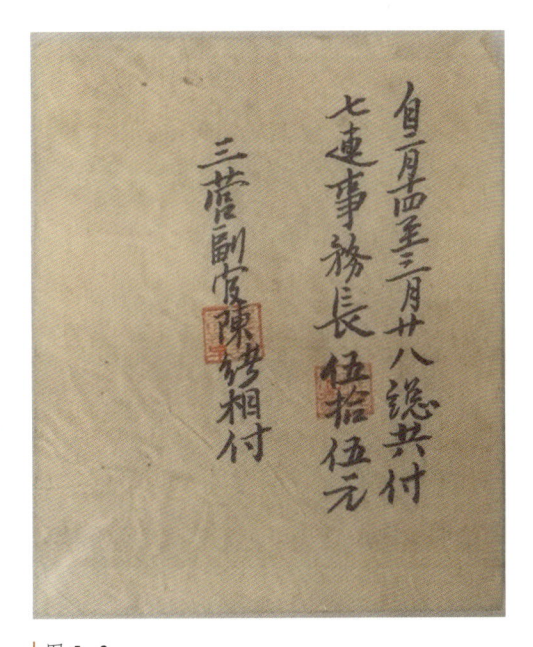

图5-3
三湾改编纪念馆展出的伙食结算单

[①] 刘伯承、徐向前等：《星火燎原全集精选本》，解放军出版社，2009，第30页。

伙食费就核定得低些。士兵委员会重点监管的是伙食支出、月底结账和结余分配。"三十二团一营一连的朱海南被选进士兵委员会后,因读过几天私塾,被分工监督全连的伙食账目……他便每隔十天,和事务长清查一次伙食账目,不仅保证了合理开支、账目清楚,而且能够做到及时把节余的伙食尾子发给士兵。"① 由此可以看出,士兵委员会起初的重任是监管伙食账簿,目的是实现平均分配。

1. 伙食支出从采买开始监督

采买是伙食费列支的出口,也是容易产生"跑冒滴漏"的环节。在"伙食尾子账"的监管设计中,采买成为主要的监督环节,这也是毛泽东吸取旧军队反面教训而采取的措施。旧军队的伙食账都掌握在连长或司务长手里,采买是司务长的事,花多少钱由司务长自己报,伙食账对士兵多不公开,克扣士兵伙食费就成了一种常态。为了防止长官或司务长"吃油饼"行为,彭德怀的国民革命军曾采取过"由士兵轮流值厨,担任采购,抵制了军官的贪污和克扣"②。但在旧军队中,该项措施因基本的"土壤"不良,收效甚微。

"伙食尾子账"的采买监管,是伙食费用完整监管体系中的重要组成部分。依据士兵委员会"监厨"的首要职责,司务长关于买什么菜的问题要与士兵委员会的人商议,监督也从买菜开始。"连里有个采买,有一个副采买,是由班长或副班长为正采买,有一个战士当副采买。"③ 这就设计了"不兼容岗位",让采买的人互相监督。"买来后由士委会的人过秤记数,月底进行账目清理。"④ "过秤记数"又是一道防控措施,这就无缝隙地控制住了采买支出。

曾经当过"管账先生"的罗荣桓,在担任连党代表期间对伙食抓得很紧。"他要求每天的正副采买都由班里轮流选派,正采买由各班正、副班长轮流担任,从另一个班选一位战士当副采买,必须两人同行,以便互相监督。他还要求司务长在士兵委员会监督下及时清理、公布账目。凡是发衣服、分伙食尾子和零用钱,他都要求先战士后干部,干部和党员必须做到吃苦在前,享受在后。"⑤ 这段文献不仅展示了采买的监督过程,还展示了伙食管理整个过程的公开和透明,以及党员干部的模范带头作用。

---

① 《毛委员在井冈山》,江西人民出版社,1977,第 19-20 页。
② 《彭德怀传》编写组:《彭德怀传》,当代中国出版社,2018,第 18 页。
③ 徐国栋、刘晓农:《三湾改编》,光明日报出版社,2008,第 284 页。
④ 徐国栋、刘晓农:《三湾改编》,光明日报出版社,2008,第 212 页。
⑤ 《罗荣桓传》编写组:《罗荣桓传》,当代中国出版社,2015,第 39 页。

2. 月底结账并公布

"伙食尾子账"在正常情况下是按月结账,"每月由士兵委员会的经济委员算账,向全连公布"[①]。其在特殊情况下也会半月、十天结算一次,但结算的结果都要公布。《改造王佐部队》一文记载了王佐手下的二排长带领第一批参观的士兵来到红军一团驻地的所见所闻:"他们掏出党代表的介绍信,跟哨兵进了营房。抬头望去,床铺整整齐齐,墙上写满了标语。在一幢屋的门框上还挂着一块木牌,上面写着'一连士兵委员会'几个字。二排长他们很感到新鲜,便跨进门,一眼就看见了贴在墙上的'伙食尾子'账。一个识字不多的士兵细细看了几遍,以为它是'薪饷账',喃喃地说:'工农革命军的薪饷太少了。'这时,从门外进来的一个工农革命军搭话说:'不,这是一连的伙食尾子账。'并随即端了几条凳子,请他们坐下,自己则拉过一只脚盆来,边洗衣服边说,工农革命军从毛委员到伙伕,除粮食,一律五分钱菜金,官兵待遇平等。"[②] 这段文献资料不仅记载了"伙食尾子账"公布的史实,还记录了平均分配的制度。公平分配的前提是公布账目,接受众人监督,这也是毛泽东账簿管理思想及其民主思想在部队经济建设中的又一体现。

3. 结余平均分配

记账和算账是分账的基础。只有通过分账使士兵分享了成果,账簿核算才能发挥作用。在士兵委员会的监管下,"伙食尾子账"按期结算并张榜公布后,节余部分就平均分配给每一位官兵。"节余下来的伙食尾子,按人平均摊派分配。每个月发零用钱,从军长到战士,每人五角,一律五角。""分了伙食尾子,会抽烟的可以抽烟,还有的买点麻打草鞋。这些办法士兵很满意,特别是新来的俘虏兵,感到红军和白军是两个世界。"[③] 毛泽东在《井冈山的斗争》一文中总结道:"红军像一个火炉,俘虏兵过来马上就融化了。军队内的民主主义制度,将是破坏封建雇佣军队的一个重要武器。"

较之于旧军队,经济上的彻底公开、公平,是最服人心的。平均发放"伙食尾子"对俘虏兵影响巨大,而在当时的红军兵源中,投诚士兵是占相当比例的。民主不是口号,而是具体的,也是能让士兵感受到的。平均发放"伙食尾子"就是民主的表现形式之一,这是建立在"伙食尾子账"的严格核算之上的。

---

① 刘伯承、徐向前等:《星火燎原全集精选本》,解放军出版社,2009,第31页。
② 《毛委员在井冈山》,江西人民出版社,1977,第49页。
③ 徐国栋、刘晓农:《三湾改编》,光明日报出版社,2008,第284页。

从核算过程可以看出,发源于三湾改编并在井冈山逐步完善的"伙食尾子账"的整个监管过程就是民主的过程。"实行经济民主之后,各项开支公开透明,军官中饱私囊的情况很难发生;由士兵管理伙食费,官兵待遇平等,吃饭穿衣都一样。"[1]这就为官兵平等的新型人民军队建设构筑了稳固的经济基础。

曾志回忆:"后来明确了士兵委员会只管红军战士生活。以后又取消了士兵委员会,只成立伙食委员会,专门监督管理红军伙食,算伙食账,分伙食尾子等,这已是后来的事了。"[2]这说明士兵委员会取消后,红军依旧保留士兵组织监管"伙食尾子账"。这是经过实践检验后保留的制度,即与士兵委员会制度设计初期的首要职责一致的账簿管理制度或会计核算制度。

四、本章小结

三湾改编中的"伙食尾子账"建设,是毛泽东把账簿知识运用到人民军队经济管理的最初尝试。其既是毛泽东的一个完全创新,也是中国革命过程的一个重要细节。人民军队"有盐同咸、无盐同淡"的平等制度,就是从"伙食尾子账"开始的。其重要意义可以归结为三点。

第一,"伙食尾子账"构筑了新型人民军队"小钱大用"的经济管理模式。这个管理模式不仅有效解决了当时经费短缺条件下部队官兵的吃饭、军饷等现实难题,还把官兵平等、经济公开等民主思想和方法植入新型人民军队的建设中,并将"小钱大用"的经济思想播进广大官兵心中生根发芽。同时,该模式为人民军队的供给制提供了实用的经济思想,奠定了重要的账簿核算基础。中国革命走的是一条农村包围城市、武装夺取政权的道路,没有人民的军队,便没有人民的一切。但这支军队是不发军饷且能保障基本供给的队伍。对于在军费严重短缺的常态下,如何做到"小钱大用"、保障基本供给,毛泽东设计的"伙食尾子账"给出了一个经典方案,并在中国革命过程中发挥重要作用,这是"伙食尾子账"建在连上的重大意义之一,也是红色会计在人民军队中所发挥的重要作用。

第二,"伙食尾子账"在革命队伍中开创了节俭的光荣传统。凡是分配过"伙食尾子"的红军官兵,都在艰难的革命过程中关注过"伙食尾子账",也切

---

[1] 马祥林:《红色账簿》,北岳文艺出版社,2012,第252页。
[2] 井冈山革命根据地党史资料征集编研协作小组、井冈山革命博物馆:《井冈山革命根据地》(下),中共党史资料出版社,1987,第66页。

身体会到了账簿在公平分配中的基础作用。账簿记录是一种简单易行的方法，民间家庭账簿就是一证。所以，在新中国成立后，毛泽东、朱德[①]、周恩来[②]、刘伯承[③]等老一辈无产阶级革命家的家里都记录一本生活账，他们唯恐生活费超标，给人民群众带来负担。这种精神传承意义重大，也是"伙食尾子账"的影响。

第三，"伙食尾子账"对毛泽东的行为影响很大。在党支部的引领下，"伙食尾子账"很好地解决了当时工农革命军面临的经济难题，并经过实践检验一直保留在工农红军的经济建设中，对毛泽东影响深远。再伟大的理想，都必须靠一针一线的行为去实现，"伙食尾子账"在当时就起到了一针一线的作用。毛泽东的过人之处在于，他不仅有远大的想法，关键还有正确的做法，"伙食尾子账"就是一证。不论是以后他在瑞金推行完整的国家会计制度实践，还是在延安时期从战略的角度设立中央特别会计科，或是新中国成立后毛泽东自己家的生活账、稿酬账，都无疑受到了"伙食尾子账"的影响。

毛泽东建军的经济思想，最初体现在这本"伙食尾子账"上。从"伙食尾子账"的核算过程及其作用，我们可以看到毛泽东的会计知识对三湾改编的贡献。这个不起眼的账簿建设是三湾改编这个壮举的一个具体节点，也是决定历史走向的一个重要细节。

---

① 朱敏：《回忆我的父亲朱德委员长》，中国少年儿童出版社，1978，第90页。
② 秦九凤：《一位汽车司机眼中的周恩来总理》，《党史天地》，2001年第5期。
③《革命回忆录（21）》，人民出版社，1987，第3页。

第六章　瑞金时期的国家会计实践

> **本章导读**
>
> 中华苏维埃共和国临时中央政府在瑞金成立后,毛泽东当选为政府主席,从此他的精力就用在了国家行政建设方面。在敌人疯狂包围、残酷封锁的艰难岁月里,毛泽东深入开展土地革命,废除旧社会压在农民头上的苛捐杂税,建立了各级财政管理机构,制定了系统的财税和金融制度,使革命根据地的财政从无到有,从分散走向统一。为了保证革命战争的胜利,把每一个铜板都用在军事斗争上,毛泽东统一了会计机构和会计制度,在工作细节对财政、会计人员进行指点,卓有成效地进行了国家会计的伟大实践和理论探索,并创建了党与政府的监督、审计监督和群众监督"三位一体"的财政监督体系。严惩贪污腐化分子、公开财政、接受审计和群众监督的历史经验,至今仍有重要的现实意义。尽管第五次反"围剿"在洋顾问的指挥下失败了,但中华苏维埃共和国的经济建设成就有目共睹,红军长征开始时带走的黄金、银圆就是这个时期积攒的家底。瑞金是中华人民共和国的摇篮,毛泽东的治国能力在这一时期得到了全面锻炼,所以其也是"毛主席"这一称呼的摇篮,"毛主席"这个称呼就是从瑞金时期替代"毛泽东"的,成为人民群众延续至今的一个亲切称呼。

一、引言

2022年1月,我的研究规划里还没有涉及毛泽东瑞金时期的国家会计实践。因为关于瑞金时期的财政经济建设,尤其是会计实践,研究者众多,成果也不少。我的精力主要用在挖掘一些未知方面,对这个时期毛泽东的会计实践挖掘较浅。作为一部探寻毛泽东会计实践的著作,本书必须把他在瑞金时期所践行的国家会计实践作为一个重要章节纳入进来。但这个章节当时尚未动笔,我确实有点焦虑。解决问题的方法还是调查实践,也就是到江西实地调查、收集资料和物证。

瑞金时期是毛泽东践行国家会计实践的一个重要阶段。我们想探究的问题是：他当时是如何推行国家会计建设的？对这个问题的回答能够从源头解答毛泽东为什么重视国家会计工作。

二、为初生的政权统一会计机构

1930年11月10日，共产国际执委会远东局在给中共中央政治局的信中写道："我们需要做出安排以便毛泽东不仅负责军队的管理与作战，而且还要参与政府，负责政府的部分工作。"[1]

1931年11月7日，是十月革命纪念日，第一次全国苏维埃代表大会在瑞金叶坪隆重召开，宣布成立中华苏维埃共和国临时中央政府，毛泽东当选为主席，瑞金为首都，改名"瑞京"。

但此时毛泽东还兼顾军事工作。"从一九三二年十月起，直到长征西北开始，我本人几乎用全部时间处理苏维埃政府工作，军事指挥工作交给了朱德和其他的人。"[2]从毛泽东的这段话可以推断，毛泽东从1932年10月全身心地投入苏维埃政府工作直到1934年10月，整整干了两年。

在这战火纷飞的两年内，毛泽东在国家治理方面进行了卓有成效的实践探索。打仗就是打钱，这是一个浅显的道理，但当时却有一些人认为"革命战争已经忙不了，哪里还有闲工夫去做经济建设工作"[3]。这话现在看显然是有失偏颇的，没有经济建设就没有米饭、没有子弹，红军拿什么去打仗？但在当时只有清醒的毛泽东看到了事物的本质："以为革命战争的环境不应该进行经济建设的意见，是极端错误的。只有开展经济战线方面的工作，发展红色区域的经济，才能使革命战争得到相当的物质基础。"[4]也正是在这种理念的正确引领下，毛泽东在发展苏区经济、广开财源的同时，狠抓国家的大会计——财政建设，统一了各级苏维埃政府的会计机构和会计制度，建立国家银行和审计委员会，搭建了国家财政的运行体系和监管体系。他从小跟随父亲经商所学的商业知识和会计功夫在此发挥了重要作用。

---

[1] 亚历山大·潘佐夫：《毛泽东传》，中国人民大学出版社，2015，第327页。
[2] [美]埃德加·斯诺：《西行漫记》，生活·读书·新知三联书店，1979，第155页。
[3]《毛泽东选集》（一卷本），人民出版社，1964，第105页。
[4]《毛泽东选集》（一卷本），人民出版社，1964，第106页。

（一）财政体制的制定

从井冈山到瑞金，革命斗争的实践证明，"有政必有财，有财政方固"。人民政权建立后，必须及时开展自己的财政工作，只有通过财政来保障红军和党政机关工作人员的供给，政权才能得到必要的物质支撑。财政会计是国家的大会计，尤其是在战争年代，物资匮乏，人民政权更需要精打细算的会计工作。在这个清醒思路的指导下，1931年11月7日，中华苏维埃共和国临时中央政府成立的当天就组建了人民委员会，并制定了财政体制。

从图6-1展示的中华苏维埃共和国财政体制可以看出，临时中央政府直管人民委员会；人民委员会直管财政部，同时直管中央革命军事委员会；财政部直管省及直辖市的财政部，也直管中央革命军事委员会下属的总经理部；省以下财政部直管下属及直辖市财政部；部队总经理部下设军团或军的经理处，由其主管各师的军需处。这个设计高层交叉，但中层分叉，条理清晰，责权明确。在土地革命战争初期，各地各级苏维埃政府都建立了财政机构，但只管本级财政，上下级之间没有隶属关系，致使整个苏区财政机构没有形成完整的系统。这个财政体制理清了当时财政管理的散乱现状，提高了财政管理效益。

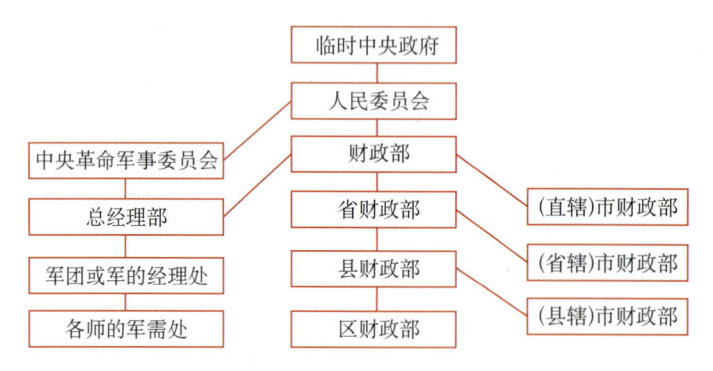

图6-1
中华苏维埃共和国财政体制

（二）财政机构的设置

毛泽东十分清楚财政机构在财政收支中的地位和作用，特别是会计机构的重要性。制定了财政体制后，人民政权就要统一苏维埃财政各级的财政机构设置，包括重要的会计机构设置。中央财政部设部长一人，副部长两人，其中邓子恢和林伯渠先后担任财政部长；下设会计处、审计处、税务局、国产管理局等10个部门。

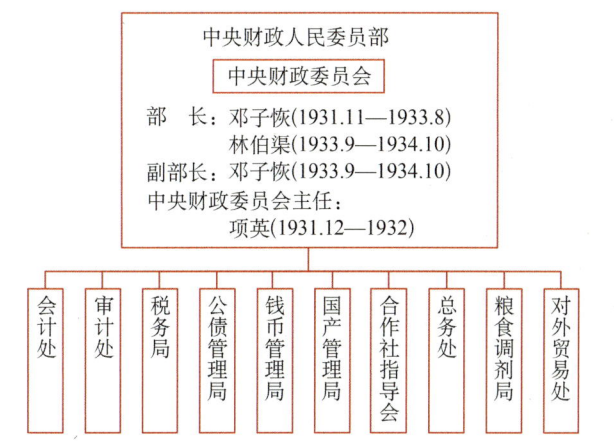

中篇　毛泽东革命斗争过程中的会计实践

```
                    ┌─────────────────────────┐
                    │   中央财政人民委员部      │
                    │   ┌─────────────────┐   │
                    │   │  中央财政委员会  │   │
                    │   └─────────────────┘   │
                    │ 部　长：邓子恢(1931.11—1933.8)│
                    │       林伯渠(1933.9—1934.10)│
                    │ 副部长：邓子恢(1933.9—1934.10)│
                    │ 中央财政委员会主任：      │
                    │       项英(1931.12—1932) │
                    └─────────────────────────┘
```

会计处 │ 审计处 │ 税务局 │ 公债管理局 │ 钱币管理局 │ 国产管理局 │ 合作社指导会 │ 总务处 │ 粮食调剂局 │ 对外贸易处

注：粮食调剂局、对外贸易处和合作社指导（委员）会从1933年3月起划归中央国民经济部。

图 6-2
中华苏维埃共和国财政机构设置

从图 6-2 展示的财政机构设置可以看出，会计处是财政部的"排头兵"，这跟其重要作用及毛泽东对会计工作的重视程度密切相关。

经过一段时期的运行后，1932 年 8 月 13 日，人民委员会第二十二次常委会通过《财政部暂行组织纲要》，进一步明确了中央财政部的工作职责：执行国家经济政策，计划岁入和岁出，管理国库、税收、公债、银行、国有资产、合作社等事项。该纲要规定了各级苏维埃政府的财政机构设置："*省财政部设会计科、出纳科、税务科、审计科……县财政与省同，但不设审计科。与省县同级之市设出纳、会计、税务三科。*"并明确了会计处的主要职能："*会计处掌管国家关于总预决算的编制，金钱物品之书计，会计制度之建立等事项。*"赋予会计处财政总预算决算的编制、财政收支和财政物资的收付登记记录以及会计制度的制定等权力。这种职能一直延续到现在。

会计数据的收集是"基层决定高层"，为了保证基层财政部门的工作质量，经苏维埃财政部经人民委员会第三十八次常委会通过，邓子恢于 1933 年 3 月 28 日签发了《省县市财政部暂行组织纲要》，规定会计部门的人事安排："*省财政部之下设会计科五人……县财政部设会计科二人……区财政部、市财政科设会计员一人。*"同时，明确了基层会计人员职责："*会计科或会计员掌管行政费之银钱出纳，账目登记以及预算之编制审查，并负责掌管税收及国有资产以外之国家财政收入账目，经常检查和批示下级会计工作。省会计科之下记账员、出纳员、审核员实行分工。*"对省会计科之下的会计岗位实行分工负责制度，既明确岗位责任，也便于内部控制。

机构的设置和责任的明确为统一苏维埃共和国的财政管理奠定了基础。

（三）财政配套机构的设置

国家财政管理的重任并不是财政一个部门所能完成的。在搭建财政体制及其机构后，毛泽东又指导苏区建立国家银行和审计部门，构建财政、金融和审计监管于一体的运行体系。

1. 建立国家银行

1932年2月1日，中华苏维埃共和国国家银行在瑞金叶坪村成立，并颁布了《中华苏维埃共和国国家银行暂行章程》，规定苏维埃国家银行是隶属于中央财政部的国营金融单位，"财政人民委员部监督本行一切事务"。

毛泽东的弟弟毛泽民被任命为中华苏维埃共和国国家银行行长，也是共和国的第一位银行行长。银行成立之初只有5名工作人员，也称五大创始人：毛泽民、曹菊如、赖永烈、莫均涛、钱希均。曹菊如任业务处长，毛泽民的夫人钱希均任会计，银行另有出纳和勤务员各1人。随着业务的发展，财政部后来又任命李六如为副行长。各地的苏维埃银行也陆续改称为国家银行分行。

货币是经济的血液，银行是国家的大出纳。为稳定金融市场，苏维埃中央政府和各省政府建立了造币厂，开始印刷和发行货币。毛泽东在《中华苏维埃共和国中央执行委员会与人民委员会对第二次全国工农兵代表大会的报告》中也给予指导："国家银行发行纸票的原则，应该根据于国民经济发展的需要，财政的需要只能放在次要的地方，这一方面的注意是绝对必须的。"这定下了发行货币的基本原则。毛泽民亲自指定黄亚光负责设计苏维埃纸币，印制了壹圆、伍角、贰角、壹角、伍分5种。1932年7月，苏维埃国家银行纸币正式开始在中央苏区流通，使中央苏区的货币得以统一。毛泽民还发明了如何辨别纸币真伪的办法。到红军长征为止，苏维埃国家银行共发行苏维埃货币800万元。

毛泽东要求苏维埃国家银行"吸收群众的存款，贷款给有利的生产企业，有计划地调剂整个苏区的金融"。根据这一指示，国家银行在1934年3月开办了储蓄存款业务，并颁布了《中华苏维埃国家银行储蓄存款暂行章程》，规定储蓄业务种类有整存整取、零存整取、零存零取3种。为了便于储户存款，国家银行还发行了伍分面值的储金券，规定其由各地信用合作社代为销售。此外，苏维埃国家银行还开展了信贷业务，根据1932年颁发的《借贷暂行条例》实行低利借贷政策，发放贷款，扶持苏区的农业、手工业、合作社、对外贸易、粮食调剂等事业。

为了了解苏维埃国币在市场的流通和兑换情况，苏维埃国家银行还印制了"日用物品市价调查表""金融调查表"。各苏区政府每月填报后，将其上交国家银行总行，以便总行及时掌握金融状况，稳定苏区货币市场。

对于这段银行工作，毛泽民的夫人钱希均在《从岳麓山下到西北边陲——忆毛泽民同志》一文中记录得很清楚："在一九三二年三月国家银行就正式营业了。开始时，全部人员，连他自己在内，也不过几个人——一个会计、一个记账的、一个出纳员，还有个管总务的。我在泽民的帮助下，学会了收支及来往的账目。在此，他让我兼做会计工作。"钱希均还介绍了毛泽民的工作方法："总金库成立后，增设了金库会计科。泽民虽然有理财经验，但在建行初期，也遇到不少困难。每当这时，他就找敌我双方资料参阅，向毛泽东、林伯渠同志请教，与邓子恢同志商量，还发动群众想办法、出注意。并专门发通知，请部队在作战时注意收集有关财政、金融制度的书籍、账簿、单据、报表和实物。"[1]其中关于向毛泽东请教的回忆，证实了毛泽东对银行实际工作的具体指导。钱希均还回忆了当时银行使用的单据和各项制度："首次在苏区金库实行了三联单制度，规定：凡金、银、财物必须经过银行。银行使用三联单，一张是给交款人作收据；一张是上报财政部；一张留银行作存根。还有一些收付现金和代收代付转账用的票据和银行用的传票，也是在泽民领导下开始使用。还建立起国家银行的会计制度、预算制度、审计制度、金库制度。国库掌管所有的现金收入，负责保管及支出业务。"[2]从中可以看出，当时的银行收支制度已相对完备，单据也是毛泽民亲自设计的。"毛泽民还亲自设计了财务传票：白纸红字为现金用，白纸蓝字为付现金，白纸绿字为转账。"[3]这种不同颜色的凭证，一直沿用到我国实行会计电算化之时。

对于毛泽民的贡献，可在邓子恢的回忆中找到："毛主席要我当财政部长，泽民当国家银行行长。他搞银行工作搞得很好，很出色。他到苏区以后，根据主席统一财政的指示，把货币统一起来，市场货币流通一律用国家银行券和铜板，国民党的货币一律不准用，打土豪缴的款和政府收的税一律交银行存，由银行开给收据……银行的钱不能随便用，须经财政部批准。这样一来，货币金融统一了，财政也就随之统一。"[4]这段文献不仅证实了毛泽民对国家金融工作的

---

[1] 《革命回忆录（12）》，人民出版社，1984，第110页。
[2] 《革命回忆录（12）》，人民出版社，1984，第111页。
[3] 曹宏、周燕：《寻踪毛泽民》，中央文献出版社，2007，第151页。
[4] 曹宏、周燕：《寻踪毛泽民》，中央文献出版社，2007，第161页。

贡献，还再次证实了毛泽东对金融工作的具体指导；同时也揭示了"毛家账簿"与苏维埃共和国财政金融的关联关系——1910年，17岁的毛泽东离开韶山外出求学，把家庭记账工作交给了14岁的毛泽民，勤劳的毛泽民就此练成了会计高手，是他们兄弟的家庭会计知识，为共和国的财政金融"筑"了底。

2. 成立中央审计委员会

毛泽东在瑞金的国家会计实践是依据实践需求，逐步形成完善的体系的。限于当时复杂的斗争环境，经济领域逐渐出现了贪污腐败等问题，毛泽东认识到问题后，《在第二次全国苏维埃代表大会的报告》就明确指出："为了巩固工农民主专政，苏维埃必须吸引广大民众对于自己工作的监督与批评。每个革命民众都有揭发苏维埃工作人员的错误缺点之权。"为此，苏维埃政府在财政人民委员部中，设立作为其内设机构的审计处；在省财政部设立审计科。"审计处掌管关于总预决算的审核、登记之检查及审核国家预准备之支出，国家现金及存款事项。"1933年2月20日，为保障苏维埃财政政策的充分执行，裁判检举贪污浪费的行为，使财政收支适用于革命战争的需要，《中华苏维埃共和国中央政府执行委员会审计条例》（中字第2号）发布。1934年2月，苏维埃政府又依据中央苏维埃组织法设立了中央审计委员会。列示如下：

中华苏维埃共和国中央苏维埃组织法

中华苏维埃共和国执行委员会命令中字第一号临时中央政府兹制定中华苏维埃共和国中央苏维埃组织法特公布之。此令。

　　　　　　　　　　　　　主　席　毛泽东
　　　　　　　　　　　　　副主席　项　英　张国焘
　　　　　　　　　　　　　一九三四年二月十七日

……

第八章　审计委员会

第四十一条　在中央执行委员会之下设立审计委员会，其职权是：

（一）审核国家的岁入与岁出。

（二）监督国家预算之执行。

第四十二条　审计委员会由五人至九人组织，由中央执行委员会主席团委任之。

第四十三条　审计委员会设立主任副主任各一人。其他职员，按需要设置。

……

苏维埃政府同时要求在各省苏维埃设置审计委员会分会，审计委员会工作与财政人民委员部工作开始独立。这也是审计署的前身。

中央审计委员会及分会设立后，主要开展了三个方面的工作：一是审查稽核中央政府各机关和苏区各省苏维埃及瑞金等中央直属县的预算和决算。二是审查苏区各机关、革命团体的财务收支。三是审查国有企业的财务收支。

1934年9月11日，苏维埃中央审计委员会在审计中央各部5月至8月经费开支后的审计报告中写道："**在节省运动高潮底下，推动了我们苏维埃的会计工作的建立，和预决算制度之初步实现。在我们财政经济战线上，在苏维埃法度里，打下了一个根基，使我们可以夸耀着：只有苏维埃是空前的真正的廉洁政府。我们号召：我们苏维埃的会计工作与预算决算制度的正确，建立节省运动成绩继续的巩固与发扬，要把他提到配合争取战争胜利的政治任务的最高地位上来。**"这充分肯定了苏维埃的会计工作。

从当时的审计报告看，审计既指出被审计单位存在的问题，也提出改正的意见和建议。这就为服从苏维埃的中心工作，围绕着统一财政、统一预决算的目标，在加强财经监督，严肃财经纪律，反对贪污浪费，促进财政资金合理有效使用等方面发挥了积极的促进作用。

在物质匮乏的经济条件下，为了严惩腐败分子，整治经济犯罪，苏维埃政府制定了一批具有法律效力的惩治腐败行为条令，用法律制度来保证革命政权的清正廉明。1933年12月15日，毛泽东亲自签发了第二十六号训令。列示如下：

中央执行委员会第二十六号训令——关于惩治贪污浪费行为
一九三三年十二月十五日

为了严格惩治贪污及浪费行为，特规定惩罚办法如下：

（一）凡苏维埃机关，国营企业及公共团体的工作人员利用自己地位贪没公款以图私利者，依下列各项办理之：

（甲）贪污公款在五百元以上者，处以死刑。

（乙）贪污公款在三百元以上五百元以下者，处以二年以上五年以下的监禁。

（丙）贪污公款在一百元以上三百元以下者，处以半年以上二年以下的监禁。

（丁）贪污公款在一百元以下者，处以半年以下的强迫劳动。

（二）凡犯第一条各项之一者，除第一条各项规定的处罚外，得没收其本人家产之全部或一部，并追回其贪没之公款。

（三）凡挪用公款为私人营利者以贪污论罪，照第一第二两条处治之。

（四）苏维埃机关，国营企业及公共团体的工作人员，因玩忽职务而浪费公款，致使国家受到损失者，依其浪费程度处以警告，撤消职务以至一个月以上三年以下的监禁。

中央执行委员会主席　毛泽东
副主席　项英　张国焘

训令简洁明快，没有官腔，更便于执行，属于毛泽东的行文风格。

公有制的最大破坏者就是私心，这也是毛泽东不能容忍的。凡苏维埃机关、国营企业及公共团体的工作人员利用职权贪污公款以图私利者，"**贪污公款在五百元以上者，处以死刑**"可谓严厉。这一法令的颁布，为当时的司法机关对贪污腐败犯罪的审判量刑提供了法律依据，使惩治贪污腐败行为有法可依；同时也兴起了反贪污的群众监督运动。图6-3是《红色中华》中有关反贪污的一些报道。

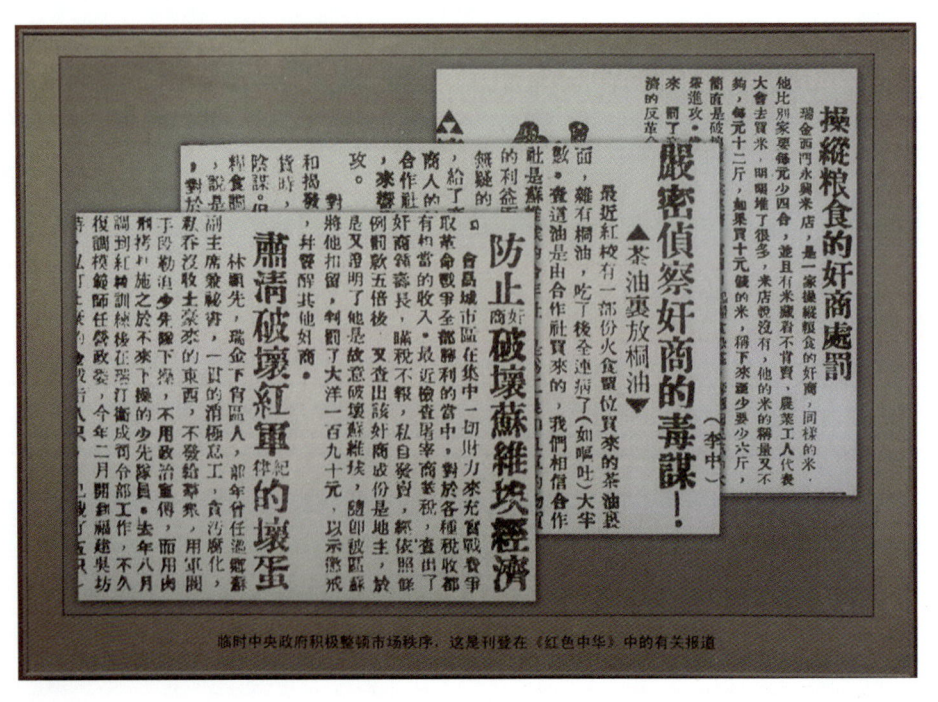

图6-3
《红色中华》刊登的相关报道

通过财政、金融和审计机关的设置和制度完善,毛泽东构建了"三足鼎立"的国家财政运行和监管体系,这也是他在瑞金时期的国家会计实践所取得的标志性成果——"财政部""国家银行"和"审计委员会"。

三、为初生的政权统一会计制度

在搭建好国家财政体制的"骨架"后,为了系统规范各级财金收支行为,作为会计的行家里手,毛泽东又配套地打造了"软件运行"系统,即管理制度,来规范和解决"财务制度不健全,会计工作把收钱、管钱、用钱机关混在一起,既不公开,也无彼此之间相互监督和制约,给贪污浪费和经济舞弊造成可乘之机"等现实问题。解决问题,既是制度的出发点,也是制度的落脚点。这也是毛泽东在革命战争年代的实用会计思想的体现。

(一)顶层制度设计

中华苏维埃共和国临时中央政府成立后,在毛泽东的主政下,临时中央政府陆续颁布了财政、税收、经济等方面的规章制度,以便让国家财政行为围绕设计主题运行。

1.《中华苏维埃共和国暂行财政条例》

1931年12月颁布的《中华苏维埃共和国暂行财政条例》共14条,规定了苏区财政收入缴交、支出实行严格的预算和决算,严格履行领款程序和实行统一的簿记制度等。条例中的细则,如:"各级财政机关送决算表时,应将他的一切单据贴上,随同送交他的直接上一级财政机关,此等决算单据,即保存于各上一级财政机关不要再行转上了(如师部之决算单据等保存在军部经理处,区财政部之决算单据等保存在县之财政部),但上级财政机关认为有必要时,随时调取各下级财政机关之单据、表册、及所要的材料。"规定得十分详细,几乎是手把手教会计人员做事。又如:"所有各级财政机关,凡关系财政事项所使用的账簿、表册、单据等须一律遵用中央财政部所规定的统一的格式,不得沿用旧式账簿或另立新奇。""所有各种账簿单据,他的银钱记账单位,应一律折合大洋计算,并须将折合的时价附记清楚(多少小洋或铜元值一元大洋)。但如收入是金条、银锭、及不能实足通用的纸币,应将原件缴送中央财政部,不得自行折价。"这些内容完全是根据当时的实践需求给出操作方法。条例还给出了会计凭证的保管年限:"各级财政部的账簿、表册、单据等保存期间为五年,过期得由该机关负责人监视销毁之。"

2.《中华苏维埃共和国暂行税则》

税收是苏区财政的主要来源。苏维埃中央政府成立后，随着苏区经济的发展，财政收入由过去以打土豪收入为主，逐步转为以征收税款为主。为了管好税收，苏维埃中央政府于1931年11月28日通过了《中华苏维埃共和国暂行税则》（以下简称《暂行税则》），共5章22条。第一章"总则"首先"确定统一的累进税，废除国民党军阀政府的一切天赋、丁粮厘金苛捐杂税等"，同时将税的种类分为"商业税、农业税、工业税三种"。其中，商业税依据"二百元至十万元分为十三个等第，征收其资本营利的所得税"，最低税率为2%，最高税率为18.5%；资本在10万元以上税率另定。"征收时期，每年分为二期，但季节生意，得于其生意结束后征收之。"也规定了免税办法："（甲）凡遵照政府所颁布之合作社的条例组织之消费合作社，复经县政府批准登记的，得由县政府报告各该省政府，许可免税。（乙）肩挑小贩及农民直接出卖其剩余生产品者一律免收商业税。（丙）商业资本二百元以下的一律免税。（丁）商人遇险或遭意外损害，报告政府经查验证实者得许免税。（戊）对于某种必须品的日用商品和军用品得随时由政府命令公布免税。"在农业税征收方面，税率最低为1%，最高为16.5%，但"只征收主要生产（谷麦）的税，副产暂不征税"，而且"红军家属按照红军优待条例免税；雇农及分得田地的工人一律免税；贫农收入已达开始征收的税额，但仍不能维持其一家生活的，得由乡苏维埃规定个别减税或免税"。在工业税方面，"生产合作社，经县政府批准备案的，得由县政府报告省政府，许可免税。在目前为促进苏区的工业发展，暂时免收工业品的出厂税。工业所得税，按资本大小，规定税率征收其利润，其税率另行规定，但须较商业税为轻"。总之是轻税政策。《暂行税则》的落款是"中央执行委员会主席毛泽东，副主席项英、张国焘"，说明其应是毛泽东亲自审定并签发的，充分体现了毛泽东的"民本"思想。毛泽东在《中华苏维埃共和国中央执行委员会人民委员会第二次全国苏维埃代表大会的报告》中还明确："苏维埃的税收是统一的累进税，现在简单的两方面实行，这就是商业税与农业税，税收的基本原则，同样是重担归于剥削者。"

政府在1932年7月13日对《暂行税则》进行了修正，确保了国家的一切税收都由国家财政机关按照临时中央政府颁布的税则征收，地方政府不得私自规定和征收，这就将全国的税收完全集中在中央财政部，统一了税收的报解和税款的支配权限。

3.《统一财政、编制预决算制度》

1931年12月29日，毛泽东签发了中央人民委员会训令〔财字第二号〕统一财政、编制预决算制度》（以下简称"财字第二号"文件），这是一个针对财政会计管理的重要制度。

"财字第二号"文件开篇就讲清了制度出台的背景和原因："过去各级政府各级部队、对于财政很少有统一的观念。"以便让执行者明白尊重制度的重要性，而不是强行灌输政府的意志，这种行文风格体现了毛泽东的行文风格。同时，"财字第二号"文件明确"统一财政是目前政府重要的工作，因为财政若不统一，是要影响行政和军政的"，并"画"出了财政体系的"骨架"，让各级执行者明确自己的岗位："以后各该级财政机关，应由上而下的去指挥和监督各该下级机关的财政，各该下级财政机关自接到该上级财政机关之命令和办法后应迅速的执行。"这就理顺了各级财政机关之间的关系以及各级财政机关与其所属政府之间的关系。"各该级财政机关，一方面是有一个国家财政上之总系统，另一方面同样的要受各该级政府之行政负责人员和军事机关之军事负责人员的命令和指挥。"还要求"各该财政机关应根据最近颁布之暂行财政条例第四条之规定，每月一律按时造送预算和决算于上级财政机关，以便累齐做成总的财政预算和决算，以资付财政上之统一"。明确规定了每月报送财政预算和决算，以及领款和收入管理规定："各级财政机关自接上级财政机关批准时之领款通知书以后应填其领款证书（要该本乡行政或军事负责人员签名盖章），向上级机关报送。该下级财政机关平时所有一切收入应按照暂行条例第二条之规则，必须一律随时转送或直送中央财政部，或财政部的指定之银行，各级财政机关不得扣留或延迟。"

统一财政管理需实行严格的预决算制度，坚持量入为出的原则，统筹安排全国财政收支预算。"财字第二号"文件为此提供了政策依据和法规保证。

4.《经济政策》

不论是财政，还是税收，都是建立在经济发展的基础之上的。中华工农兵苏维埃第一次全国代表大会通过并于1931年12月1日颁布的《经济政策》，在"财政与税则"一章规定如下：

> （一）消灭一切的国民党军阀政府捐税制度和其一切横征暴敛，苏维埃另定统一的累进税则，使之转由资产阶级负担。苏维埃政府应该豁免红军、

工人、乡村与城市贫苦群众家庭的纳税。如遇意外火害，亦应都免或酌量减轻。

（二）取消过去一切口头的书面的奴役及高利贷的契约，取消农民与城市贫民对高利贷的各种债务，严禁预征或债的奴役。应以革命的法律严防并制止一切恢复奴役与高利贷关系的企图。城市与乡村贫民被典当的一切物品，完全无代价的退还原主，当铺应交给苏维埃。

（三）苏维埃区域内的旧的货币，在目前得在苏维埃区域通用，并消灭行市的差别，但苏维埃须对于这些货币加以清查，以资监督。苏维埃应发行苏维埃货币，并兑换旧的货币，对于旧的货币，开始亦可采用加盖图记通用，外来之货币，须一律兑换已盖苏维埃图记之货币，或苏维埃自己发行之货币。

（四）为着实行统一货币制度，并帮助全体劳苦群众，苏维埃应开办工农银行，并在各苏维埃区域内设立分行，这个银行有发行货币的特权。工农银行对于各农民家庭工业者、合作社、小商人实行借贷，以发展其经济。这个银行实行兑换货币，其分行并带征税收。

（五）对各土著及大私人银行、钱庄，苏维埃应派代表监督其行动，禁止这些银行发行任何货币。苏维埃应严禁银行家利用本地银行，实行反革命活动的一切企图。

《经济政策》确定了苏维埃财政政策的基本原则，为发展苏区经济提供了法规依据；也为积极开辟财源，保证重点支出，加强财政监督，确保革命战争的需要和革命政权的运转，作出了不可磨灭的功绩。

5.《国库暂行条例》

财政的管理最终还是要落在现金上。为了加强财政现金收支的管理，1932年10月22日，苏维埃中央执行委员会颁布了《国库暂行条例》，规定"国库是掌管国家一切款项之收入、保管和支出业务的机构。国家税收等一切收入都要上交国库"，这就加强了财政现金的收支保管。

为保持苏区现金流通，便利市场买卖，防止豪绅地主资本家私营现金出口，破坏苏区金融，1933年4月28日，财政人民委员邓子恢又签发了中华苏维埃共和国临时中央政府财政人民委员部训令第十九号《建立现金出口登记制度》，规定：

> 凡苏区群众往白区办货，或白区商人运货来苏区贩卖，须带现洋（大洋及毫子）出口，在二十元以上者（未与中央苏区联系之苏区由当地省政府酌定数量）须向当地区政府或市政府登记，现洋出口在一千元以上者，须到县政府登记，汀州商人带一千元以上出口者，则须到省政府登记。登记后取得现金出口证，才准通过出口检查机关，但不满二元者不在此例。

这就堵住了豪绅地主、资本家想假冒办货名义，偷运现大洋出外的漏洞，确保了苏区现洋存量，维持了苏区的市场交易。

瑞金时期的国家财政实践为新中国的财政管理奠定了重要的实践和理论基础。新中国成立前夕，经过上海的"银圆之战"和"米棉之战"，中共中央决定："采取统一全国财经工作的重大步骤，改变战争年代分散管理、各自为政的财政体制，由中央人民政府统筹全国的财政收支、物资调度和现金管理，做到统一计划，令行禁止。"[1] 我们从中可以看到瑞金时期财政管理所采取的措施之果断。1949 年 11 月 28 日，毛泽东在出访苏联前，主持中共中央政治局会议，经过修改通过了《1950 年国家财政收支概算草案和发行人民胜利折实公债的决议草案》[2]。这些经济举措都是对瑞金时期的国家财政实践的升级，为巩固新中国的财政基础起到了重要作用。

（二）会计制度设计

为了实现顶层财政制度的目标，根据中央人民委员会训令〔财字第二号〕规定的原则和要求，1932 年 12 月 26 日，财政人民委员部颁布了第十二号训令——《关于统一会计制度的训令》。训令指出："财政人民委员部成立以来即颁布了统一财政的训令，但一直到现在财政还未能彻底统一。这固然有各级政府与武装部队未能了解财政统一的意义，因而行动上不够自觉、积极的问题；而会计制度没有确定，国库没有建立，也是重要原因。"为此，训令给出以下具体解决措施。

第一，"把收钱的、管钱的、领钱的、用钱的四个机关分开，不得混为一谈"。这样做的作用有三：一是收钱机关只准收钱，收到钱款便解交管钱机关（各级国库），"收支两条线"。这就建立了内部牵制制度，有效防止差错和舞弊

---

[1] 金冲及：《毛泽东传（1893—1949）》，中央文献出版社，1996，第 62 页。
[2] 金冲及：《毛泽东传（1893—1949）》，中央文献出版社，1996，第 66 页。

的发生。二是领钱机关须按月作预算，送交财政部批准，发给支票，才得以向国库领款。这就严格实行了预算制度。三是国库收到的款项，只准送交上级国库或照上级支票付款，实行"国库集中支付"。各方权责分明、防微杜渐，财政收支便逐渐统一起来。

第二，"把各级收入与支出都分别划分，各成系统。如租税归各级税委收缴，打土豪罚款归财政部或裁判部经收缴库，行政费则归财政部领支，教育费归文化部（教育部）、司法费归司法部经领"。这样划分各项收入和支出，也有三个好处：一是便于分类记账，不再混为一谈；二是可以落实资金使用的管理责任，明确职权；三是便于中央随时了解收支情况，以便有计划地支配整个财政。

第三，"确定会计科目，把各项收入及开支节目规定的，定名称与一定的范围，使收付款项有条有理，一目了然，而且得以彼此相较，相互对照"。这是通过明确各会计科目名称及其核算内容，强调收支归类管理的重要性，以便让中央心中有数。

第四，"规定预决算规则，实行预决算制度。无预决算者不给钱，自中央至县区乡政府，必须照规定时日严格执行，使会计按月结束"，以便让中央"随时了解整个收支状况，而使财政计划逐步做到"。这是在强调预算管理的重要性和及时性。

第五，"统一簿记单据，确定记账方法。使各级采用新式簿记，使每条账目都有凭证，每张单据账簿格式大小都能一致"。这一措施的目的是"防止会计上许多舞弊以及错漏情事"，要求各级会计部门统一会计凭证、会计账簿和表册的格式和规格，统一采用新式账簿，保证会计核算上的"步调一致"。

第六，"要规定交代章程，以防止交卸接管中的舞弊与损失"。这一条是根据战争时期会计人员变动较大的实际情况，旨在规范会计交接行为，避免交接过程中发生舞弊和贪污行为。

会计制度统一的重要环节在于会计账簿和凭证的统一。我们从毛泽民设计的"三联单"就能体会到当时会计格式统一的重要性。《中华苏维埃共和国暂行财政条例》率先规定："所有各级财政机关，凡关系财政事项所使用的账簿、表册、单据等须一律遵用中央财政部所规定的统一格式。不得沿用旧式账簿。"《统一财政、编制预决算制度》（财字第二号）进一步明确"中央财政部所规定的三种新式簿记，现已印好，特寄各该级财政机关应用，这些簿记并须于明年（1932年）一月起绝对实行"。1934年1月13日，财政人民委员部发布《为统一财政收据防止舞弊》第七号布告，将"国家财政上各项收入收据规定印发，并指定一定上级机关盖印，交由各级财政机关使用"，要求："从一九三四年二月十五起，凡国家收入，各税款、租款、地主罚款、富农捐款、没收款、司法罚款、国有山林拍卖款、矿山租金、退还款、节省款等，不论一次交清或几次交清者，都须用本部（财政部）印发并经一定上级机关盖印之正式收据，并经收款机关负责人盖私章，才生效力。"① 统一收据格式和统一印制收据以及收据使用要求，规范会计账簿和凭证的使用，修建了会计运行的"轨道"，并从根本上规范了预算收支行为。

对于会计制度的统一，身在其中的会计人员最有发言权。1932 年 3 月 16 日，《红色中华》14 期刊发《对于财政统一的贡献》的署名文章。该文在分析"以推翻帝国主义，国民党的统治，是当前的主要任务，欲完成这个任务，必须经济上有充分之准备"之后，明确文章的主题观点："财政统一，必须首先确定会计制度，才能树立财政统一的基础。"而且给出了方法："实行整个的财政统一，必须：（一）确定会计年度；（二）确定各级预算；（三）建立审核调度；（四）设立国库及分库；（五）规定收支手续及抵解办法。"从中看出作者对苏维埃统一的会计制度给予高度认可，也提出了中肯的建议。

与会计制度配套的还有费用支出制度。比如，1933 年 7 月 30 日颁发的《中央革命军事委员会训令第三号——各种费用的规定》规定红军日常供给费用包括"伙食费、马干费、办公费、擦枪费、津贴工资费、杂费、特别费、零用费 8 种，并规定了不同的发放标准"。这种制度在约束支出行为方面发挥了切实作用。

制度必须落实到位才能达到制度目的。毛泽东不仅亲自改定、签发瑞金时期的会计制度，还在时时关心会计制度的落地情况。1933 年开始担任红一方面军总供给部会计科科长的赵镕在日记中记载：

1933 年 2 月 11 日，毛泽东同志来开会还没有回去，我今天特意去看他。他真是博学多才，对我们的供应工作不仅很重视，而且知道得很多。毛泽东同志说："你们做供给工作，要时时处处精打细算，开源节流。对此，不仅要有清醒的认识，而且还要学会科学运用。开源，要多想门路：第一，紧紧配合政治部门多打土豪，不要放过任何一个土豪……第二，出口土特产，对苏区的土特产，除满足苏区需要外，尽量出口，如麻、花生、樟脑油等。节流，就是要把应该开支的和不应开支的加以严格地审核和区别，凡不应开支的要断然停止；有些

---

① 李玉环：《中华苏维埃会计实践——共和国会计工作的预演》，《财务与会计》，2021 年第 14 期。

开支但可以缓办的，尽量暂时先不开支，把节省下的钱用在战争急需上。"①

赵镕是红军的理财专家，对毛泽东"知道得很多"及其很专业的"开源"和"节流"指导，发出由衷的赞叹，他当时肯定不知道毛泽东的会计功夫是"童子功"。

统一会计机构和会计制度为全苏维埃财政的统一奠定了基础。"节省每一个铜板为着战争和革命事业，为着我们的经济建设，是我们的会计制度的原则。"② 这也是毛泽东在瑞金时期定下的红色会计原则。随着各项统一会计制度措施的落实，苏维埃政府有力地集中了财政资金，保证革命战争对财政资金的需要，也为保障人民群众生产生活的正常进行提供了财力支持，为新生的苏维埃政权的巩固和发展作出了重要贡献。

第五次反"围剿"失败后，党中央决定进行战略转移，财政人民委员部将原在石城建立的秘密金库保存的金银财物全部取出，尽最大努力集中财力用于红军长征；同时，也为留守的红军准备了资金和物资，支持苏区游击战争的开展。1934年10月，林伯渠率工作人员编入中央纵队，从瑞金出发，开始了艰苦卓绝的长征。邓子恢等一部分工作人员留下坚持苏区的游击战争。不论是长征的人，还是留下坚持斗争的人，都要感谢毛泽东的经济工作和会计实践积攒的家底。

四、本章小结

从瑞金时期的会计实践，我们可以看到毛泽东为共和国"大会计"的建立和发展所做出的重要贡献。他不仅构建了财政、金融和审计"三足鼎立"的治理模式，还统一了会计机构和会计制度；同时铸就了"实事求是、开拓创新、自力更生、艰苦奋斗、勤俭节约、廉洁奉公"的苏区财政精神；并创造和积累了治国理财的宝贵经验："一、财政必须始终为党和国家的中心任务服务；二、以发展国民经济来增加财政收入是财政的基本方针；三、节省开支、统筹兼顾、集中财力办大事是提高财政资金使用效率的重要方法；四、严格财政纪律，严惩贪污腐化，强化财政监督，是做好财政各项工作的有力保证。"

毛泽东卓有成效地进行了国家管理的伟大实践和理论探索，并在政权、武

---

① 赵镕：《长征日记》，山西人民出版社，1990，第33页。
② 《毛泽东选集》（一卷本），人民出版社，1964，第120页。

装、经济、法制、文化教育、卫生体育以及土地改革、干部作风等方面，取得了一系列重大成就。瑞金是中华人民共和国的摇篮，也是"毛主席"这一称呼的摇篮。毛泽东这位农民的儿子，就是在那时升级为"毛主席"的，这一人民的亲切称呼，一直延续到今天。

瑞金时期国家会计实践的成就跟毛泽东的会计功力有关，也跟"毛家账簿"有关，研究瑞金时期的会计实践不能忽略"毛家账簿"的贡献。毛泽东来源于本土实践并指导实践的会计思想，对当今会计界具有重要启示作用。

第七章　延安时期的会计战术和战略

本章导读

中国革命的进程到了延安时期，毛泽东领导的革命队伍又面临了一些前所未有的新问题。延安的经济基础薄弱，很难供养人数越来越多的部队，抗日民族统一战线的建立也限制了"打土豪"的范围，国共合作后国民党提供的所谓给养更是靠不住。为了保障根据地军民的供给，毛泽东找到了一个解决根本问题的方法：自力更生，丰衣足食。他号召根据地军民开荒种地，发展农业生产；同时大力开展合作经营，创办工厂，发行货币，完善财税制度……这些经济活动的基础都离不开精打细算的会计管理工作。毛泽东的会计知识在此发挥了巨大的引领作用，为了保证广大军民吃上饭，他不但关心粮库账目管理问题，给出设立粮食会计的建议，还经常过问合作社的账目，用会计知识指导基层的具体工作，有力地推动了延安根据地会计人才的培养，并将相关方法推广到各个根据地的经济建设中。为了系统地管理中央的特别经费，更好地服务军事斗争，毛泽东又站在战略的层面，设立了中央特别会计科。这些会计战术和战略最终都被毛泽东提炼为"胸中有数"，并在中共七届二中全会上写进了《党委会的工作方法》，由此融入指导全党工作的毛泽东思想。

一、引言

在延安窑洞里，毛泽东写出了多篇重要著作。他最看重的《实践论：论认识和实践的关系——知和行的关系》就是其中之一。这部用中国革命实践的切身体会论述理论和实践关系的著作，是毛泽东的扛鼎之作。

知与行，是中国哲学特有的一个范畴，历代先贤大都有自己的知行论，如孔子的"讷于言而敏于行"，墨子的"口言之，身必行之"，荀子的"知之不若行之"，程颐的"知先行后"，王阳明的"知行合一"，以及孙中山的"知难行易"等，都在探讨知与行的关系，以便引领社会的走向。毛泽东的突出贡献是提出了辩证唯物主义的认识论和知行统一观："实践、认识、再实践、再认识，这种形式，循环往复以至无穷，而实践和认识之每一循环的内容，都比较地进到了高一级的程度。这就是辩证唯物论的全部认识论，这就是辩证唯物论的知行统一观。"[1]后来毛泽东在评价自己的著作时曾说："我只有一篇好的——《实践论》，还有点用。"[2]由此可见这篇著作在毛泽东心目中至高无上的地位。1974年5月30日，毛泽东在中南海游泳池住处会见美籍华人物理学家李政道。"当李政道讲到科学研究总是从实验开始，引出理论，进行解释和猜想，又进行试验时，毛泽东说：实践——理论——实践，不是理论——实践——理论。"[3]这其实是"行先知后"的表述，也是他的亲身体会，更是定论。

探索自然科学的"实验"和探索社会科学的"实践"，都遵循"行先知后"的规律。人们违背了这个规律，就发现不了"新知"，更无理论创新。"行先知后"对人们工作的指导意义就是一句大白话：干就是了。这也是王阳明先生主张的"事上练"。

2019年是我们的"事上练"实地调查年。3月份从韶山调查回来后，我旋即进入繁忙的教学工作。一放暑假，我带着学生在7月8日乘坐一夜火车到达延安，马不停蹄地去纪念馆参观、访问，收集文献资料。

10日上午，在枣园革命旧址，我在中央管理局的展厅里看到许多珍贵的会计工作资料，其中包括中央管理局为了规范管理，加强和提升财会人员专业水平，采取开办会计培训班等一系列措施的文献和物证，以及机关的一些费用概算单。下午在王家坪旧址，我看到侨联展览馆中展示的抗战时期陕甘宁边区政府收到海外侨胞捐款的资料，但遗憾的是没有找到特别会计科的新资料。因为从文献资料得知，华侨捐款是要通过特别会计科核算的，但在延安的各个展室，我都没有看到特别会计科的新资料。

二、延安时期的会计战术

（一）先解决吃饭问题

毛泽东率领的是一支不拿军饷的新型人民军队，由于没有固定的军费来源，

---

[1] 《毛泽东选集》（一卷本），人民出版社，1964，第273页。
[2] 中共中央文献研究室：《毛泽东年谱（1949—1976）》（第五卷），中央文献出版社，2013，第472页。
[3] 中共中央文献研究室：《毛泽东年谱（1949—1976）》（第六卷），中央文献出版社，2013，第536页。

军队的物质生活一直保持在能吃上饭的水平上。这也是毛泽东的底线，即无论如何也得让广大官兵吃上饭，不然，就拢不住人了。因此，毛泽东经常亲自过问部队的吃饭问题。

"1935年7月上旬，中央红军连日在人烟稀少的藏民区行军，严重缺粮，影响松潘战役计划的执行，毛泽东看到部队吃饭十分困难，亲自过问给养问题。"[1] 亲自过问给养，就是亲自给红军官兵备饭，这既体现了当时吃饭问题的严峻性，也可以看出毛泽东对吃饭问题的重视程度。

李新星在《回忆父亲李志民的长征路》一文中对毛泽东这次亲自过问部队给养做了详细记述："毛泽东到部队了解情况，得知部队筹粮困难，战士们仍在挨饿，眼看就要过草地了，怎么办呢？当时老百姓都跑光了，地里的青稞麦已经成熟，无人收割；没收反动土司抢来的牛羊，也没人敢来认领。所以，毛泽东做出了'救救红军'的指示，军委也发出通知：为了筹集过草地的粮食和牛羊肉，反动土司的粮食、牛羊可以没收；群众藏在地窖里的粮食和被土司抢走的牛羊也可以借用；地里的青稞麦都可以收割，先打下欠条，以后再还。……毛泽东当时发出'救救红军'的指示确是在百般无奈的情况下采取的'下策'。他知道这样做违反了我军历来'秋毫无犯'的军纪，有损我军的声誉。但是，那时坐镇成都的蒋介石正在调兵遣将，企图将我军围困和消灭在岷江以西、懋功以北的雪山草地地区；我军如不迅速果断地通过草地，向陕甘地区推进，与红二十五军会合，去创建和扩大新的根据地，就有全军覆灭的危险。从全国各族人民的长远利益着想，为了'救救红军'，只好暂时对不住藏族同胞了，这一笔账，待以后再还。我们党和军队是信守承诺的，新中国成立后，中央政府派代表团到四川、西康慰问藏族同胞时，毛泽东特地嘱咐慰问团的同志向卓克基、黑水、芦花、阿坝一带的藏胞表示歉意，说明当年为了救红军，欠下藏胞一笔账，今天特来偿还。虽然事隔15年，当时红军写下的欠条、借据大都已散失了，但慰问团散发了大量的慰问品和救济粮食、物资，也已表达了党中央、中央军委和毛泽东关心藏胞的一片心意。"[2] 这段文献资料证实，哪怕是在生死存亡之际，毛泽东创建的这支人民军队的广大官兵仍恪守"秋毫无犯"的军纪。所以，此时需要毛泽东亲自来拍板：如何处理反动土司的牛羊和藏民的青稞。毛泽东是实事求是、具体问题具体分析的人，孰轻孰重心里十分清楚。所有的政

---

[1] 中共中央文献研究室：《毛泽东年谱（1893—1949）（修订本）》（上），中央文献出版社，2013，第461页。

[2] 王太和：《我的父辈在长征中》，中共党史出版社，2016，第120页。

策和纪律都是为了一个终极目标,为了达到这个终极目标就必须先走出草地;不然,一切都是空想。务实的毛泽东立即做出"救救红军"的决定,先让红军吃上饭再说。"这一笔账,待以后再还",这句话里有毛泽东的口头禅"账"字,但我无法证明是不是毛泽东的原话。而这一笔账解放后也确实加倍偿还了。

没有固定的军费支持,中央红军到达延安后,吃饭是个大问题。为了一解燃眉之急,毛泽东开始用那支"著天下文章"的笔,写借钱欠条。现有文献记载,毛泽东到陕北后的第一张借钱欠条是写给徐海东的。

> 海东同志:
> 请你部借 2 500 元给中央,以便解决中央红军吃饭穿衣问题。
> 此致
>
> 　　　　　　　　　　　　　　　　　　敬礼!
> 　　　　　　　　　　　　　　　　　　毛泽东
> 　　　　　　　　　　　　　　　　1935 年 12 月

语言很直白,借钱就是为了解决中央红军的吃饭问题。徐海东在自述中也重点提及这件事:"我对毛主席是真诚地拥护和热爱的。当杨至诚同志拿着毛主席批的条子,要二千五百块钱时,我把供给部长找来,问他还有多少钱,他说全部七千元。我说留下二千,其他五千元全部送交中央。当时我认为,一个共产党员,应该无条件的服务中央。"[①]

从这些文献中,我们可以看出毛泽东当时的难处。面对陕北的荒山秃岭,但凡有其他方法给红军弄一口饭吃,毛泽东是不会向徐海东借钱的,因为他十分清楚红军的队伍都没有给养制度,攒几个钱十分不易,所以开这个口是很难的。同时,我们可以看出徐海东的忠诚和大度,他的部队当时只有 7 000 元,但送给了中央红军 5 000 元。值得注意的是,徐海东不是借,而是送,自己只留 2 000 元。这支持的力度让毛泽东念念不忘,好多年之后,他还说:"那时候,多亏了那 5 000 块大洋啊!"并多次赞誉"徐海东是对革命有大功的人"。这个评价,也足见那 5 000 元所解决的吃饭问题的及时性和重要性。毛泽东那时的难关,可以说就是中国革命的难关,也是这 5 000 元帮助中国革命渡过了那个难关。1969 年 3 月 31 日,76 岁的毛泽东在周恩来提议徐海东为九大代表并参加

---

① 徐海东:《生平自述》,三联书店出版,1982,第 48 页。

主席团的请示报告上批示"同意"①，这证实毛泽东对徐海东的认可始终如一。

延安的自然条件摆在那儿，贫瘠的土地很难养活众多的人口。而且，随着抗日民族统一战线的建立，"打土豪"的范围也受到了限制。"对于地主，只要他不反对抗日红军，应避免用没收办法，而以募捐的方法使其尽量拿出金钱、粮食和物品，宁可少没收一家，不可错没收一家。"②所以，红军的经济境况总是"财政、粮食已达十分困难程度"③。在没有正常的物质保障下，红军越扩大，经济越紧张。毛泽东当时能想到的解决办法就是借钱。

1936年12月5日，毛泽东致信杨虎城："三个方面军会合之后，部队甚大，给养困难，弹药也待补充，拟向兄处暂借三十万元。"④这封信其实就是一张借条。三个方面军会师后，开销陡增，粮草和弹药都亟须补充。在此窘况下，毛泽东开口向杨虎城借钱，这笔钱不是个小数，而是30万元。

凡是借过钱的人，都知道借钱的滋味。一个人不是万般无奈，是不会轻易开口的。而毛泽东是在为红军借钱，为中国革命借钱，再难他也要开口。

"西安事变"后，国共合作谈判时，毛泽东给出了一个硬性的军费条件："每月接济至少80至100万。"⑤但国民党后来并没有满足毛泽东的军费要求，而是拦腰砍断，"每月只给军饷50万元"⑥，而且也没有完全落实。

当时美国记者毕森在延安访谈周恩来，周恩来证实："从南京方面来说，他们结束了对红军的军事进攻，解除了对陕甘宁边区的经济封锁，目前为我们的部队提供五分之三的军饷，也就是每个月三十万到五十万元，因为我们现在已经成为国民革命军的队伍了。如果谈判取得成功的话，我们期望，我们的部队能够获得全额的军饷。"⑦这证明当时国民党给的军饷并没有如数到位，也一直在谈判争取中；而全额军饷一直处于争取中，显然很重要。

---

① 中共中央文献研究室：《毛泽东年谱（1949—1976）》（第六卷），中央文献出版社，2013，第238页。

② 中共中央文献研究室：《毛泽东年谱（1893—1949）（修订本）》（上），中央文献出版社，2013，第571页。

③ 中共中央文献研究室：《毛泽东年谱（1893—1949）（修订本）》（上），中央文献出版社，2013，第573页。

④ 中共中央文献研究室：《毛泽东年谱（1893—1949）（修订本）》（上），中央文献出版社，2013，第619页。

⑤ 中共中央文献研究室：《毛泽东年谱（1893—1949）（修订本）》（上），中央文献出版社，2013，第652页。

⑥ 中共中央文献研究室：《毛泽东年谱（1893—1949）（修订本）》（中），中央文献出版社，2013，第18页。

⑦ [美]托马斯·亚瑟·毕森：《1937，延安对话》，人民文学出版社，2021，第91页。

在《毛泽东年谱》中，关于毛泽东向国民党要钱的记录就有多处，1938年2月4日的电报："请陈（王明）、周（恩来）、叶（剑英）向蒋介石交涉派五千人去冀东所需要的半年经费和装备。"①8月16日，他给林伯渠回电，坚持谈判的条件，为陕甘宁边区23个县要经费"每月津贴十万元"②。

借钱难，要钱更难。花钱的地方也越来越多。1937年2月24日，毛泽东致电周恩来："听说马步芳很爱钱，请你考虑是否有办法送一笔钱给马，要他容许西路军回到黄河以东。""对两马不但十万，就是二十万和更多些都可以，而且必需。"③为了救助西路军，毛泽东想到了用钱，而且绝不含糊，一出手就是几十万，因为在他的心目中，最重要的并不是钱。

钱少，该花的钱又必须花，开始的解决方法只能是节衣缩食："后方已实行裁员减膳，党政军共裁两千多人，伙食费每人每月不超过三元。"④对大军的给养筹集也要改变思路："前方部队目前不足的给养，主要应依靠民众的自愿援助来求得解决。这种捐助，仍应在有钱出钱、有粮出粮、拥护抗日军队战胜日军的口号下进行，应该从统一战线的开展中去解决。"⑤这些放在"统一战线"层面的思路和方法，为部队解决给养指明了道路。

为了解决钱的问题，1938年8月17日，毛泽东提出边区货币政策的原则："边区应有比较稳定的货币，以备同日寇作持久的斗争。边区的纸币数目，不应超过边区市场上的需要数量。边区的纸币应有准备金。应有适当的对外贸易政策，以作货币政策之后盾。财政货币政策应着眼于将来军费之来源。"⑥这个原则不仅有"纸币数目"的战术指导，还有"着眼将来军费"的战略指引。

靠天靠地不如靠自己，解决吃饭问题的根本还是要从开源入手。1938年12月8日，在后方军事系统干部会上，毛泽东提出了生产运动："生产，即生产运动。

---

① 中共中央文献研究室：《毛泽东年谱（1893—1949）（修订本）》（中），中央文献出版社，2013，第50页。
② 中共中央文献研究室：《毛泽东年谱（1893—1949）（修订本）》（中），中央文献出版社，2013，第89页。
③ 中共中央文献研究室：《毛泽东年谱（1893—1949）（修订本）》（上），中央文献出版社，2013，第669页。
④ 中共中央文献研究室：《毛泽东年谱（1893—1949）（修订本）》（上），中央文献出版社，2013，第656页。
⑤ 中共中央文献研究室：《毛泽东年谱（1893—1949）（修订本）》（中），中央文献出版社，2013，第46页。
⑥ 中共中央文献研究室：《毛泽东年谱（1893—1949）（修订本）》（中），中央文献出版社，2013，第89页。

我们现在钱虽少但还有，饭不好但有小米饭，要想到有一天没有钱、没饭吃，那该怎么办？无非三种办法，第一饿死；第二解散；第三不饿死也不解散，就得要生产。我们来一个动员，我们几万人下一个决心，自己弄饭吃，自己搞衣服穿，衣、食、住、行统统由自己解决，我看有这种可能。"① 从这段话中，一方面，我们可以认定毛泽东是注重钱的，他从小跟父亲学习经商，更知道钱的作用——主要是对中国革命的作用。所以，研究中国革命史避开物质的作用，或认为毛泽东"不谈钱"，是不全面的，也是超越当时历史环境的。对有觉悟的共产党人来说，不需要物质激励；但对当时的广大民众，必须要有物质激励。"打土豪分田地"就是最大的物质激励，田地是农民的命根子，不分田地，有没有人跟着你去"打土豪"就很难说了。另一方面，我们可以看出毛泽东的高瞻远瞩，有饭吃时要想到"没有钱、没饭吃"的时候，要提前做准备。同时，我们也能感受到经历过万里长征的毛泽东，更加相信人民群众的力量——人心齐，泰山移。他之所以相信，是因为他"胸中有数"，这个数是他从实践中积累的、感应到的。大生产运动的结果也证实，不仅"有这种可能"，而且是完胜。也正是大生产的经济效益，为抗日战争和解放战争提供了重要的经济保障。

谢觉哉1939年2月17日的日记记载："总务处的工作：甲、物质第一、精神第二。"② 可见他管理的部门对物资的重视程度——放在了首要位置。这是清醒的认识，也是当时的共识。

只要方向对，投入就有产出，延安的大生产运动帮助根据地军民度过了经济的至暗时期。1940年1月24日，毛泽东出席中共中央政治局会议，在讨论1940年陕甘宁边区财政经济问题时，他说："我党过去的财政经济工作是有成绩的，特别是中央苏区，没有财政经济工作所造成的物质基础，要战胜敌人是不可能的。在一定意义上没有经济工作人员便没有饭吃，所以总务处长是第一个英雄。"③ 这就告诫全党物质基础是战胜敌人的重要保障，而经济工作人员就是根据地的"饭碗"，保证了军民的吃饭问题。"总务处长是第一个英雄"的高度赞誉，也证实当时吃饭问题确实是"头等大事"。

谢觉哉1942年2月25日的日记记载：

---

① 中共中央文献研究室：《毛泽东年谱（1893—1949）（修订本）》（中），中央文献出版社，2013，第100-101页。
② 谢觉哉：《谢觉哉日记》，人民出版社，1984，第283页。
③ 中共中央文献研究室：《毛泽东年谱（1893—1949）（修订本）》（中），中央文献出版社，2013，第163-164页。

> 夜阅《党的资料》一期，警句："敌后的抗战能否长期坚持，其最重要条件，乃是根据地内居民是否能养活我们，及维持居民的抗日积极性。"①

这段警句证实当时的吃饭问题仍很严峻，当时推行精兵简政政策也可旁证问题的严重性。物资匮乏时，财政更需要战术和战略上的精打细算。"能理国家的财的，必然米盐零杂日用穿吃的事，无不洞晓；能掌握民政基本的，必然'深知稼穑之艰难'。"①谢觉哉的这段日记，应是对当时的延安财政说的，也是对毛泽东经济管理及其理财能力的综合评价。

（二）毛泽东重视会计工作

在经济困难时期，如何保障有限的物资发挥更大的作用？这就需要精打细算的会计工作了，毛泽东十分清楚其中的逻辑关系。在捉襟见肘的经济环境下，尽管他已统揽全局，但还是经常过问一线的会计工作——能够过问，也是因为他懂会计，能进行专业指导。

1936年11月18日，毛泽东在给徐向前的电报中就明确指示："与人民发生良好关系，严整政治纪律，建立会计给养制度。"③这一指示文字虽少但内涵巨大，我们从中可以读出"群众路线""严明纪律""保障供给"等指示精神。而要保证部队的供给，就要建立"会计供养制度"，这也是红军到达延安后，关于毛泽东指导会计工作的较早文献记载。

1942年毛泽东写作的《经济问题与财政问题》有一个最初的版本，汇集了延安时期毛泽东的经济思想及其管理方法，其中也详细记载了他指导经济活动和会计工作的具体指示。比如，在决定吃饭的粮草管理问题上，他细致地写道："在管理粮草上，必须健全各种制度，注意仓库的管理和检查，建立中心仓库，逐渐改善设备，防止粮食霉烂损耗及贪污盗窃等现象发生。……按照各地干部的文化程度，建立粮食会计，不讲形式，但求粮草收支存余，计算分明。其次，支粮制度更加重要，务必坚持执行。但建立制度为的是保障供给，防止贪污浪费；一切不遵守纪律的现象固然应当严格纠正，但不顾及具体事实，只强调制

---

① 谢觉哉：《谢觉哉日记》，人民出版社，1984，第467页。
② 谢觉哉：《谢觉哉日记》，人民出版社，1984，第352页。
③ 中共中央文献研究室：《毛泽东年谱（1893—1949）（修订本）》（上），中央文献出版社，2013，第611页。

度，那种机械的观点亦须防止。"① 要实施管理就必须定制度，更要强化会计管理，所以毛泽东要求"建立粮食会计"——这无疑就是一门行业分支会计，也是毛泽东随着经济实践的需求而提出的会计建设建议。而"支粮制度更加重要"一下子就点出了粮库管理的重心。他在强调制度重要性的同时，也提醒大家要防止"机械"的管理方法。为了切实教育、引导基层搞好粮库管理工作，毛泽东还列举了"好"和"坏"的实例来抑恶扬善："粮食工作中最艰苦的是仓库干部，最易犯贪污的亦是仓库干部。因此，在这里特提出几个比较典型的好的与坏的仓库干部来讲一讲，使每个同志都跟好的去学习，并拿坏的警惕自己。"好的例子是："蟠龙仓库主任何纯高同志，是五十二岁的老汉，不多说话，很细心沉着，积极苦干。从一九三九年就分配在粮食局真武洞仓库工作。一九四〇年调任蟠龙仓库主任，兼负调剂站、运输站的责任，三个人的工作由他一人兼负。他过去当过区委书记，在边区党校受过训练。当初由边校一齐派来做粮食工作的还有贾志才、任生彪等七人，坚持到今天的只有他一个。他的文化程度在仓库主任里面不算低，能写简单的信，记账也清楚，学习会计上新采用的簿册很认真，学得快。一九四一年给仓库分发'每月报告表'，有些仓库主任费了三天时间还说不清楚，他听过一次之后就能提问题，提意见：'这一格填什么？那一格这样填行不行？'以后他就可以按期填寄'每月报告表'。他在工作上表现出的优点：沉着细心——收公粮能从容写收据，每晚上结账。支粮时，算盘总打两遍，刻苦负责——对仓库很关心。"②

这个好的例子写得很详细，年龄、性格、品德和技能，应有尽有，这就是树典型，而"榜样的力量是无穷的"；从其细致的描述，也能看出毛泽东对调查研究所下的功力。在这个例子中，毛泽东强调了会计管理的重要性，也表扬了何纯高的敬业精神和会计专业技能，"记账也清楚""每晚上结账""算盘总打两遍"都是充分的肯定和具体的指引，以此引导延安军民在大生产运动中，注重会计的基础工作，开源节流，更要精打细算。

同时毛泽东也列举了两个坏的例子：一是某人"与亲友胡典功、胡清荣、刘子孝等三家应出公粮七石，颗粒未交，就扯给公粮收据"的收粮数据造假行为；二是"一九三九年九月，卖粮之后，公粮短欠十四石七斗。仓库主任王文斌，向上级呈报是老鼠吃了十二石七斗，霉坏了二石"的虚报损失的贪污行为。

---

① 毛泽东：《经济问题与财政问题》，东北书店，1949，第158页。
② 毛泽东：《经济问题与财政问题》，东北书店，1949，第155-156页。

毛泽东借以说明没有严格的账簿管理就会造成严重损失的后果，以此告诫粮库管理者应像何纯高那样做好本职工作，尤其是会计记录工作，厉行勤俭节约和艰苦奋斗精神。

在《经济问题与财政问题》一文中，毛泽东对企业会计也提出了工作建议，并给予具体的指导："建立经济核算制，克服各企业内部的混乱状态。为此必须：第一，每一工厂单位应有相当独立的资金（流动的和固定的），使它可以自己周转，而不致经常因资金困难妨碍生产。第二，每一工厂单位的收入和支出，应有一定的制度和手续，结束收支不清、手续不备的糊涂现象。第三，依照各厂具体情况，使有些采取成本会计制，有些则暂不采取，但一切工厂必须有成本的计算。第四，每一工厂的生产，应有按年按月生产计划完成程度的检查制度，不得听其自流，很久不去检查。第五，每一工厂应有节省原料与保护工具的制度，养成节省原料与爱护工具的习惯。所有这些就是经济核算制的主要内容。有了严格的核算制度之后，才能彻底考查一个企业的经营是否是有利的。"从这段文字中可以看出，不论是对收支制度的强调，还是对成本计算的建议，或是对节省原料方法的重视，都体现了毛泽东会计管理的专业水平及其精打细算的会计思想，并通过他的文章传播到各个根据地的经济建设实践中。

为了改善工厂的组织与管理，克服工厂机关化与纪律松懈状态，毛泽东也提出了具体的改革思路和方法："首先应该改革的是工厂机关化的不合理现象。目前我们有许多工厂在组织上非常不合理，人员众多，组织庞大，管理人员和直接生产人员的分配不适当，以及将管理大工厂的制度应用到我们的小工厂上面，这些现象必须迅速改变，使一切工厂实行企业化。一切工厂，应依自己经济的盈亏以为事业的消长。"并对薪酬给以明确的指导："一切从业员的薪给，应由工厂自己的盈利解决，而不支领公粮、公衣与公家的津贴费；其次是实行十小时工作制及计件累进工资制，借以提高劳动热忱，增加生产。八小时工作制，是将来大工业发展时应该实行的，目前则应一律实行十小时制，应使职工们了解这是抗战的需要。"薪酬是会计管理的重点之一，要用好这个管理手段，就必须反对平均主义："平均主义的薪给制抹杀熟练劳动与非熟练劳动之间的差别，也抹杀了勤惰之间的差别，因而降低劳动积极性，必须代以计件累进工资制，方能鼓励劳动积极性，增加生产的数量与质量。军工生产暂时不能实行计件工资制，亦应有计件奖励制度。"而计件工资制度是为了鼓励生产积极性，把生产的数量和薪酬的数量配比起来，用薪酬的数量拉动生产的数量，以此达到"多劳多得"的分配导向。工厂的职工会是能够改善经济效益的重要组织："应改善职工会的工作，发展赵占魁运动于各厂。职工会工作有不适合于提高劳动纪律与劳动积极性的，必须加以改造。一个工厂内，行政工作、党支部工作与职工会工作，必须统一于共同目标之下，这个共同目标，就是以尽可能节省的成本（原料、工具及其他开支），制造尽可能多与尽可能好的产品，并在尽可能快与尽可能有利的条件下推销出去。"赵占魁是陕甘宁边区农具厂工人，自1939年开始一直担任熔炉看火和翻砂的艰苦工作，在困难条件下，他以任劳任怨、大公无私、关心工人、始终如一的劳动态度做出了出色的成绩，并于1942年被评为边区特等劳动模范。树立劳动典型的目的是鼓励广大工人积极工作，在"成本少、产品好、推销快"方面多出成绩。而成绩取决于组织、计划和奖惩："行政、支部、工会三方面要组织统一的委员会，首先使行政人员、行政工作、生产计划走上正轨，而党与工会的任务就是保障生产计划的完成。再其次，工厂应奖励最有成绩的工人与职员，批评或处罚犯错误的工人与职员。没有适当的奖惩制度，是不能保证劳动纪律与劳动积极性的提高的。"由此看出，1921年在长沙开办过织布厂的毛泽东，在工厂管理方面积累了实践经验，并随着对经济学的学习，成为行家里手，其工厂管理的基本思想影响至今。

在毛泽东的心目中，给人民的利益必须是实实在在的，尤其是在艰苦的年代，并涉及人民的生活时："一切空话都是无用的，必须给人民以看得见的物质福利。我们还有许多同志的头脑没有变成一个完全的共产主义者的头脑，他们只是做了一个方面的工作，即是只知向人民要这样那样的东西，粮呀、草呀、税呀，这样那样的动员工作呀，而不知道做另一方面的工作，即是用尽力量帮助人民发展生产，提高文化。"帮助人民发展生产是根本，给人民看得见的物质福利就是最大的政治。这就是毛泽东的民本思想。表7-1是延安纪念馆展示的陕甘宁边区公营工厂发展统计表。

表7-1 陕甘宁边区公营工厂发展统计表

（1938—1944年）

时间	工厂（家）	人数（人）
1938年	4	65
1939年	10	700
1940年	33	1 000
1941年	97	7 000
1942年	62	3 991

（续表）

时间	工厂（家）	人数（人）
1943 年	82	6 300
1944 年	77	12 000

生产是一个循环往复的过程，每一个过程都要"芝麻开花节节高"，这就涉及经济管理问题了。财政不仅要有粮食，还要有票子和投资，而这些对延安的共产党人来说，都是新课题，也需要毛泽东的指引。1941年3月5日，毛泽东出席中共中央政治局会议，在讨论陕甘宁边区财政经济问题时，他给出了具体的指引："财政方针主要是发展的方针，手段是票子，应当转变过去的紧缩政策，根据新的方针，立即实行新的政策。要决心立即投资生产事业，主要是投资盐的生产。纸票新增发六百万元，因为现在特别需要，不得不发。以二百万投资盐的生产，二百万买粮食，一百万支付中央与边区的经费，一百万由银行周转。"① 发展是方针，票子是手段，投资是新政策。毛泽东还对新增发的600万元，给以具体的投向：200万元用于扩大盐业生产，200万元用于购粮，100万元作为中央和边区的费用，100万元用于银行周转。这也是毛泽东惯用的"用具体数字指导工作"的指挥方式。

在毛泽东的倡导下，陕甘宁边区工厂发动了劳动竞赛运动，使工人劳动态度焕然一新，劳动生产率大大提高，有力地支援了抗日前线，改善了人民生活，带动了私营企业的生产发展。在此影响下，其他根据地也纷纷响应。该运动时间长，影响深远，造就了新的劳动风气，培养出大批有高度觉悟的新型工人，为根据地经济的增长夯实了基础。表7-2展示的是延安纪念馆展示的陕甘宁边区生产发展统计表。

表7-2 陕甘宁边区生产发展统计表

年份	粮食		棉花		畜牧		
	耕地面积（万亩）	粮食产量（万石）	植棉面积（万亩）	棉花面积（万斤）	牛（万头）	驴（万头）	羊（万头）
1938	98.94	12.11			10.27	7.08	76.15
1939	100.76	17.54	3.767		15.09	12.49	117.14

---

① 中共中央文献研究室：《毛泽东年谱（1893—1949）（修订本）》（中），中央文献出版社，2013，第281页。

(续表)

年份	粮食		棉花		畜牧		
	耕地面积（万亩）	粮食产量（万石）	植棉面积（万亩）	棉花面积（万斤）	牛（万头）	驴（万头）	羊（万头）
1940	117.42	15.26	15.177		19.32	13.51	172.30
1941	121.32	14.55	3.91	50.81	20.29	13.70	171.42
1942	124.13	14.83	94.405	140.36	20.97	16.20	187.31
1943	133.87	18.12	15.05	209.70	21.47	16.94	192.32
1944	133.87	18.17	30.00	300.00	22.31	18.04	195.48
1945	142.56	16.00					

合作力量大，毛泽东对合作社会计管理的重视程度，从他的警卫员吴吉清的回忆录里，也能找到记载："一有机会，主席就来指导我们的工作。他常常同社里的工作人员交谈，从中了解营业情况。并在每次临走之前，都要给我一些指示，帮助我们有计划地改进工作。特别是有一次，当我向主席汇报了有的服务员不安心工作时，主席就亲切地鼓励同志们说，经济工作是革命工作的一个重要组成部分，一定要搞好经济工作……谁也不能轻视一架算盘，一本流水账。要知道，现在国家和人民的钱，是经你们的手周转。难道还有比这更重要的吗？"[①]尽管寥寥数语，但语气很重，从中可以看到毛泽东对算盘和流水账的高度重视。图7-1是延安纪念馆展示的妇女合作社分户账。

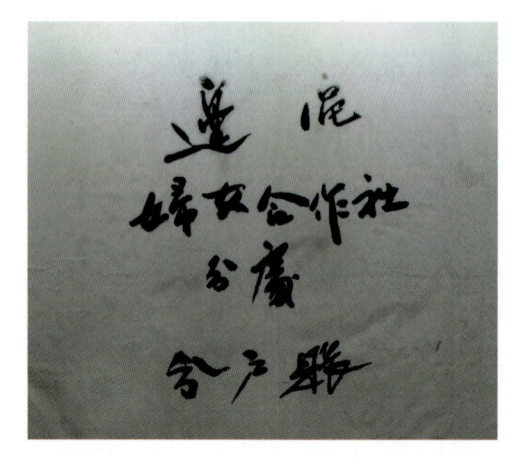

图7-1
延安纪念馆展示的妇女合作社分户账

---

① 吴吉清：《在毛主席身边的日子里》，江西人民出版社，1978，第326页。

根据《谢觉哉日记》,1939年还"没有理财的人"[①]。但在毛泽东会计管理思想的指导下,延安的会计工作逐步取得了可喜的成绩。在枣园革命旧址,我采集到了一些珍贵的资料,整理如下。

一是中央管理局的会计业务培训工作。"为了规范管理,加强和补充财会人员,中央管理局采取了师傅带徒弟、开办会计培训班、研究组等形式来培训管理干部。1944年中直机关会计员达到一百多人。"由此可见中直机关当时的会计队伍规模,以及会计管理工作的重要地位。

二是当时的报纸表扬了中管局模范会计李春新三年没有错过账目的事例,这种专业技能在当时手工账的条件下,应是达到了炉火纯青的程度。"中管局模范会计李春新,三年没有错过分文账目。并且从四二年夏——四三年底的一年半长时期内,他一人担负起三个人的工作任务。当时所有西北商店总店(它直属下有二十多个分店)的账目,都由他一人记录、核算,因此经常的每天从早饭后一直工作到半夜。西北商店于四二年初成立时,本有会计三人,李春新同志当时才从会训班调出,为会计科长下面两个会计员之一。但不久其另一个会计员生病,刘会计科长亦因故他调,因而该商店的整个会计工作,实际上是落在李同志的肩上。当时他经管的账项计有收付、投资、商品等十一种。因此他核算的清楚,保证按时取付,增高了商店的威信。在这样紧张的工作面前,李春新同志的随笔随记,每日收支每日清理,每周合算一次,并且每日谨守账房,从不马虎。这样的工作与生活,一直继续到四四年春,调他到中管局采办组为止。李春新同志调采办组一年多来,又负起了很重的任务,他留在延市,除担负着会计工作外,更经常的调查着各地商业情形,报告各地采办同志,因此该采办组的许多货物,常是一运进延安,便找着了雇主。模范会计李春新同志在外面并没有学过商业。在三七年十月前,他还是被日寇从东北鞭策来与八路军作战的一个青年伪军。后来反正。他在革命的培养下,不仅学会了商业,而且每天抽时阅读着解放日报,及其它书籍,并以认真的态度推动着采办组等中管局新市场六营业单位的劳模运动。"从这篇详细的文字报道中,我们可以看到一个反正的东北军士兵,在延安的环境下,成长为一个身兼多职的革命战士,并在会计工作方面做出了优异的成绩。图7-2是枣园纪念馆展示的会计工作报道。

三是中管局组织参观团检查中直机关会计工作。刘昌东详细记录了这次会计工作交流活动:"中央管理局根据三月底中直机关会计人员大会的决议、各机

[①]《谢觉哉日记》,人民出版社,1984,第308页。

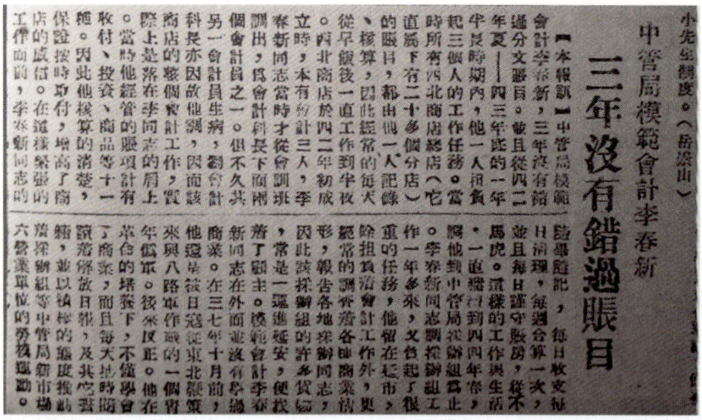
三年沒有錯過賬目
中管局模範會計李春新

图 7-2
枣园纪念馆展示解放日报 1945 年 4 月 4 日（第二版）关于会计工作的报道

关会计竞赛的条例、各个会计工作的计划及这三个月改进的情形，对十六个单位的会计工作作第一次的检查与判评。为此特于七月上旬召集各机关会计工作评判委员会的十三个同志组成参观团。按枣园、蓝家坪、清凉山等区，分作三个小组工作，自七月十日起，历时一周，多系采用座谈方式，对各项工作检查研究甚为具体。比如讲到记账法，就把各种账本拿出来，从收付的原始单据开始，关于怎样作传票、写日记账、过分类账或总账到结算表报、贴单、审核等整个过程，在检查时都作实地试验与练习；然后经过大家交换经验，提出改革的意见。在这次参观中发现今天机关会计工作中应注意的几个问题。第一，有的会计人员对自己业务不熟悉，没有能力完全掌握全盘工作，还需要提高技术水平。第二，有些总务负责人对会计工作的了解不够，会计与事务的分工不明确，结果使工作顾此失彼。第三，会计室与隶属的基层单位（作坊、运合、厨房）的联系不够密切，使会计收支的统计不实际。第四，有的会计项目不清楚，因此也造成工作的混乱，这些都要在今后求得改进。关于此次参观的全部材料，现正在整理中，最近将召开中直会计人员大会，进行讨论与总结；并拟作会计工作典型的展览，使各个机关会计工作今后能逐渐提高。”这其实是延安时期的一个会计专业交流会议，其目标只有一个，那就是把账目数据记录准确，为正确的决策奠定基础。

会计工作在延安时期已经开始实行了计划管理，计划数字是根据会计记录制定的，中央的政策和生产布局出自会计报表，如果会计记录有差错，则报表上的数据失真，出台的政策和布局就会出现偏差。这就是会计基础工作的作用，也是政策质量的最初保障，更是当时毛泽东重视基层会计工作的原因。

延安时期的“会计生态”证实当时的会计工作在毛泽东的指导下，已经步入正轨，并按照国家财政的格局运行。

三、延安时期的会计战略

（一）在中央设立特别会计科

1939年3月18日，毛泽东出席陕北公学大礼堂举行的晚会并发表讲话："我们要消灭敌人，有两种战争：一种是公开的战争，一种是隐蔽的战争。隐蔽的战争有战略的进攻，打入敌人内心；也有战略的防御，保卫自己。要打败敌人，须内外夹击，所以两者都有同样重要的意义。"[1] 这是在强调隐蔽战线即第二战场的重要作用，尤其是对"弱势群体"的人民军队而言，情报准确，其获胜的概率就大；而要获得更多的情报，就必须投入经费，这笔经费也越来越大。

红军的账簿体系有"特别费"[2] 支出项目，其往往是涉密的支出。随着第二条战线的发展，涉密支出所起到的作用越来越大，其保密程度也越来越高。为了从战略层面管理这些特别经费，1941年9月，"毛主席在主持一次中央书记处会议上决定设立中央书记处特别会计科"[3]，并委任赖祖烈负责筹建和领导特别会计科的工作。

特别会计科主要负责管理地下党的活动经费、援外经费和中央会议等所有一切经费；中央的一些特别经费、特别开支都归特别会计科管理。特别会计科强调"特别"二字，就是不同于一般的会计工作。这应是毛泽东设立特别会计科的主要原因，而设立本身就是一个从全局出发的战略举措。

特别会计科的资金来源主要包括党的秘密企业（党员企业）赚的钱、各中央局上交的钱（当时各解放区货币不统一，主要是交黄金）、战利品、中央统收的党费、抗战时期海外爱国人士和华侨捐赠的款项。要管好、用好这些来之不易的资金，没有一个权威部门是不行的。所以，特别会计科自成立后一直由中央五大书记之一的任弼时亲自掌管；1950年任弼时去世后由朱德接管。后来中央特别会计科编入中央办公厅序列，改为中央办公厅特别会计室，由杨尚昆领导。由此可以看出特别会计科的历史地位及其所发挥的重要作用。新中国成立

---

[1] 中共中央文献研究室：《毛泽东年谱（1893—1949）(修订本)》（中），中央文献出版社，2013，第118页。

[2] 赵镕：《长征日记》，山西人民出版社，1990，第25页。

[3] 李敏、高风、叶利亚：《真实的毛泽东》（上卷），中央文献出版社，2009，第177页。

后，毛泽东的稿酬就是委托这个科室管理。

在中央设立特别会计科，是毛泽东在延安时期会计战略的一个举措，其对中央特别经费，包括第二条战线的经费管理，起到了重要的保障作用。

在革命胜利来临之际，在1949年党的七届二中全会上，毛泽东根据实践经验和切身体会，总结出《党委会的工作方法》，其中第七条是胸中有"数"："这是说，对情况和问题一定要注意到它们的数量方面，要有基本的数量的分析。任何质量都表现为一定的数量，没有数量也就没有质量。我们有许多同志至今不懂得注意事物的数量方面，不懂得注意基本的统计、主要的百分比，不懂得注意决定事物质量的数量界限，一切都是胸中无'数'，结果就不能不犯错误。例如，要进行土地改革，对于地主、富农、中农、贫农各占人口多少，各有多少土地，这些数字就必须了解，才能据以定出正确的政策。对于何谓富农，何谓富裕中农，有多少剥削收入才算富农，否则就算富裕中农，这也必须找出一个数量的界限。在任何群众运动中，群众积极拥护的有多少，反对的有多少，处于中间状态的有多少，这些都必须有个基本的调查，基本的分析，不可无根据地、主观地决定问题。"① 这段文献是毛泽东对数字在中国革命运动中的重要作用的科学总结，也是他从政治的高度视角，传达的"重视数据必得益于数据"的管理思想，其源头显然是从小就伴随他的"用实践数据反映实践并指导实践"的会计实践。

（二）毛泽东的数字指挥风格

通过流程梳理，我们可以发现毛泽东的数字管理沿着会计、统计、经济的方向越来越宏观，走到了数字管理的顶点，并形成了他的数字指挥风格。延安时期，他的讲话、电报、信件和文章，也逐渐形成了典型的"思想＋数字"的指导工作模式，这个模式与其"道理＋数字"的语言特征一脉相承，也是一个升级，不仅提供思想引导，还提供确凿的数字要求及具体的工作方法。这个指导模式不仅指导经济建设，还指导军事斗争和政治工作。

1939年9月25日，毛泽东在陕甘宁边区机关、学校、部队秋收动员大会上讲话："今年四万人生产了三万担粮食，自己解决了一年所需的一半，这不是小事。这次生产运动证明了什么呢？第一，思想是可以变成物质的。一种思想，只要是有根据的，是符合事实的，具备了一定条件，就可以变成物质。第二，

---

① 《毛泽东选集》（一卷本），人民出版社，1964，第1332页。

看不起劳动是不对的。世界上最有学问的人第一是工人农民，'万般皆下品，唯有读书高'的观点是不对的，应当改为'万般皆下品，唯有劳动高'。第三，团结可以战胜一切。消灭坏事物，靠人民的团结；发展好事物，也靠人民的团结。"① 在这段讲话中，他先摆出了"四万人生产了三万担粮食"并已经"自己解决了一年所需的一半"等数字，并认定"这不是小事"，那肯定就是大事。在这些数字的基础上，他对延安军民自己动手取得的成就，总结了三个道理：一是"思想变物质"，想吃饭就能吃到饭；二是"唯有劳动高"，想到和得到之间，就是做到，劳动就是做到；三是"团结人民可以战胜一切"，因为人民的力量是无穷的，关键是如何发现和推动。这些思想的指引，都是用事实说话，而事实是用数字量化的，比"很多""较大"甚至是"丰产"等模糊词语，更具有说服力和指导性。

在正确思想的指导下，延安大生产的成果越来越多，分配问题也随之产生，即老百姓要交纳多少公粮？1940年8月18日，毛泽东出席中共中央政治局会议，听取中央财政经济部部长李富春关于中央和陕甘宁边区财政经济问题的报告后，他指出："今后税收，不能增加太多，陕甘宁边区公粮不能收十万担。"② 税收"不能增加太多"是指导思想，"十万担"是数字封顶，这体现了毛泽东"思想＋数字"的指导工作模式。

延安时期的毛泽东对财经的研究是很下功夫的，除了阅读大量的经济书籍，更多的是关注边区实际。"近日我对边区财经问题的研究颇感兴趣，虽不深刻，却觉其规律性或决定点似在简单的两点，即（一）发展经济，（二）平衡出入口。首先是发展农、盐、工、畜、商各业之主要的私人经济与部分的公营经济，然后是输出三千万元以上的物产于境外，交换三千万元必需品入境，以达出入口平衡或争取相当量的出超，只要此两点解决，一切问题都解决了。而此两点的关键，即粮盐二业的经营，如能增产二十万至三十万担粮与运三十万至四十万驮盐出境，即算基本地解决了两个问题。"③ 从这封给谢觉哉的信中，可以看出毛泽东对研究边区财政经济问题兴趣盎然，"不深刻"是他的自谦。因为他已经抓住了边区经济的两个根本点，即"发展经济"和"平衡出入口"。发展经

---

① 中共中央文献研究室：《毛泽东年谱（1893—1949）（修订本）》（中），中央文献出版社，2013，第141页。

② 中共中央文献研究室：《毛泽东年谱（1893—1949）（修订本）》（中），中央文献出版社，2013，第204页。

③ 中共中央文献研究室：《毛泽东年谱（1893—1949）（修订本）》（中），中央文献出版社，2013，第318页。

济是根本，没有经济建设就没有其他经济活动，也无贸易及其"平衡出入口"。打个比方，如果当时边区需要 100 样商品，而只能生产 50 样，那另外 50 样就需要贸易交换，由此看出贸易的重要性。贸易更重要的作用是可以赚取本地之外的商业利润——边区生产的商品在边区卖，相当于把钱从左兜掏到右兜，但若用于出口，卖到边区之外，就等于把别人兜里的钱掏进自己兜里。所以，贸易活动可以快速地为根据地输入资金血液，大力促进根据地经济建设。这也是毛泽东希望"争取相当量的出超"的原因。"出超"就是卖得多，买得少，那就更赚了。在讲清两个根本点后，毛泽东给出"三千万元"的贸易额，这就是用具体的数字指导工作了。而贸易额最终取决于生产活动，要落到"粮盐二业的经营"上。这落地也是有数字指引的，那就是"增产二十万至三十万担粮与运三十万至四十万驮盐出境"。这种一环扣一环的数字指导，给出了聚焦的着力点，即多生产粮食和多运盐，从而便于基层执行，军民在指导下加紧干即可。

由此可见，毛泽东指导工作，不仅给思想，还给落地方法，可谓非常到位。毛泽东典型的"思想+数字"指导工作模式和领导方法，也是克服官僚主义的一柄利器。

在军事斗争方面，毛泽东的数字指挥艺术更是发挥了决定性的作用，其最主要的特征就是"多打一"，集中绝对数量优势兵力，打歼灭战，消灭敌人的有生力量，一打一个准。这种"分而食之"且吃干净的战法，也决定了中国革命战争的进程。

1945 年 8 月 16 日，毛泽东致电张云逸等，给出具体的战法："作战决定于打法，不浪打，非确能聚歼不打，养精蓄锐，以多胜少，例如以五六个团打一个团，可能聚歼。""以打胜仗为目的，不以占地为目的，津浦能全占则全占，不能则占一部，又不能则让顽伪全部代替了日寇位置，亦胜于过去局面，只要日寇投降，大局于我有利。"[①] 这封电报充分展示了毛泽东军事斗争的战略和战术。在战略上，他坚持"存地失人，人地皆失；存人失地，人地皆得"的原则，对于津浦之地能全占就全部占，不能全占就占一部分，一部分也占不了就让伪军占，这比日寇占了对我方有利。在战术上，他坚持"不浪打"，即不乱打，要保证能聚歼敌人再打，而聚歼敌人的方法就是以多打少，"以五六个团打一个团"，确保战斗胜利；如果每一次战斗都打胜，那就确保了战略的完胜。战略指

[①] 中共中央文献研究室：《毛泽东年谱（1893—1949）（修订本）》（下），中央文献出版社，2013，第 7 页。

导思想和战术方法十分清晰,基层指战员就好执行了,其核心任务就是歼灭敌人的有生力量,在总体上减少敌人数量。

解放战争时期,毛泽东"多打一"的军事斗争战术,更是发挥了推动历史进程的作用。1946年9月28日,他对合并后的山东、华中两个野战军的第一场战役提出打法:"不要分兵打两个敌人,必须集中打一个敌人。"① 这是在指导大兵团作战,战术依旧是用"优势兵力歼灭敌人的有生力量",落实到每一场战斗中就是"多打一"。

战争一旦找到了规律,进入快速路,也是有加速度的。这个加速度是用歼敌数量表示的,毛泽东也是基于这些具体的数据不断做出战略和战术的布局。在"多打一"战法的指引下,各个军区上报的歼敌数量逐步呈现在毛泽东的案头,进而增强了他的必胜信心。1947年10月10日,毛泽东在起草的《中国人民解放军宣言》中,第一次宣布"打倒蒋介石,解放全中国"的口号。这无疑是基于歼敌数据提前宣告蒋家王朝的覆灭。

直至抗美援朝战争,毛泽东还是充分运用"多打一"的制胜法宝指挥前线战斗:"美军陆战第一师战斗力据说是美军中最强的,我军以四个师围歼其两个团,似乎还不够,应有一个至两个师作预备队。"② 用四个师至六个师打美军的两个团,兵力是敌人的6倍或9倍,这也是在武器落后的条件下,靠人数绝对优势取胜的一种安全战法。为了确保完胜,毛泽东甚至要求用一个军去打敌人的一个营:"只要求我军每一个军在一次作战中,歼灭美、英、土军一个整营,至多两个整营,也就够了。"③ 这种稳操胜券的打法是毛泽东战无不胜的一个重要原因。绝对优势就是兵力的"绝对数",也可以视同毛泽东是用数字指挥战争。

解放战争中的土地改革是支撑军事斗争的一项重要政治工作。1948年2月9日,毛泽东致电东北局:"东北土改打击面过大,这是非常危险的,必须立即着手改变政策。中国地主富农虽然各地有多有少,但按一般情况来说只占农村人口的百分之八至百分之十,东北地主富农即使较别地为多,也决不会多到占人口或户口四分之一这样多。因此你们应将打击面大大缩小,弄错了的必须纠

---

① 中共中央文献研究室:《毛泽东年谱(1893—1949)(修订本)》(下),中央文献出版社,2013,第136页。
② 中共中央文献研究室:《毛泽东年谱(1949—1976)》(第一卷),中央文献出版社,2013,第240—241页。
③ 中共中央文献研究室:《毛泽东年谱(1949—1976)》(第一卷),中央文献出版社,2013,第349页。

正。"① 毛泽东出身农村，对于村里的地主大致有几个还是十分清楚的。但基层人员在激烈的政治斗争面前，容易产生过激行为，这也是心中无"数"的一个突出表现。一个村子人口的四分之一都是地主，打击面就太大了，不利于新政权的建设，而且也会破坏刚刚建立起来的执政根基，这无疑是一个危险的信号。所以毛泽东闻讯就电告东北局，要求其改正错误，并给定了一个"百分之八至百分之十"的数字区间，让东北局掌握，这就是具体的数字指导。

鉴于"土改"的重要性，时隔6天，1948年2月15日，毛泽东在为中共中央起草的"新解放区土地改革要点"中，除了强调"不要性急，应依据环境、群众觉悟程度和领导干部强弱决定土地改革进行的速度"，还锁定地主富农的比例："总的打击面，一般不能超过户数的百分之八，人口百分之十。"② 这就为土地改革"定成分"划定了一个准绳，严禁扩大打击面；也制止了一个地主也找不出来的"不作为"现象。

由此看出，在政治工作中，毛泽东也利用数字管控方法来指导基层的实践。基层代表中央，如果没有数字约束，就可能会产生或左或右的行为；但若有数字约束，一些地方也可能会因为数字不够而发生凑数行为。这就是为什么历代共产党人都再三强调实事求是的原因，也唯有实事求是，不凑数，才能把各项工作做好。

这些指导经济建设、军事斗争和政治工作的数字、数据，是毛泽东从长期的会计实践数据升级而来，从层次划分，可以视同会计战略。

四、本章小结

延安时期是毛泽东会计实践的升华时期，也是他在实践和理论两个层面最出成果的一个时期，为新中国的经济管理奠定了重要基础。依据延安的会计实践，我们可以把毛泽东的会计战术归纳为三点：一是算总账，比如，全面地考虑局势算大账；二是算细账，比如，账簿管理精准到粮库管理的收支手续；三是算实账，比如，反对在粮库收支做手脚的行为。其会计战略和战术也呈现三种关系：一是战略指引战术，比如，设立中央特别会计科，由其管理特别经费；

---

① 中共中央文献研究室：《毛泽东年谱（1893—1949）（修订本）》（下），中央文献出版社，2013，第279页。

② 中共中央文献研究室：《毛泽东年谱（1893—1949）（修订本）》（下），中央文献出版社，2013，第280页。

二是战略来自战术，比如，边区经济决策报告来自会计报表和会计记录；三是战略和战术互补，上下联动，有机合作，做好会计工作。

在延安时期，毛泽东的会计实践已经升级到数字管理层面，也已融入经济发展、军事斗争和政治建设。尤其是在军事斗争方面，正是遵循"在战略上以少胜多、在战术上以多胜少"的数字化军事斗争原则，毛泽东领导的人民军队无往不胜，打下了新中国。

在毛泽东的心目中，有了"数"这个准绳的约束，基层工作就会减少或左或右的偏离，这个准绳可以有效治理"乱作为"或"不作为"的现象。这个方法是在延安成型的，也一直沿用到当今的国家治理中。

计家计国计天下
——毛泽东的会计实践

下篇

毛泽东生活中的会计实践

下篇　毛泽东生活中的会计实践

第八章　毛泽东的生活账和稿酬账

本章导读

毛泽东的记账"童子功"不仅在他领导的革命事业中发挥"精准"的作用，还自始至终地在他的生活管理中发挥着治家理财作用。井冈山时期和瑞金时期因战斗频繁而实行供给制，从目前的史料看，尚未见到这两个时期毛泽东生活方面的记账资料。但到了延安后，生活安顿下来，为了应对艰难的经济环境，毛泽东就指导炊事员记账，管理他每月3元的菜金，发挥民间家庭账簿精打细算、勤俭持家的功能。新中国成立后，1952年实行薪酬制，为了管理自己的工资和开支，做到生活中的"胸中有数"，毛泽东又让身边的工作人员记录家庭收支账，这本账一直记录到1977年。稿酬是毛泽东最大的"私产"，1951年《毛泽东选集》发行后，为了管理越来越多的稿费，毛泽东又委托中央特别会计室为他建账管理稿酬，留下了一本证据确凿的接济民众的凭证。这本稿酬账一直记到毛泽东逝世20年后，由中央特别会计室保管和掌握。这些史实证明，从少年记录家庭经营账簿到晚年记录家庭生活账簿，毛泽东的会计实践形成了一个会计大循环，也见证了我国民间会计在伟人家庭的一种文化传承。会计实践活动伴随毛泽东终生。

一、引言

人类社会和自然界一样需要和睦相处。

但人类社会总会出现人剥削人、人压迫人的不和谐现象，这显然不符合和睦相处的基本法则。所以，"哪里有压迫哪里就有反抗"成为维护人类社会基本法则的正义行为。毛泽东带领中国人民进行革命斗争和建设，就是想在弱肉强食的环境中，建立和睦相处的生存法则，让全体人民都吃上饭并过上越来越好的殷实生活，引领国家由社会主义社会过渡到共产主义社会。

新中国成立后，为了与中国人民同甘共苦，毛泽东降了三次工资，从最初预定的每月600元降到510元，再降到404.8元，其目的是减轻人民负担。为了用好这些工资,他又让身边的工作人员记录家庭生活账,唯恐生活费超标,给人民带来负担。

关于毛泽东家庭生活账的信息,笔者最早是在陈晋老师撰写的书中看到的,当时很兴奋,因为这也是毛泽东会计实践的证据。后来笔者得知毛泽东的家庭生活账簿都存放在韶山毛泽东同志纪念馆,所以去韶山调查时,也查看了展出的生活账。没想到的是,在韶山毛泽东同志纪念馆,我们不仅见到了毛泽东家庭生活账的账页,还发现这套生活账簿包括月报表、季报表和年报表,完全是一套规范的会计核算体系。这个发现也让笔者更加坚信,毛泽东的会计实践伴随其终生。

在韶山毛泽东同志纪念馆,笔者发现毛泽东不仅有生活账,还有一本稿酬账。而毛泽东的稿酬数额在社会上传得沸沸扬扬,笔者心想,有了这账簿,就容易确定真实数额了。但这些账簿只象征性地展出了几张账页,没有完全展出,笔者也没有权限查看实物。

二、毛泽东的生活账

从现有文献看,毛泽东的一生留下了两本生活账,即延安时期的菜金账和新中国成立后的"共和国第一家庭账"。当然,这两本账都是在他会计管理思想的指导下,由他身边的工作人员如实记录的。

(一)延安时期的菜金账

中共中央到达延安后,限于当地的自然条件和国民党的经济封锁,经济更为困难。为了应对艰苦的岁月,管理有限的生活资料,毛泽东就指导炊事员记账,通过发挥账簿的功能来精打细算地度过艰难时期。贺清华回忆:"主席的伙食标准和我们的伙食标准是一样的,都按供给部的规定,每月三块钱。标准低,稍不注意,就容易超支。为了今后不再超支,主席让老周每天记账。……主席不断检查老周记的账目,帮助他改错,了解开支情况。后来主席又对他说:'老周,你不要每个月才结算一次,这样一超支,就没办法了,以后你每十天一小结,每月一大结,如果前十天超支了,以后十天还可以想办法节省出来,最后十天超支了,也超不多,下月还可以节约出来。'"[①] 这段文字证实,延安当时实行的是供给制,毛泽东每月3元菜金,性格豪爽的毛泽东好客,家里的客人也

---

① 李敏、高凤、叶利亚:《真实的毛泽东》(上卷),中央文献出版社,2009,第163页。

较多，开销就大，每月的菜金往往是入不敷出。为了改变这个窘况，毛泽东就让炊事员周少林记账。可周少林"没上过学，斗大的字不认识几个"，很是为难。毛泽东就先做思想工作："文化低，识字少，记账有困难，是吗？没关系，学嘛。你每天买菜，就从菜名学起，买什么菜，就学着写什么菜名。这样，既学了文化，又学会了记账，还能帮助你做好工作。"这段思想工作讲出了"一举三得"的好处——学文化、记账、做好工作，转变了周少林的态度，也看出毛泽东做思想工作的厉害。"每十天一小结"的专业辅导更能看出毛泽东深厚的记账功夫，以及他利用结账技巧节约菜金的智慧。

中国革命是干出来的，不是空喊出来的。这个"干"体现在每一个充满智慧的细节中，也正是这些如汗珠一样的细节，浇灌出了中国革命的胜利果实。我的一个观点是：要用细节呈现历史，摆出细节就如同摆出数字一样，让后人能真实地看清那些众说纷纭的历史，这也是最好的正本清源方式。

图8-1是韶山毛泽东同志纪念馆的展品，我们从中可以看到毛泽东的"家庭账"情节。

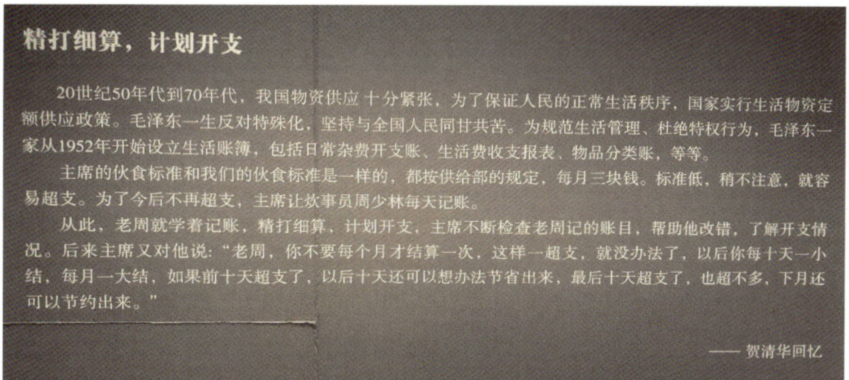

图8-1
韶山毛泽东同志纪念馆的展品

应对延安时期的艰苦岁月，需要伟大思想的指引。但再伟大的思想，也必须落实到"一针一线"上才能发挥作用。在"自己动手，丰衣足食"精神的指引下，这本菜金账帮助毛泽东一家度过了那段艰苦岁月，记账作为一个工具起到了"一针一线"的作用，这也是会计的精打细算作用。

(二)"共和国第一家庭账"

新中国成立后，逐渐取消了供给制，开始实行薪酬制，为了管好家庭财务，毛泽东又开始建账管理家庭生活收支。对于这本"共和国第一家庭账",韶山毛泽东同志纪念馆展示了贺清华的一段回忆:"毛泽东一生反对特殊化,坚持与全国人民同甘共苦。为规范生活管理、杜绝特权行为,毛泽东一家从1952年开始设立生活账簿,包括日常杂费开支账、生活费收支报表、物品分类账,等等。"他晚年的生活管理员吴连登也证实:"工资领回来,我就记到账上。主席的账,我叫一号账,江青的账就在'一'的下面画一个小二,等于是二号账。这样他们都是各花各的钱,这也是主席交代的,就是通常所说的 AA 制。"① 这些文献资料证实,毛泽东的这本家庭生活账在1952年设立,并由身边的工作人员负责记录。图8-2展示

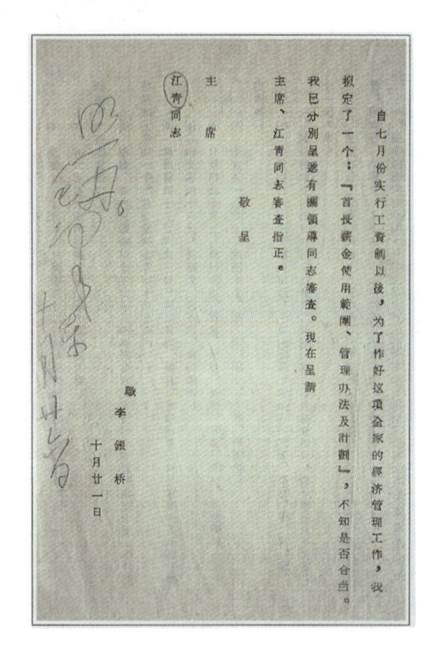

图 8-2
韶山毛泽东同志纪念馆展示的毛泽东批示

的是毛泽东对李银桥关于工资制度相关请求的批示。

据《毛泽东生活档案》记载,1962年"毛泽东建议,对自己一家的收支认真填写报表"。现在在韶山毛泽东同志纪念馆保存的"生活费收支报表共42本。内容为1962年到1975年(缺1974年)的月度报表、季度报表或年度报表"②。

这套账簿中的生活收支记录得非常详细、全面,也十分规范。

1. 明细账

韶山毛泽东同志纪念馆展示了一页明细账,如图8-3所示,其采用印制的收入、付出和结余三栏式账页格式,记录了1967年7月和8月的部分生活收支业务。跟单位的明细账一致,这页明细账记录得十分详细。例如,7月13日"供应科购食品7.72元",7月31日"主席洗衣费1.6元",8月8日"做睡衣手工费1.38元",8月10日"首长八月党费20元"等,还包括为了出差买7把箱锁、修理吹风机的支出,可谓事无巨细,一并囊括。这页明细账可以据实反映出毛泽东家庭生活支出的原貌,十分珍贵。

---

① 陈晋:《温情毛泽东》,辽宁人民出版社,2005,第241页。
② 韶山毛泽东纪念馆:《毛泽东生活档案》,中共党史出版社,1999,第872页。

下篇 毛泽东生活中的会计实践

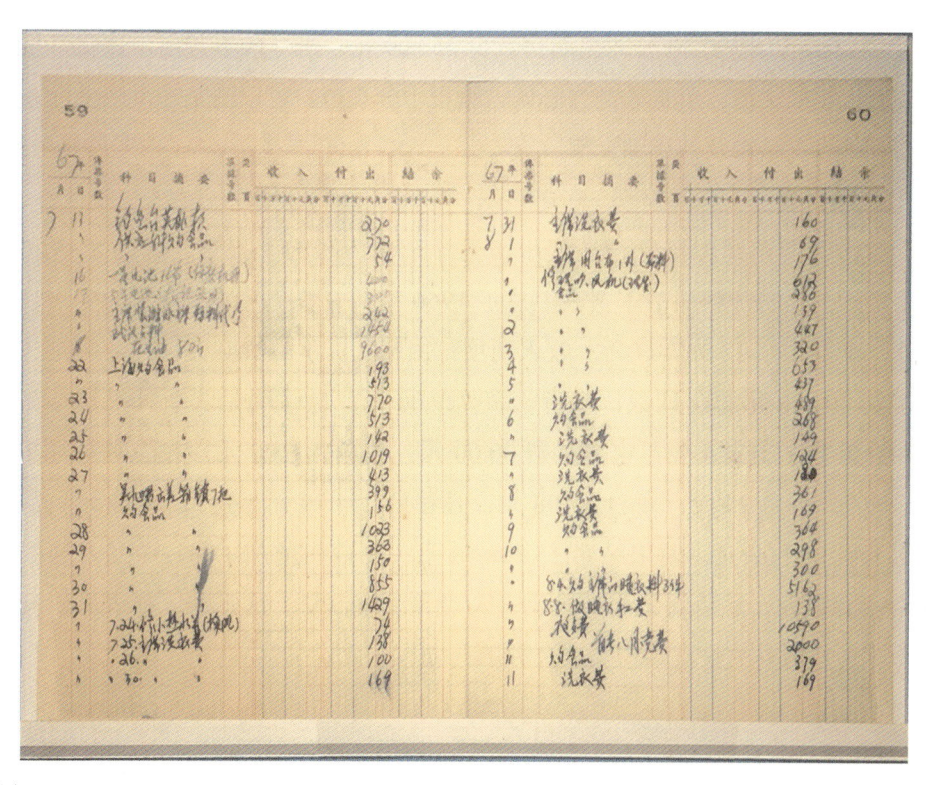

图 8-3
1967 年 7 月 13 日至 8 月 11 日明细账

2. 月报表

韶山毛泽东同志纪念馆也展示了毛泽东生活账的月报表。如图 8-4 所示，这张 1963 年 4 月的生活费用收支表汇总了当月的生活收支数字。上月结余 8 579.39 元。收入两项：主席工资 404.80 元，单据 1 张；江青工资 243.00 元，无单据。支出 8 项，其中：伙食费 400.81 元，单据 36 张；付食品 115.94 元，单据 14 张；党费 20.00 元，单据 1 张；杂费 26.55 元，单据 3 张；家属杂费 252.77 元，单据 20 张（表中的"属"字是"尸"字下面放个"示"）；澡费 1.50 元，单据 1 张；汽车费 2.50 元，无单据；月租费 86.82 元，无单据（应为毛泽东住在中南海的房

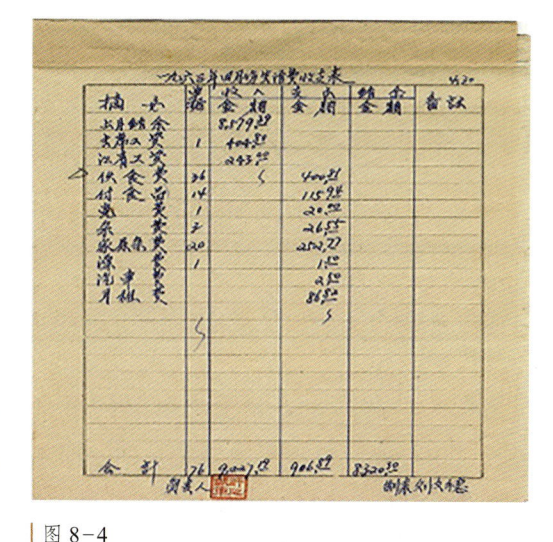

图 8-4
1963 年 4 月生活费用收支表

租）。期末结余 8 320.30 元，比期初减少 259.09 元，当月入不敷出。这张月报表的制表人是刘文德，负责人是许心诚，编报十分规范，可以清楚地反映毛泽东一家当月的收支结构及其详细金额。

3. 季报表

韶山毛泽东同志纪念馆还展示了毛泽东生活账的季报表，如图 8-5 和图 8-6 所示。这份加封面的季报表汇总了 1966 年第一季度毛泽东一家的生活收支数据。上期结余 13 367.03 元。收入两项：主席工资 1 212.40 元，并注明是 3 个月工资 404.80 元的合计数；江青工资 729.00 元，也注明是 3 个月工资 243.00 元的合计数。支出 4 项：家属杂费 30.00 元；洗澡费 6.00 元，并注明每月 2.00 元；暖气费 111.24 元，每月 37.08 元；月租费 254.79 元，每月 84.93 元。季度支出合计 402.03 元，期末结余 15 208.40 元，比期初增加 1 841.37 元。这张季度报表的制表人还是刘文德，但负责人变成了徐吉梦。这张季度报表可以反映毛泽东一家当季的收支结构及其金额。

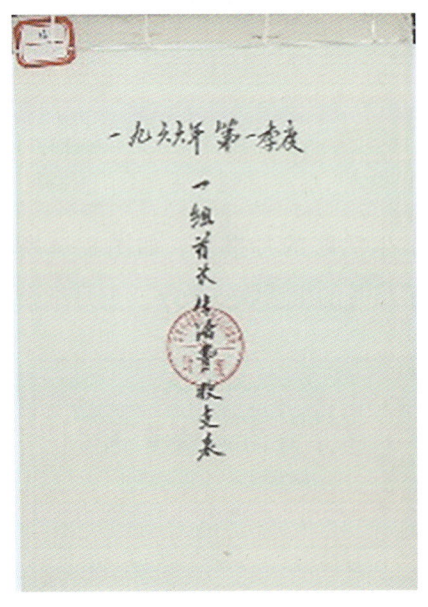

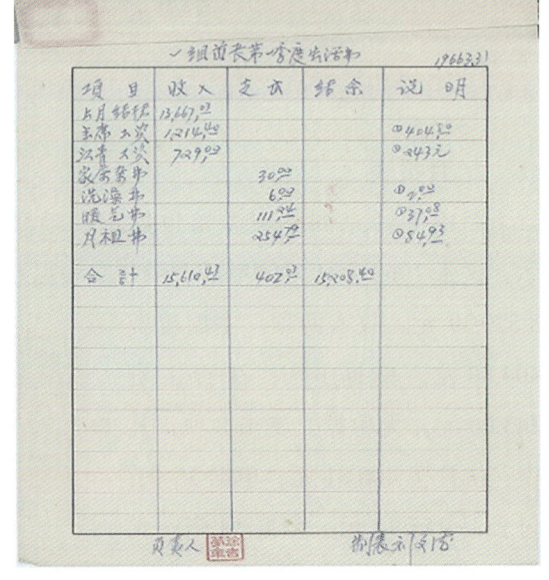

图 8-5
1966 年第一季度生活费收支表封面

图 8-6
1966 年第一季度生活费收支表

图 8-7 和图 8-8 是毛泽东 1969 年 3—6 月季度报表的封面和内容。上期结余 2 066.56 元。收入主要是一项，即主席工资，还是 1 212.40 元，并注明是 4 月、5 月和 6 月 3 个月的工资合计数，江青的工资已不在此列。"毛泽东与江青……在生活上的矛盾已难以调和，以致从 1968 年开始在生活收支上互相独

立,互不干涉。"① 此时他们已分开花钱了。1974 年 11 月 16 日,毛泽东在长沙九所六号楼同李先念谈话,提到江青时曾说:"我三年来只同她吃了一顿饭,现在是第四年了,一顿饭都没同她吃。"② 这证实从 1970 年开始,他们不仅分账,还分开吃饭了。这张季度报表中的支出有 6 项:月租费 259.05 元,并注明是 4 月、5 月和 6 月 3 个月的;煤气费 11.10 元,也注明是 4 月、5 月和 6 月 3 个月的;另外 4 项支出分别是日用品支出 67.58 元、伙食支出 578.35 元、茶叶支出 15.70 元、水果支出 16.26 元,但注明是 3 月和 4 月的支出,而非 4 月、5 月和 6 月 3 个月的开支,这有可能是制表人的笔误。制表人是刘元祥,没有负责人签章,手续不全,故看不出笔误也能理解。报表的"潦草"也折射出当时的动荡时局。

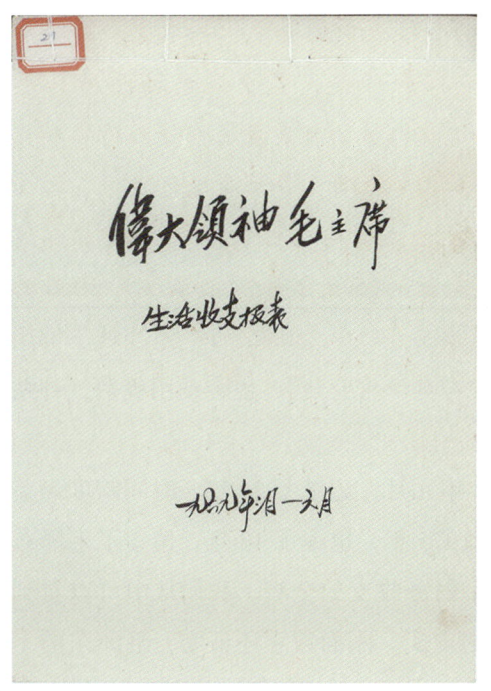

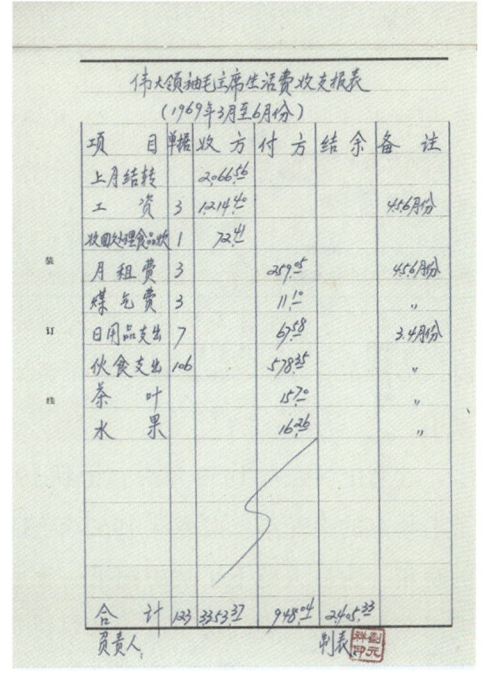

图 8-7
1969 年 3—6 月毛主席生活收支报表封面

图 8-8
1969 年 3—6 月毛主席生活费收支报表

4. 年报表

图 8-9 是毛泽东 1974 年 6 月至 1975 年 5 月的年度生活收支报表。上年结

---

① 韶山毛泽东纪念馆:《毛泽东生活档案》,中共党史出版社,1999,第 888 页。
② 中共中央文献研究室:《毛泽东年谱(1949—1976)》(第六卷),中央文献出版社,2013,第 556 页。

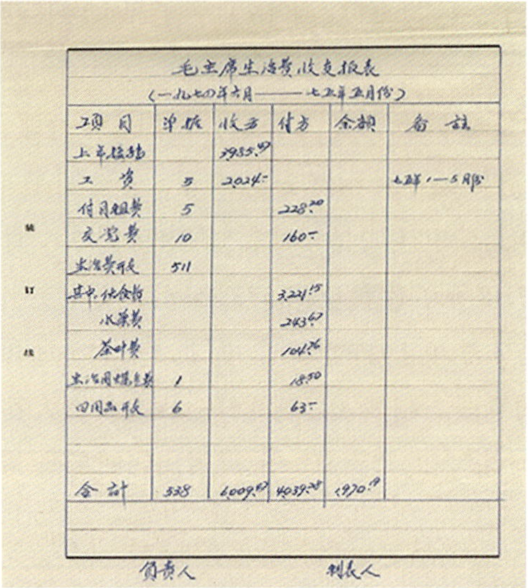

毛主席生活费收支报表
（一九七四年六月——七五年五月份）

项目	单据	收方	付方	余额	备注
上年结转		3985.47			
工资	5	2024.-			七五年1—5月份
付月租费	5		228.20		
党费	10		160.-		
生活费开支	511				
其中：伙食费			3221.15		
水果费			243.67		
茶叶费			104.76		
生活用煤气费	1		18.50		
日用品开支	6		63.-		
合计	538	6009.47	4039.28	1970.19	

负责人　　制表人

图 8-9
1974 年 6 月至 1975 年 5 月毛主席生活收支报表

转 3 985.47 元。1975 年 1～5 月主席的工资收入 2 024.00 元，每月还是 404.80 元。月租费 228.20 元，党费 160.00 元，生活开支分为伙食费 3 221.15 元、水果费 243.67 元、茶叶费 104.76 元、生活用煤气费 18.50 元、日用品开支 63.00 元。期末结余 1 970.19 元，当年的开支大于收入 2 015.28 元。但制表人和负责人都没有签章。

“应当说明的是，毛泽东生活费报表中的开支，并不完全是他一家的开支，其中还包括招待一些客人特别是民主人士的费用，以及身边工作人员的夜餐费、部分医药费和出差补助费。生活账反映，毛泽东身边许多工作人员如高城堂、舒世俊、孙玉兰、周福明、王恩谱、王宇清、吴连登、叶子龙等均在毛泽东的收入中报销过医药费和出差补助费。根据日常杂费开支表 1965 年 2 月 24 日到 6 月 30 日的统计，毛泽东付工作人员医药费 72.8 元，出差补助费 280.35 元。”[①] 当钱不够用时，毛泽东会“翻翻生活账，并叮嘱工作人员注意节约”，也会动用稿费，补贴家用。

这套生活账从 1952 年一直记到 1977 年元月，记录了 25 年。时间跨度涵盖了毛泽东的中晚年。报表从 1962 年编到 1975 年，也编了 13 年，覆盖了毛泽东的晚年，为后人留下了“中国第一家庭”财务收支的全貌。我们从中可以看到毛泽东的住房、煤气甚至洗澡都要付费的史实。账面数字还证实，毛泽东的工资自 1960 年从一级降到三级（每月 404.8 元）后，直到去世也没涨一分钱。图 8-10 展现了毛泽东住在中南海期间的几种生活开支。

这套“共和国第一家庭账”既有明细账，还有生活收支报表，报表还分月报、季报和年报，其已不是单纯的家庭流水账，事实上是一套完整的核算体系。这证实毛泽东家庭生活账从单纯的记账活动升级为报表管理，是毛泽东家庭会计管理思想的升级，也是对民间家庭会计核算方法的一次提升。

① 韶山毛泽东纪念馆：《毛泽东生活档案》，中共党史出版社，1999，第 874 页。

下篇　毛泽东生活中的会计实践

> 毛泽东住在中南海丰泽园，一切都是要付钱的：一个月的房租加水电煤气费84元，到了冬天还得再交4个月的暖气费，每月30元左右，加起来是120元左右，总额占到工资收入的四分之一。

图 8-10
广州农民运动讲习所旧址的展品

三、毛泽东的稿酬账

稿酬是毛泽东最大的"私产"。现有文献证实，他从学生时代就开始拿稿费，到了延安时期，因经常发表文章，频繁拿稿费，直到1966年"文化大革命"时期停止拿稿费，历时几十年，其中的万千变化，既折射出一段厚重的历史，也展示出毛泽东大公无私的品格及其乐善好施的性情。

（一）延安时期，用之于民

红军长征到达陕北后就实行了稿酬制度。1936年8月，中央决定出版《长征记》，征稿信说："来稿请于九月五日以前寄到总政治部。备有薄酬，聊致谢意。"[①] 1936年10月28日，中国抗日红军总政治部发布《〈红军故事〉征文启事》："为着供给红军部队的课外教育材料，为着宣传红军的战斗历史，特决定编辑《红军故事》丛书。每稿至多不超过二千字……来稿采用后，酌致现金或物质报酬。"1937年5月10日，中央军委主席毛泽东、总司令朱德，联名发出

---

① 孙国林：《延安时期的稿费制度》，《党政论坛》，2008年第22期。

《中央军委关于征集红军历史材料的通知》，也明确说："一切创作稿件和纪念品，送来经采用后，均给以五角至二十元的现金酬报。"

这些史料证实，为了鼓励人们收集长征史实，更是为了留住历史并创造历史，延安开始实施"现金或物质报酬"相结合的稿酬制度。

1939年1月22日，毛泽东在致周扬的信中透露了准确的稿酬标准："备有稿费（每千字一元五角），当分致你与李、和三同志，借表酬劳之意。"①证实当时的稿酬已经按千字为基础计算了，跟后来的稿酬制度基本一致。

1941年9月10日，毛泽东在中央政治局扩大会议上作《反对主观主义和宗派主义》报告，在谈到稿酬问题时，强调要按质按需来定标准："对研究实际问题的文章，要多给稿费。能使马克思主义中国化的教员，才算好教员，要多给津贴。"如此推测，之后的延安稿酬标准会有所提高。

稿酬制度对毛泽东这位"笔杆子"影响很大，尤其是在那个艰辛的年代，这份不菲的稿酬收入足以让他对穷苦亲朋从"爱莫能助"到"乐善好施"，这也可以从毛泽东取得稿酬前后的信件中得到证实。

1937年11月27毛泽东给表兄文运昌的信中尚言："道路甚远，我亦不能寄旅费。在湘开办军校，计划甚善，亦暂难实行，私心虽想助兄，事实难于做到。前由公家寄了二十元旅费给周润芳，因她系泽覃死难烈士（泽覃前年被杀于江西）之妻，故公家出此，亦非我私人的原故，敬祈谅之。"②信中的"不能寄旅费"说明此时的毛泽东囊中羞涩，无力接济表兄。解释"二十元旅费给周润芳"是公家所寄，清楚地表达出自己爱莫能助的态度——这都是由他当时的经济条件决定的。

而1938年5月26日给堂兄毛宇居的信则显示，毛泽东已经能掏钱接济家乡的侄子毛楚雄（毛泽覃的儿子）了："楚雄等已寄微款，尔后可略接济一点，请督其刻苦节省。"③信中的"微款"说明钱数不多，也证实毛泽东此时的手头并不多么宽裕，所以强调"请督其刻苦节省"。从这封信中也可以看出，从韶山走出来的毛泽东，跟任何一个从故乡走出来的儿子一样，一旦自己的经济宽裕一点点，就竭力接济故乡更困难的亲人。这是家风，也是乡情，更是文化，从中可以看到毛泽东最平凡的一面。

1939年11月5日毛泽东给他湖南省立第一师范学校读书时的同学林中鹤的

---

① 《毛泽东书信选集》，中国人民解放军出版社，1984，第138页。
② 《毛泽东书信选集》，中国人民解放军出版社，1984，第114页。
③ 《毛泽东书信选集》，中国人民解放军出版社，1984，第127页。

信显示，已经能寄上百元了："寄奉百元，聊佐薪水，为数甚微，将意而已。"[1]信中尽管有"为数甚微"的客套，但100元已是很大的一笔款项，从文字中也能感受到毛泽东"济人于危艰"的舒畅心情。

此时的毛泽东已在延安窑洞完成了《实践论》（1937年7月）、《矛盾论》（1937年8月）和《论持久战》（1938年5月）等伟大著作，这些著作的发表和大量印行，即使按千字一元五角计算，也是一笔不小的收入，况且毛泽东还经常给延安的各种报刊写文章。而《改造我们的学习》（1941年5月）、《整顿党的作风》（1942年2月1日）、《反对党八股》（1942年2月8日）、《在延安文艺座谈会上的讲话》（1942年5月）等大作的陆续发表，加上延安稿酬标准陆续提高，无疑保证了毛泽东稿酬的来源和数目。

接济革命烈士的亲属是毛泽东稿酬的重点支出项目，只要他知晓，就想方设法寄钱解困，甚至通过地下党这条线路转寄款项。比如，毛泽东接济毛新梅烈士，他"是毛泽东亲手建立的韶山党支部的成员之一，1927年6月被敌人杀害，成为韶山第一个为党捐躯的烈士。他的妻子沈素华时年36岁，带着毛特夫、毛慎义、毛雪华等好几个孩子，生活极其艰难。毛泽东在延安得知毛新梅牺牲后，便通过地下党寄钱给沈素华，接济他们母子的生活"[2]。

武文笑在《毛泽东自费资助烈士家属》一文列举的很多实例，证实毛泽东从延安时期就开始用稿酬资助烈士家属了："他这位极重情义，与人民群众同呼吸共命运、同甘苦共患难而全心全意为人民服务的乐善好施者，经常情牵烈士家属并慷慨解囊动用自己的稿费资助这些烈属，少则百元或三五百元，多则上千元，其间发生的故事也不胜枚举。"

支持延安的各项文化活动也是毛泽东稿酬支出的又一大项，仅李贤哲的《延安时期毛泽东的稿费用途》[3]一文就列出多笔资助款，列示如下：

1938年7月，毛泽东从自己《论持久战》稿费中拿出300元大洋给民众剧团购置设备；

1939年3月，为支持创办延安中国女子大学捐款100元；

1939年9月，为支持筹建陕甘宁边区医院图书馆捐款100元；

1939年11月，为烽火剧社捐款200元；

---

[1] 《毛泽东书信选集》，中国人民解放军出版社，1984，第159页。

[2] 武文笑：《毛泽东自费资助烈士家属》，中国共产党新闻网，http://dangshi.people.com.cn/n1/2016/0720/c85037-28568136.html。

[3] 李贤哲：《延安时期毛泽东的稿费用途》，搜狐网，http://news.sohu.com/20091112/n268147341.shtml。

1940年，延安各界纪念"五四"青年节筹委会发起有奖征文，毛泽东慷慨解囊捐赠300元做奖金；

1941年8月，为边区教育厅举办的小学教师暑期讲习班捐款400元；

……

这些捐款又是不胜枚举。

毛泽东的稿酬收入奠定了他乐善好施的经济基础，在那个困难时期，也惠及身边的众多同志，只要谁有事，他必动用稿费慷慨解囊。比如，军委机要处代处长黄有凤的婚事就是毛泽东用200元稿酬操办的。黄有凤《在毛主席身边的日子》一文记载："赴任前毛主席还有点不大放心我的婚事，指着旁边的叶子龙秘书说：对黄有凤的婚事，你们要成立个促进委员会，促进促进！叶子龙后来真的成立了一个'促进委员会'，大家轮番做雪明的思想工作，最后终于使小赵放弃了'约法三章'，同意近期结婚。最后商定婚礼于（1941年）10月10日晚饭前举行，地点选在毛主席住处的院子里。我俩的婚礼是毛主席用稿费筹办的。应邀参加婚礼的贵宾都是毛主席亲自下请帖请来的。"[1]

毛泽东十分清楚自己文章的来源，曾说过"所谓的好文章，都是在斗争的实践中逼出来的"。逄先知回忆："毛主席从来没有把毛选的著作看作仅仅是他个人的东西，而看作是群众智慧的集中。他说：毛选怎么是我的！这是血的著作……毛选里的这些东西，是群众教给我们的，是付出了流血牺牲的代价的。又说：1921年建党后，经过了14年，牺牲了多少党员、干部，吃了很多苦头，才懂得了如何处理党内关系、党外关系，学会走群众路线。不经过那些斗争，我的那些文章也写不出来。"[2] 也正是基于这种清醒认识，毛泽东对自己的稿酬所坚持的态度是坚定的："这个稿费，都是从老百姓那里来的，是党的稿费、人民的稿费，是做事情来的，要取之于民、用之于民。"这个原则不论是在延安时期，还是在新中国成立后，都雷打不动地执行。

唯一不同的是，新中国成立后，毛泽东的稿酬就专门建账管理了，每一笔收支都有案可稽。

（二）稿酬数额，有账可查

毛泽东的稿酬到底有多少是有账可查的。研究新中国成立后毛泽东的稿酬账及其金额，应交代清楚当时的稿酬制度及其变迁情况。

---

[1] 李敏、高风、叶利亚：《真实的毛泽东》（上卷），中央文献出版社，2009，第70页。
[2] 李敏、高风、叶利亚：《真实的毛泽东》（上卷），中央文献出版社，2009，第64页。

先介绍一下币值问题。人民币发行前，毛泽东的稿酬不论是大洋还是边区货币，都是当时的流通货币，币值之间有差异。为了替代当时种类庞杂、折算不便的各解放区货币，更是为了适应革命形势的发展，1948年12月1日，中国人民银行在河北省石家庄市成立，同日开始发行统一的人民币，即第一套人民币。新中国成立后，为改变第一套人民币面额过大等不足，进一步健全中国货币制度，自1955年3月1日开始发行第二套人民币，其折合比率为第一套人民币1万元等于第二套人民币1元。

所以，新中国成立后毛泽东所拿的稿酬，前几年的是旧币，1955年3月1日后的是新币，即第二套人民币。

1950年，第一届全国出版会议决定"应根据著作物的性质、质量、字数及印数"计算稿酬；1953年，我国借鉴苏联的稿酬制度，采用按印数定额支付稿酬的方式，即"按书稿不同性质和质量，规定千字稿酬金额，同时规定若干印数为一个付酬定额，印数为一个定额以内的付给作者一个定额的稿酬，两个定额以内的付给作者两个定额的稿酬，以此类推"。

为了给大家一个数量的概念，本节以刘绍棠的几本书为例介绍一下当时的稿酬收入水准。据刘绍棠《往事不堪回首》记载，在1956年成为专业作家时，他已经出版了4本书。这4本书的稿酬分别是："短篇小说集《青枝绿叶》，4万字，每1 000字15元稿酬，印了6.3万册，三个定额，每1 000字45元，收入1 800元左右。短篇小说集《三桧村的歌声》，6万多字，每1 000字15元稿酬，印了4万多册，两个定额，每1 000字30元，收入2 000元左右。中篇小说《运河的桨声》，10.4万字，每1 000字18元，印了6.8万册，三个定额，每1 000字54元，收入5 000多元。1955年出版中篇小说《夏天》，11万字，每1 000字18元，印了10万册，四个定额，每1 000字72元，收入8 000元左右。"[1]

按字数最多、印数也最多的一本书《夏天》计算，11万字，10万册，稿酬8 000元（11万字乘以千字72元），这就是当时的稿酬收入水准。

有两点需要交代清楚：一是当时的稿酬不涉及个人所得税，我国的个人所得税制度是1980年才建立的；二是当时银行的年利率高达11%，稿酬存在银行里每年可得一笔可观的利息——这种高利息一直持续到20世纪90年代。

还有更重要的两次稿酬政策变化需要交代清楚：一是1960年中共中央批准文化部党组、中国作协党组《关于废除版税制，彻底改革稿酬制度的报告》，废

---

[1] 牛汉、邓九平：《荆棘路——记忆中的反右派运动》，经济日报出版社，1998，第9页。

除按印数付酬的版税制度，一律按作品的字数和质量付一次稿费，重印不再付酬。二是1966年文化部提出全国报社、杂志社、出版社采取统一的稿酬标准，著作稿每千字为2~8元；翻译稿每千字为1~5元。但在"文化大革命"开始后，"四人帮"认为这种制度<u>实质上同资本主义国家的版税制没有什么原则区别，即把作品当成作者的私有财产</u>，停止了向作者发放稿酬，到1977年才正式恢复稿酬制度。

这两次稿酬政策的变化对毛泽东的稿酬收入影响巨大。"重印不再付酬"会减少他所有重印著作的稿酬收入，要知道他的很多著作都是重印的。而"停发稿酬"则终止了他的稿酬收入，让他的这项"私产"进项从此为零。由此推断，新中国成立后毛泽东的稿酬基本上是在1951年至1966年这15年间发表著作取得的，收入水平可以根据刘绍棠的稿酬收入水准推算，不能根据当今稿酬制度臆想。

自1951年"毛选"出版后，面对逐渐增多的稿酬收入，毛泽东亲自委托中央办公厅特别会计室为他建账管理。对于这本稿酬账，赖庆来在《毛主席与他的大管家赖祖烈》一文中有详细记载："自1951年《毛泽东选集》出版，毛主席的稿费逐年多起来了。毛主席亲自委托特会室为他管理稿费。建国以后，赖祖烈的案头经常转来中央领导人给他的亲笔函件，这些函件中要算是毛主席的最多。毛主席的信，总是这样开头的：'祖烈同志：请从我的稿费中付给×××人民币×××元……'这些钱，少则几十，多则数百上千，大多是接济毛主席的亲属、故友以及战争年代曾接济过我党的一些民主人士中的生活困难者。例如高级民主人士覃振的女儿覃瑛，50年代给毛主席写信说，她从华北革命大学毕业后，患重病，未分配工作，生活无着。毛主席念其父曾接济过我党，即请赖祖烈从稿费中给覃瑛送去500元。60年代初经济困难时期，毛主席曾批示赖祖烈从他的稿费中给王季范（王海容的祖父）老人寄去2 000元……赖祖烈把毛主席的稿费存入银行，以后有了新作问世的稿费，也照此办理，这样积年累月，连本带利下来，稿费金额竟成了一笔可观的数字。赖祖烈对这笔钱的管理，真是细到了家。每到年终，他都要给毛主席呈上一份清单，上年结存多少，本年收入若干，支出哪些，所余几何，年年如是，从未忽缺。"[①]

在《毛泽东生活档案》一书中，我看到了1960年年底呈报给毛泽东的一份稿酬清单[②]（印刷很模糊），经过仔细辨认，并按数字之间的勾稽关系认真核对，整理的数据如表8-1所示。

[①] 李敏、高风、叶利亚：《真实的毛泽东》（上卷），中央文献出版社，2009，第178-179页。
[②] 韶山毛泽东纪念馆：《毛泽东生活档案》，中共党史出版社，1999，第887页。

表8-1　1960年毛主席稿酬清单　　　　　　　　　　单位：元

摘要	收入	支出	结余
一九五九年年底结存款			248 689.30
一九六〇年共收入稿酬	237 604.99		
一九六〇年共收入利息	14 986.24		
一九六〇年共付出款		13 990.41	487 290.12
一九六〇年年底结存款			487 290.12

　　这份清单是赖祖烈根据毛泽东的稿酬账汇总的，披露了毛泽东1959年年底至1960年年底稿酬收支余的总数据：1959年年底结存248 689.30元；1960年收入稿酬237 604.99元，存款利息收入14 986.24元，当年发生支出13 990.41元，年底结存487 290.12元。

　　这份稿酬清单也证实，毛泽东1960年的稿酬收入是23万多，加上利息一共是25万多。但因自1960年起"重印不再付酬"，这23万多元的稿酬应为毛泽东新作品或新版本的稿酬。到1966年稿酬制度终止，这5年时间，如果每年都按1960年的稿酬收入（加上利息）水平来推算，总收入在125万元左右，再加上1960年的结存数48万元，合计应在173万元左右。刨去每年的支出几万元，剩下的金额与毛泽东临终时账面结存的124万元稿酬是大致对得上的。处处以身作则的人民领袖，在"文化大革命"期间带头执行"停付稿酬"制度，是不容置疑的。汪东兴也曾回忆："十年'文革'期间，出版过数以亿册的《毛泽东选集》《毛主席语录》《毛泽东诗词》等，但是毛泽东没有拿过国内一分钱稿费。"

　　不仅国内的稿酬他没拿，国外的稿酬他也不要。吴连登证实："'文革'时主席没有稿费，不过在国际上，主席的稿费确实是有的。那时，特别是第三世界国家，翻译出版了很多毛主席著作，常给毛主席汇稿费过来。主席都让办公厅转汇回去了，没有留，都是东兴主任经办。"把亚非拉国家的稿酬退回去，毛泽东的稿酬确实是"兼济天下"了。

　　对于毛泽东稿酬账上的结余数，郑长秋最有发言权，从1952年到1986年离休，他一直在中央办公厅工作，专职负责毛泽东和中共中央的特别财务。他说："毛主席的稿费一直是我管的，到他老人家1976年9月逝世，共计为124万元人民币。这个数字肯定是准确无误的……到1983年底，毛主席的全部稿费为157万多元。原因是存款利息上调了，稿费比原来多出33万。"

这段话也证实,在毛泽东去世后,他的稿酬账收入主要是利息收入。

稿酬制度及稿酬账上的数字都客观地摆在那儿,这就是毛泽东稿酬的真相。

(三)竭力接济家乡亲友

谁都走不出自己的故乡,以天下为己任的毛泽东也不例外。新中国成立后,他向家乡频繁支出的稿酬账也证实了这一点,他心中念念不忘的依旧是韶山,依旧是亲友的吃饭问题——也是他在《湘江评论》上最先提出的世界上的最大问题——这就是真实的毛泽东。

估计是延安时期的稿酬已分享天下,且没有新的稿酬进账,在新中国成立后的前两年,毛泽东还是囊中羞涩,对亲友爱莫能助,这从他给家乡亲友的信中可以一叶知秋,我也感受到他在接济亲友方面的竭尽全力。例如,1950年5月15日写给毛宇居的信(图8-11)中尚有"邹普勋(亨二)如十分困难,病情又重时,如兄手中宽裕时,请酌为接济若干,容后由弟归还"①的窘境,此时毛泽东应该是实在掏不出钱来接济他少年的私塾同学和邻居邹普勋(其父邹春

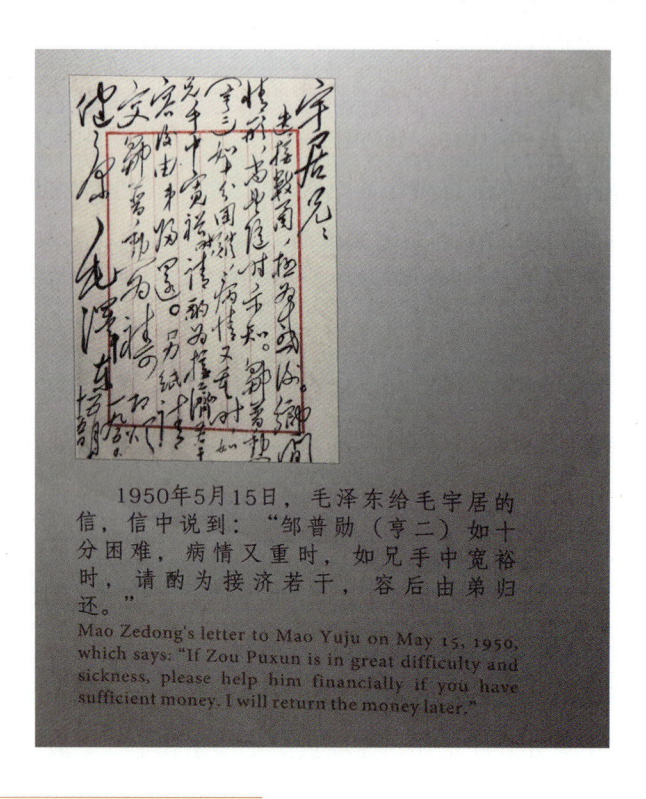

1950年5月15日,毛泽东给毛宇居的信,信中说到:"邹普勋(亨二)如十分困难,病情又重时,如兄手中宽裕时,请酌为接济若干,容后由弟归还。"
Mao Zedong's letter to Mao Yuju on May 15, 1950, which says: "If Zou Puxun is in great difficulty and sickness, please help him financially if you have sufficient money. I will return the money later."

图 8-11
韶山毛泽东同志纪念馆展示的毛泽东信件

---

① 《毛泽东书信选集》,中国人民解放军出版社,1984,第370页。

培是毛泽东私塾老师），只得请堂兄垫付。又如，1951年12月11日《致毛泽连、毛远悌》的信中仍有"**泽连家境困难，待将来再设法略作帮助，目前不要靠望**"①之言，对亲友的爱莫能助跃然于字里行间。

但从《毛泽东选集》陆续出版发行后，毛泽东用稿酬接济家乡亲友就成了"家常便饭"，尤其是1952年之后，很多文献都记载了他的这项频繁支出，这也是稿酬所奠定的经济基础决定的。"济亲，但不以公济私"是毛泽东资助、接济亲友的一个重要原则，这些原则体现在他接济亲友的书信中，也体现在他用"私产"稿酬接济亲友的行为上。我从《毛泽东书信选集》一书中统计出9笔接济亲友的稿酬支出，将其列在表8-2中。

表8-2 毛泽东用稿酬接济家乡亲友概况一览

收信人	写信时间	接济金额	备注
毛宇居	1952年10月2日	300万（旧币）：100万元为六婶葬费，200万元为泽连治病之费	信后特别注明：这些钱均是我自己的稿费，请告他们节用
易南屏	1952年12月21日	300万（旧币）	易南屏是毛泽东在湖南全省高等中学读书时的同学
田家英	1954年3月2日	1 200万（旧币）	杨家全年补助费
中共湘乡县委	1955年5月17日	最近又寄了一点钱给他（谭世瑛）	谭世瑛是毛泽东湘乡东山学校同学
曹云芳	1956年8月11日	300元	曹云芳是罗哲烈士之妻
杨开英	1956年12月16日	寄上一点钱以供医药之用	杨开英是杨开慧的堂妹
孙燕	1957年6月8日	300元	孙燕是陈玉英的女儿
杨开英	1960年4月25日	200元	杨老太太九十寿辰的贺礼
杨开智	1962年11月15日	500元	杨老太太逝世悼仪

注：人民币旧币100万元等于人民币新币100元。

这只是一本书上统计出的结果，对心系百姓又乐善好施的毛泽东来说，也许是挂一漏万。关于这"漏"掉的，不少文献有记载。

比如："郭梓材曾是毛泽东的私塾同学，又同在湖南新军中当过兵，大革命时期参加过农民运动。建国后他因其所在的企业经营不好，生活陷入困境，写信给毛泽东要求到北京工作。毛泽东在给他的回信中劝导他，工作'还以就当

---

①《毛泽东书信选集》，中国人民解放军出版社，1984，第425页。

地熟悉吾兄情况的友人筹谋解决，较为适宜'，同时寄款'为补日用之费'。从1950年到1962年，毛泽东先后给他6次寄款，共计1 700元。"①

又如，《毛泽东三十一年还旧国》一书记载了毛泽东对他第一师范学校求学时英文老师谭戒甫的资助："1957年9月，毛泽东邀请1953年高校院系调整后在武汉大学任教的谭戒甫到北京参加国庆观礼，并请他到中南海家中做客，共进便餐，还送给谭戒甫300元人民币。"②

在一些文献上还能看到，1955年，毛爱桂和姐姐毛春秀去北京看望了毛泽东，毛泽东分别送给他们姐弟300元钱接济其生活。毛泽东还亲笔写信给毛秉琴（陈昌烈士的夫人），给她汇去300元，让她作为生活补助。毛泽东的数学老师王立庵的后人王心支说："1960年底，我母亲又收到毛主席嘱秘书寄来的1 000元，并说明'作为赠送，不要还的'。此时正值国家三年困难时期，我又因营养不良而患病，毛主席的亲切关怀，可谓雪中送炭，解了我家的燃眉之急。"这些接济实例不胜枚举，也让毛泽东的稿酬账真正成为济亲济友济天下的账户。

沈栋年曾在中共中央书记处政治秘书室工作，他回忆说："毛主席对亲友的接济，一次少则一百元，多则上千元，都是从他的稿费中支付的。这些事都是由我经办的。我按照毛主席的指示，请田家英签字，到为毛主席保管稿费的特别会计室领取现金，然后由我直接送去或通过邮局汇寄。"

马武义回忆：

> 主席的一位堂兄（应为堂弟）来京治眼病，安排在前门一个旅店一住就是两个多月，眼病治好了，所有食宿、医疗费用都由主席支付。临走时，主席要我们卫士去看看他，问还有什么要求，我们回来告知，他想要个皮箱，主席问："他没要官吗？"我们说："他没要官。""那好，没要官就好，给他买个皮箱吧。"③

亲友要接济，但不能动用公权，这是毛泽东恪守的一个重要原则。所以，作为"私产"的稿酬就成了他接济亲友唯一的源泉。作为韶山的儿子，毛泽

---

① 陈新征：《毛泽东家书中的亲情世界》，中国共产党新闻网，http://dangshi.people.com.cn/n/2015/0818/c85037-27477596-3.html。
② 苏峰、熊根琪：《毛泽东三十一年还旧国》，人民出版社，2014，第215页。
③ 李敏、高风、叶利亚：《真实的毛泽东》（上卷），中央文献出版社，2009，第367页。

东曾对着乡亲说过:"我不能光为你们解决困难,我要为全国人民解决困难啊……"这种着急的心情也体现在他的决策行为中。

(四)归还旧账,救济百姓

滴水之恩当涌泉相报,这个传统文化在毛泽东身上得到了充分的体现,凡是资助过他革命活动的朋友,毛泽东都会用稿酬"雪中送炭"——最著名的例子就是他用稿酬偿还当年章士钊资助赴法勤工俭学的2万银圆。据李银桥《在毛泽东身边十五年》一书记载,毛泽东曾对章士钊说:"共产党不会忘记为她做过好事的爱国人士。当初你支援留法勤工俭学的那笔款两万元,是我经手借的,一部分给了去欧洲的同志,一部分带回湖南开展革命活动。"毛泽东又诙谐地说:"现在有稿费可以还债了。"①

这2万元其实也是章士钊当年在上海各界名流中募集来的,毛泽东还款的真实目的是接济章士钊的生活,因为当时我国经济处于困难时期。但这是一笔大账,要分次还——这也证实毛泽东的稿酬确实不像今人想象的那么多,不然就一次还清了。"从1963年开始,每年正月初二,他必定派秘书从自己的稿费中拿出2 000元,给章士钊送去,作为生活补助,章士钊想推也推不掉。"②毛泽东整整还了10年,还清了2万元旧账。1973年春节过后不久,毛泽东又认真地向章含之提出:"从今年开始还利息,50年的利息我也算不清应该多少。就这样还下去,行老只要健在,这个利息是要还下去的。"从中足见毛泽东的厚道和大度。

毛泽东用稿酬接济的另一个群体是他身边的卫士和工作人员,这个群体也属于百姓之列。只要谁家中有困难,毛泽东都会慷慨解囊予以接济,帮他们及家人渡过难关。

吴连登回忆:"有一年,我家里出了一件事,我侄子玩火把家里的草房给烧了。我很着急,把自己的一点积蓄拿出来,准备寄回去。这消息不知道是谁告诉了主席,主席叫周福明来找我,他对我说:'主席知道你家里出了事,有困难,特意叫我给你拿来了300元,叫家里把房子修起来。'"③

司机朱德魁生病后,毛泽东一直关心他的病情,并从稿费中多次慷慨解囊接济他。"当他老人家得知我的病情后,立刻派护士长吴旭君和保健医生来医院看我,并向我转达了主席的安慰和鼓励……又将主席让他们带来的三百元钱交

---

① 李银桥:《在毛泽东身边十五年》,河北人民出版社,1991,第271页。
② 苏峰、熊根琪:《毛泽东三十一年还旧国》,人民出版社,2014,第10页。
③ 李敏、高风、叶利亚:《真实的毛泽东》(下卷),中央文献出版社,2009,第627页。

给我，让我增加些营养。在当时，我上有老，下有小，月工资不太高，三百元可是个不小的数目……把我接出来后，主席又建议让我去杭州、山东、上海等地疗养。并指示，如果我拿不出钱的话，组织也不方便，他老人家愿意提供他的稿费，给我疗养……1972年元旦后，吴旭君来到我这里，向我转达了主席的问候和鼓励，又给我带来了300元钱。"[1] 这段文字记录了毛泽东对一个普通员工自始至终的关怀，那份情谊也只有亲人才能做得到。

只要得知卫士有困难，毛泽东都会慷慨解囊，其间甚至还发生过这么一件事。田云毓接到家里电报"母病重速归"。当时主席身边人手少，不够用，可是听到这个消息，他仍然命秘书从他稿费里支一笔钱，帮助小田回家探母。小田回到家里一看，母亲红光满面，干活干得正欢腾，再一问，原来是想儿子拍了假电报。主席听到实情后，不但不批评，反而感慨万千："儿行千里母担忧啊。这回你们该懂了吧？所以说，不孝敬父母，天理难容。"

在红墙之内，毛泽东跟卫士们在一起的时间，比跟自己的孩子在一起的时间还长，所以那亲情就跟肉一样都长到一起了。即使卫士离开了，若其家里有困难，毛泽东也会主动接济。李银桥离开毛泽东去天津工作后，1964年年初他去北京看望毛泽东。"当毛主席得知我们的家乡被水淹了的情况后，又支援我一千元，早用纸包好了，分两袋，亲手递给了我。"[2] 并说："这是我的稿费，你家乡被水淹了，受不小损失，多少帮助你解决些困难。以后你每年回家乡一次，了解下边的情况，给我写汇报材料。"

不仅是韶山的亲友、老友、世交或身边的卫士和工作人员，毛泽东只要听说谁有困难，都会用稿酬接济一把。蒋英在《毛主席的故事》中讲了一个感人的故事："50年代初，我父母住在西城毛家湾2号一个小四合院里，院里共住着4户人家，我父母及弟弟一家住在北屋，东屋住着一个黄包车夫——宋师傅。宋是家中惟一劳动力，依靠拉黄包车的微薄收入养活在农村的老婆和孩子。有一天，我下班后去看望父母，他们告诉我老宋得了急性肺病，发烧吐血，没钱治病，情绪很不好，还有轻生的念头。我感到这是人命关天的大事，马上到那间又黑又破的小屋看望他，先安慰了他几句，急忙让我弟弟送他到医院治疗。我很晚才回到中南海自己家中。这时毛主席正在我家与叶子龙谈工作，见我进门，毛主席问我：'小蒋，你为什么这样晚才回家？'我说：'主席，我碰到一件难办

---

[1] 李敏、高风、叶利亚：《真实的毛泽东》（下卷），中央文献出版社，2009，第615页。
[2] 李银桥：《在毛泽东身边十五年》，河北人民出版社，1991，第279页。

的事情……'我把宋师傅的病情及困难述说了一遍，主席听后心情很沉重，对我说：'你做得对。你们都是供给制，没有钱。救人要紧，子龙，从我稿费里取些钱，让小蒋给宋师傅解燃眉之急吧。'第二天，我拿着毛主席给的100元钱到医院看望老宋，告诉他这钱是组织上给他治病的，让他安心养病。老宋听后非常感动，一再让我转达对共产党的感谢，但他万万不会想到正是毛主席把他从重病中救了出来。半年后，老宋去世，他的妻子和两个不到10岁的儿子无依无靠，我真不知道该怎么办。我和子龙商量后将这个情况向毛主席作了汇报，毛主席再次从他的稿费中取出300元作为老宋家属的抚恤金。"[1]这个故事进一步证实毛泽东稿酬账支出的重要对象是老百姓。

从身边的卫士、工作人员，到烈士后人，再到素不相识的百姓，只要毛泽东得知，都会用稿酬"雪中送炭"。又如1973年4月25日，毛主席在中南海游泳池边，读了由王海容转交过来的一封人民来信，写信人李庆霖反映其子在上山下乡时的生活困难。毛主席随即给他复信："李庆霖同志，寄上三百元，聊补无米之炊。全国此类事甚多，容当统筹解决。"[2]这300元钱也是从稿酬中支出的。此事再次证实毛泽东稿酬接济的都是普通百姓。

（五）为中南海卫士开办学校

毛泽东原本的理想是做一名教书先生，是残酷的社会现实逼迫他走上井冈山，探寻救国救民的革命道路。在腥风血雨的革命进程中，他切身体会到学习知识并将所学知识跟中国实践相结合的重要性，所以，对身边的警卫战士，他一直督促他们学习文化知识。"干革命没有文化不行，没有文化的军队是愚蠢的军队，而愚蠢的军队是不能战胜敌人的。我们马上就要建立新中国，建设新中国，没有文化知识怎么搞建设啊？"接着他慈祥地说："你们很小就参加了战争，失去了学习机会。趁现在年龄还不大，应抓紧时间学习。少壮不努力，老大徒伤悲啊。"他又说："李银桥、马武义、赵鹤桐等同志和你差不多。随着全党工作重点转移，你们应多学习经济建设方面的知识，但这要从学文化开始。基础文化没有不行。过一段时间，我们坐下来专门研究一下这个问题。"[3]

这个要研究的问题就是卫士们的系统学习问题，有了稿费作为经济基础，

---

[1] 李敏、高风、叶利亚：《真实的毛泽东》（上卷），中央文献出版社，2009，第198-199页。
[2] 中共中央文献研究室：《毛泽东年谱（1949—1976）》（第六卷），中央文献出版社，2013，第476页。
[3] 李敏、高风、叶利亚：《真实的毛泽东》（上卷），中央文献出版社，2009，第400-401页。

毛泽东的很多具体设想就能变成现实了，他用稿费为中南海卫士办学校，并亲任校长。这是他的一个得意之作，也圆了他的一个心愿。李银桥回忆："1954年的一天，毛主席找来叶子龙和我，毛主席说：'我想办一个业余学校，这所学校既不要影响大家的工作，又能让工作人员系统地学习文化，你们看好不好？'我们很赞成，也很高兴，根据主席指示，我从毛主席工资里拿出钱来交给管理员张国兴去买课本与学习用品，毛主席还让人请来了教数学、语文、政治、地理、自然等课程的老师。他们是王近山、朱进新、周启才，学校从1954年至1957年历时3年，大家学得很认真，基本都达到了初中毕业文化程度。"[1]

李银桥回忆的"我从毛主席工资里拿出钱"应是从稿费拿出钱来，因为毛泽东的工资，除了交党费、宿舍费等各项硬支出，"还要抚养李敏、李讷、毛远新三个孩子，还要给王博文、李云露等生活费"，肯定不富裕。所以，办学校的花费应该是从他稿费里支出的。

办一所学校要花费的钱肯定不仅是书本费，其他花费也一定记在了毛泽东的稿酬账上。吴连登也证实："毛主席为这些警卫战士买的东西还不止这些。如为了让他们更好地锻炼身体，毛主席曾特意让用他的稿费，在丰泽园里添置了单杠、双杠、哑铃、拉力器、乒乓球台等体育器材，给他们使用。"毛泽东年轻时十分注重体育运动，办一所学校，这些运动器材也是标配。

王明富在《名誉校长毛主席》一文中对这所卫士学校进行了较为详细的描述，不仅介绍了学员的抽调情况和来源，还介绍了毛泽东给学员们规定的三大任务及其学校的变迁与传承："在毛主席身边有一个干部队，也称中央警卫团干部一中队。它是20世纪50年代初，毛主席为了能及时掌握了解全国各地的经济建设和三大改造的实际情况，通过军委，从全军选调来自全国八大城市和除新疆、西藏外100多个专区的青年干部组成的。毛主席为他们规定了三大任务：警卫、调查、学文化……他见到一中队的同志问得最多的：一是家乡情况，二是文化学习情况。他知道这些同志在旧社会都是受苦受难的穷孩子，多数没上过学，或者文化水平较低。他亲切地对我们说：'你们都是好同志，就是文化水平低一些，你们要好好把文化提高一下，以后能够掌握科学文化知识，多为人民做些工作，更好地为人民服务，经过三五年达到中学毕业。'1956年9月15日，毛主席又对曾文同志说：'以后你们不要叫什么队了，就叫文化学校，你们就叫学员。我当名誉校长，再请一个副校长，你们在这里七八年达到高中或大

---

[1] 李敏、高风、叶利亚：《真实的毛泽东》（上卷），中央文献出版社，2009，第305-306页。

学毕业程度。'这是毛主席对一中队同志的亲切关怀、期望和要求。"①

调查研究是中国革命的制胜法宝,身在红墙之内又逐渐年迈的毛泽东,不可能跟年富力强时那样再冲到第一线去做现场的调查研究,但他希望从来自全国各地的卫士们那儿了解实际情况,并赋予他们一个重任——调查!从王明富的这段描述中,我们可以看到身在红墙之内的毛泽东对"调查研究"的重视程度,他要求把1961年定为"调查研究年"也是一证。

卫士们都有站岗任务。比如,警卫科的值班室共6个人,白天值班时间从6点至12点、12点至18点,晚间每两小时一换。警卫战士们时间排得很满,如何挤出学习时间来?对此,毛泽东给出了建议:"以后你们站一小时到一个半小时就行了,其余时间来学习。"②缩短站岗时间,增加学习时间,由此看出毛泽东对卫士们学习的重视程度。

一有空,毛泽东就参与这所学校的教学活动,包括给学员们改作业。"毛主席很关心我们……还用他的稿酬为我们买课本、笔记本等学习用品,抽空还亲自检查我们的作业,为我们改正错别字。他那亲切的音容笑貌,至今还深刻地印在我们的心中。"③

苏勤回忆了这所学校的教学成果:"在主席的教育下,我们一面工作、站岗放哨,一面刻苦学习,先后学完初小、高小、初中、高中文化课程,1960年1月,经解放军总政治部统一考试,学员达到高中毕业后,又制定了一个大学教育计划,继续开办大学课程。中央警卫团写了一个报告呈送毛主席审阅……他听了很高兴,微笑地点头说:好,好,要办下去。"④

可以说,这所用稿费办起来的卫士学校,如一个花园一样,倾注了园丁毛泽东的心血。他不仅给卫士们改作业,还给他们改过信件甚至情书,把老人对待孩子的感情,也全都用到了卫士们的身上。

(六)补贴家人

随着年龄的增高,孩子们或家人确实面临着生活的困难,毛泽东用稿酬给予过接济,这也是有文献记载的。张耀祠在《毛主席对人对事对子女》一文中就谈到替李讷要过钱:"主席搬到游泳池后,我对主席说:'主席,李讷生了孩

---

① 李敏、高凤、叶利亚:《真实的毛泽东》(下卷),中央文献出版社,2009,第604-605页。
② 李敏、高凤、叶利亚:《真实的毛泽东》(下卷),中央文献出版社,2009,第602页。
③ 李敏、高凤、叶利亚:《真实的毛泽东》(上卷),中央文献出版社,2009,第277页。
④ 李敏、高凤、叶利亚:《真实的毛泽东》(下卷),中央文献出版社,2009,第546页。

子,生活上有些困难,能否从稿费中给她点儿钱?'主席正看着书,这时抬起头来,对我说:'给多少呀?'我说:'给她八千元吧。'主席说:'给那么多呀?我的钱是工人、农民给的呀!'他坐在那里抽了几口烟,想了一下,说:'好吧,给她八千元,先给她三千,那五千元等她走时再给。'我写了领条,请管理员吴连登到特会室领了回来,先给李讷三千元,那五千元帮她存银行,等她走时再给她。钱都是吴连登经手办的。"① 毛主席早有家规:孩子们参加工作,拿到工资,他就不再补贴。但具体问题还是要具体分析,李讷当时工资很低,只有几十元,要请保姆、买奶粉等确实力不从心;还不敢直接跟爸爸开口,只能请张耀祠代为申请。我们从中也可感知毛泽东对孩子们要求的严格甚至是严厉。

可能是为了一碗水端平,吴连登也证实"毛主席出于对亲属的一视同仁,又分别给贺子珍、江青、李敏各 8 000 元,作为生活补贴之用"。经办人郑长秋也证实,1972 年经毛主席批示,分别给贺子珍、江青、李敏、李讷各 8 000 元。

但贺子珍没有完全接受这 8 000 元。当时贺子珍在 301 医院住院,郑长秋把 8 000 元送给她时,她好感动,感谢毛主席对她的关心,说:"这钱就放在你那里,我需要开支的时候再取。"贺子珍在住院期间总共花了 4 000 元左右,剩下的 3 000 余元她再三推辞,坚决不要。最后,这些钱又回到毛泽东的稿费中。

图 8-12 展示了有关毛泽东的一张报销凭证。

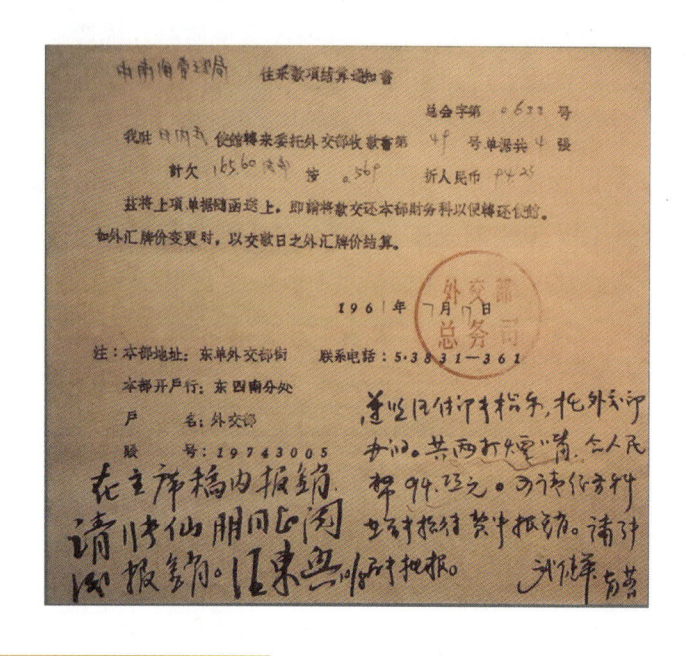

图 8-12
韶山毛泽东同志纪念馆展示的报销凭证

---

① 李敏、高风、叶利亚:《真实的毛泽东》(上卷),中央文献出版社,2009,第 81-82 页。

下篇 毛泽东生活中的会计实践

对于稿酬，汪东兴曾跟毛泽东私下讨论过如何处理："主席，您的稿费不能总存在中办特会室名下。"

"这个稿费是党的稿费，老百姓的稿费。"毛泽东毫不犹豫地答道。

"那您的孩子怎么办？"汪东兴问。

"孩子们都长大了，他们为人民服务，人民给了他们的一定的待遇和报酬，可以自己养活自己。"毛主席语气坚定地说。

"直到现在，毛泽东逝世已经20年了，他所存的稿酬仍然由中央特别会计室保管和掌握。"①

毛泽东的稿酬账就摆在那儿，记账凭证可靠，收支数字清晰，谁也改变不了。

图8-13是广州农民运动讲习所旧址展示的毛泽东遗留的钞票。

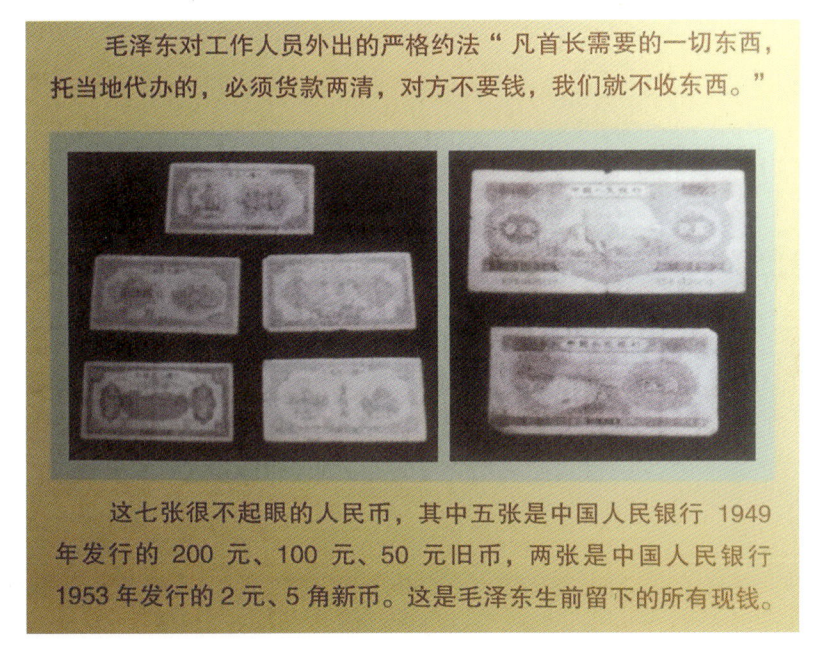

> 毛泽东对工作人员外出的严格约法"凡首长需要的一切东西，托当地代办的，必须货款两清，对方不要钱，我们就不收东西。"
>
> 这七张很不起眼的人民币，其中五张是中国人民银行1949年发行的200元、100元、50元旧币，两张是中国人民银行1953年发行的2元、5角新币。这是毛泽东生前留下的所有现钱。

图8-13
广州农民运动讲习所旧址展示的毛泽东遗留的钞票

四、本章小结

从延安时期的菜金账，到新中国成立后的家庭生活账，再到毛泽东的稿酬

---

① 韶山毛泽东纪念馆：《毛泽东生活档案》，中共党史出版社，1999，第888页。

账，这些生活中的会计实践所展示的不仅是毛泽东家庭的收支记录或生活水平，也折射出毛泽东这个农民儿子的凡人生活和开国领袖的伟人风采。这些翔实的数字犹如铆钉一样，铆定了那段厚重的历史。其实他代表的是一个群体，那是一群把生命都交给党和人民的人，他们九死一生，将所有的私产最终都以党费的形式上交了。同时也证实，毛泽东的会计知识不仅化作了他在领导中国革命过程中的数字指挥艺术，还自始至终地用于管理自己的家庭生活，就像传家宝一样。而把家庭会计提升到报表管理层面，则是毛泽东对民间家庭会计管理方法的一大贡献。

下篇　毛泽东生活中的会计实践

第九章　毛泽东的口头禅：账

本章导读

毛泽东是博大精深的中华文化养育和培养起来的历史巨人。对于古代君子所习的六艺，毛泽东无一不精通。其中源于古代会计实践的"数"，分流成民间家庭账簿。毛泽东的口头禅"账"，最初见于他在井冈山革命斗争时期的相关论述。随着对他的相关记述的增多，延安时期及新中国成立后的诸多关于毛泽东的文献对他的"账"字口头禅多有记载，尤其是相关回忆录和年谱里，比比皆是，且与他终生相随。了解了毛泽东的记账"童子功"和会计实践后，我们就很容易理解他的这个口头禅了。其形成既有传统民俗语言的影响，更取决于毛泽东青少年时期为其父记录8年家庭收支账簿的实践活动之"雏定"，并固化于他用账簿知识指导革命工作的整个过程。"账"字口头禅除了证实账簿知识是毛泽东庞大知识系统的"筑底"知识，还佐证了毛泽东的数字世界源于实用的会计数字王国，他不仅用账簿知识或数字指导中国革命和建设，也以此管理着自己的生活。

一、引言

毛泽东的口头禅——"账"可以证实，在毛泽东的心里，始终存放着一本"账"。这本"账"也让胸中有"数"的毛泽东，在历史关口处理问题时，能准确地拿出正确的处理方法和解决方案。这也是"毛泽东为什么能"的一个重要原因。

毛泽东的能，源于他的博学。植根于民族文化及其智慧的博学，让毛泽东成为一个全才。

中华民族全才的培养标准最早见于周朝贵族教育体系中设计的六种技能。《周礼·保氏》记载："养国子以道，乃教之六艺。"六艺即礼、乐、射、御、书、数。这是一个文武兼备的教学体系。我仔细比对了一下，这六艺毛泽东都习练过，且多造诣高深。

"数"排在六艺最后，已通过数学演化成整个自然科学。但与老百姓生活和社会生产密切相关的会计数据也是"数"的一种表现，从毛泽东的口头禅——"账"就可以判断出"数"对毛泽东的影响。

六艺皆备，应是"毛泽东为什么能"的一个重要因素。

在"王者以民为天，而民以食为天"的农耕时代，天人合一的教育制度为了培养国子的全面能力所设计的六艺课程，如同全方位的六扇门：门外环对天地自然，门内环对人类社会，并相互融通。人若打通了这六扇门，就可进入既"合大道"又"通自然"的境界，在认识社会和大自然时，能调动"每一扇门"的洞察能力，对事物进行准确判断和把握，从而解决发展中的难题。表现在日常行为中，就是能统揽全局，不会"知其一不知其二"地偏激看待问题，也不会有过分出格的举止，这就能保证其行为基本符合历史的发展规律，即走在正道或大道上。如果偏废，如一不习武二不识数，就无法透视这两扇门对应的事物，甚至对这两扇门内外的事物一无所知，这种"隔行如隔山"会影响对全局判断的准确性，也会导致行为偏离基本规律。"武左文右"的历史定律就是这种"偏科"教育造成的。

从青年毛泽东的成长过程看，他属于全面成长的"敢为天下先"的全才。

学术研究也是找规律。因为研究毛泽东的会计实践，我在研读各种资料时，对"账"这个字就特别敏感。先在他的著作里看到"账"字，后来又在党史文献里看到，再后来又在回忆录里频繁看到——原话记录的回忆录里，毛泽东口语中的"账"字越来越多。我就突然意识到：这是他的口头禅啊！

口头禅是一个人日常生活中挂在嘴边的常用语言，其形成原因既跟传统语言文化氛围有关，也取决于个人自己的经历。现代科学对口头禅也多有研究。"按照现代心理学的观点，口头禅其实也不是完全不'用心'的，它背后隐含着一些心理活动和心理作用。"[①] 也有人类学家认为：人类有两种表情，一种是脸上所呈现的表情，另一种是说话时传达给对方的信息。可见，语言是人类的第二表情。而语库中提用率和重复率较高的口头禅，就是心灵的莫尔斯电码，它具有某种心理投射功能，能在一定程度上揭示说话者的内心世界。

从成长学的角度分析，口头禅是一个人从长期生活经历中提炼到的真知之浓缩，在一定程度上揭示了这个人的知识偏好、内心世界以及基本思想，所以，

[①] 杨锦陈：《口头禅背后的心理秘密》，《健康时报》，2006年4月10日。

我比较认同以下观点:"口头禅体现一个人的说话习惯,也是其内心世界的自然流露。"①

毛泽东的口头禅——"账"就是他内心账簿知识或会计功夫的自然流露,也跟他终生相随。

二、毛泽东在革命时期的口头禅

(一)井冈山时期的口头禅

从目前我掌握的文献资料看,毛泽东的"账"字口头禅最早见于井冈山斗争时期,频现于延安时期和新中国成立后,并一直延续到1976年毛泽东逝世前。

1928年2月18日,毛泽东率领工农革命军攻克宁冈县的新城,"全歼守军一个正规营和一个靖卫团共五百多人,击毙守军营长、活捉宁冈县长"②。战斗结束后,数百名俘虏被押送到茅坪,有的战士和农民出于对敌军的愤恨而打骂俘虏。毛泽东在茅坪攀龙书院门口召开军民大会,宣布工农革命军宽待俘虏的政策:"不打骂俘虏,受伤者给予治疗,愿留的收编入伍,要走的发给路费。"此政策跟辛亥革命后处置前清官员的政策相似。黄炎培回忆:"我受程都督谆嘱,十分亲切地向樊说:'此举出于全民公意。你如愿留苏,就留下,给生活费。愿回原籍(樊浙江人)当送回籍川费。'樊愿回籍。所属各卸职人员包括撤换的各知县,一律这样待遇。大家感觉民国比清朝大大不同。"③也正因为这种新政策与以前的做法"大大不同",当时有不少人想不通。针对这个问题,毛泽东就用"数字比大小",用口头禅来疏通大家的思想:"要是放回去一个能争取十个,这个账不是很好算吗?"④果然,通过毛泽东"一比十"的对账,数字的大小和利害关系一目了然,自然就让"大家心平气和,心里亮堂了"。

这是我在目前掌握的文献资料中看到的最早的关于毛泽东"账"字口头禅的记录。后来的革命实践也证实,这种"不战而屈人之兵"的最高战争境界,就是从"放回去一个能争取十个"这个"账"开始谋划的。赣军第九师师长杨

---

① 侯立虹:《话说口头禅》,《人民日报》,2018年11月5日。
② 中共中央文献研究室:《毛泽东年谱(1893—1949)(修订本)》(上),中央文献出版社,2013,第232页。
③ 黄炎培:《八十年来——黄炎培自述》,文汇出版社,2000,第84页。
④ 陈果吉、田戈、李东朗:《重大事件中的毛泽东》,山西人民出版社,1994,第136页。

池生的《九师旬刊》对于工农革命军的这种做法有"毒矣哉"的惊叹①。

尽管毛泽东当时无法预测三大战役国民党部队起义或投降的人数远比"十个"多了万倍,但他确实找到了其中的规律,并且用"放回去一个能争取十个"的信念,来执着地指导中国革命斗争,并取得完胜。

相隔4个月后,朱毛会师,为了应对赣军的第四次"进剿",1928年6月20日,毛泽东在宁冈古城召开红军连以上干部会议。在这个会议上,毛泽东的口头禅频繁出现,因为他用算账的方式,即"用数字比大小",来指挥工农革命军的军事斗争。当时在古城区苏维埃政府做文书和收发工作的苏兰春回忆:"毛主席作报告,我坐在靠窗户底下作记录。杨开明、杜修经也参加了会议。我记得毛主席的报告主要是分析敌情,算了一下赣南的反动势力的账……我还记得毛主席算敌人的势力账时还说了湖南的鲁涤平、何键等人;算来算去是湖南的反动势力大,是敌强我弱;又算了江西的反动势力账不如湖南强。"②这段文献资料多次提到算反动势力的账,显然是如实记录,证实毛泽东当时指挥作战的语言频繁出现口头禅"账"字。先算账,再打仗,是一种独特的指挥方式,也应是苏兰春记忆深刻的原因。毛泽东没受过军事院校的科班训练,当时还没有丰富的作战经验,但算算敌我兵力,看看能否打得过,是一个常识。而常识往往就是各行各业通用的基本理论和方法。所以在这次会议上,毛泽东在分析敌情、拟订战斗方案的过程中,不仅用了口头禅,还运用其最初的应敌方法之一——算反动势力的账以实现知彼,从而指挥战斗。在敌强我弱的现实条件下,"赚钱就来,蚀本不干",成为毛泽东在井冈山斗争时期的战略战术,而保本就要先算账——这种算账行为跟毛泽东的"账"字口头禅也合辙押韵。

在井冈山斗争时期,毛泽东还曾把口头禅写进命令里。《毛泽东年谱》记载,1930年3月,毛泽东发布红四军司令部命令:"申令各部队官兵要爱惜公物,私购被服公家概不认账。"③这个"账"远比"报销"通俗易懂,既体现了毛泽东语言的大众化,也是毛泽东口头禅的自然运用。

吴吉清回忆,到了瑞金时期,毛泽东在才溪乡进行调查研究时,跟老乡们的沟通也经常使用口头禅。因为口头禅通俗易懂,老乡们能听明白。"我们请老

---

① 中共中央文献研究室:《毛泽东年谱(1893—1949)(修订本)》(上),中央文献出版社,2013,第232页。
② 黄仲芳、罗庆宏:《井冈山斗争口述史》(上),江苏人民出版社,2015,第225页。
③ 中共中央文献研究室:《毛泽东年谱(1893—1949)(修订本)》(上),中央文献出版社,2013,第301页。

船工谈谈他心里的那本账啊?"当晚,"毛主席就以老船工的生活变化做例子,帮助老表们算细账,算他们新旧生活的对比账。在这个村里,算来算去,进行调查研究"。①

在毛泽东思想的规范学术研究文献中,我们是很难看到毛泽东这个口头禅的,这是由学术研究"不动声色"的风格决定的。口头禅属于行为细节,最能反映历史的现场感和真实情况,多出现在据实记录的回忆录或口述史里。在革命活动初期,由于毛泽东身边助理人员较少,关于那时的回忆不多,或写回忆录的人并没有长期跟毛泽东生活在一起,或不太注意"账"这个专业术语,很少有人谈及毛泽东的口头禅并写进回忆史料。

我通过集腋成裘的资料搜集,以及相关历史文献的比对,目前可以证实毛泽东的"账"字口头禅,是他从上井冈山开始就留在文献里的一个独特的语言行为习惯。

(二)延安时期的口头禅

到了延安之后,围绕在毛泽东身边的工作人员逐渐增多,后来很多人也都写了回忆录。在这些回忆录里,记忆深刻的作者如实记下了毛泽东的"账"字口头禅。

1941年1月初发生了震惊中外的皖南事变,毛泽东通过电报很快得知了这个消息。叶子龙回忆:"他看过电报,深思了片刻,然后把电报交给我,说:'让大家都看看,要记住这笔账呢!'"②皖南事变中,9 000名新四军将士遭到暗算,大部分壮烈牺牲,在当时情形下,"要记住这笔账呢"这句话,换成"要记住这笔血债呢"表述更为恰当。但毛泽东用"账"而不用"血债"表述,证明在其语言系统里,"账"是一个优先选取的词,跟"血债"一样可以表达出愤怒的情感,反映了口头禅的"优先性"和"四通八达"的表述特征。

张耀祠《回忆毛泽东》一书记载,撤离延安时,毛泽东跟大家做思想工作也使用了"账"字口头禅:"蒋介石打仗是为了争地盘,占领延安,他好开大会庆祝。我们就给他地盘。我们打仗是要俘虏他的兵员,缴获他的装备,消灭他的有生力量,来壮大自己。这样,他打他的,我打我的。等蒋介石算清这笔账,后悔就晚了。"③这里说的"账"是指战争较量的结果,也是一种全局的得失,其

---

① 吴吉清:《在毛主席身边的日子里》,江西人民出版社,1978,第136页。
② 叶子龙:《叶子龙回忆录》,中央文献出版社,2000,第68页。
③ 张耀祠:《回忆毛泽东》,中共中央党校出版社,1996,第23页。

实是很复杂的,但毛泽东用一个"账"字就言简意赅地表达清楚了,从而体现了口头禅的巧妙作用。

阎长林《胸中自有雄兵百万》一书也记载了转战陕北途中毛泽东的"账"字口头禅。毛泽东跟村里的民兵队长、粮秣主任、党支部书记和委员们开会,了解情况,指导大家坚壁清野,详细问了问村里人的思想情况。当他听说有些地富分子蠢蠢欲动的时候,就严肃地说:"这不是个小问题,那些地富分子有翻把思想,就等着这一天。要教育群众,提高警惕。还要警告地富分子,如果他们敢做坏事,将来群众会跟他们算账的。"① 这个"算账"是一种口气严厉的警告,也是一种斗争策略。尤其是用陕西方言"翻把"(作者注:意为敌对的一方被打败以后,重占上风;或不承认说过的话,不认账)跟基层干部讲清问题的严肃性及其后果,使大家一听就懂,布置相关防范措施,进而在人民群众中发挥重要的指导作用。方言和口头禅的叠加运用,能起到准确的传递作用并取得更好的执行效果。

毛泽东在对六届七中全会通过的《关于若干历史问题的决议》作评价时,也用了"账"字口头禅:"若干历史问题决议案把好事都挂在了我的账上,所以我对此要发表点意见。写成代表,那还可以。如果只有我一个人,那就不成其为党了。"② 毛泽东讲到遵义会议的贡献时,也多次用了"账"字口头禅:"现在大家把这个账挂在我身上。我声明一下,没有这些同志以及其他很多同志——反'左'倾路线的一切同志,包括犯过第三次'左'倾路线错误的一些很重要的同志,没有他们的赞助,遵义会议的成功是不可能的。"又说:"遵义会议是一个关键,对中国革命的影响非常之大。但是,大家要知道,如果没有洛甫、王稼祥两个同志从第三次'左'倾路线分化出来,就不可能开好遵义会议。同志们把好的账放在我的名下,但绝不能忘记他们两个人。"③

毛泽东还多次强调众多同志对遵义会议的贡献。他说:"同志们把好的账放在我的名下,但绝不能忘记他们两个人。当然,遵义会议参加者还有别的好多同志,酝酿也很久,没有那些同志参加赞成,光他们两个人也不行;但是,他们两个人是从第三次'左'倾路线分化出来的,作用很大。"④

这些"账"显然是业绩账。但对于只讲成绩不讲缺点,或"把好的账放

---

① 阎长林:《胸中自有雄兵百万》,工人出版社,1983,第36页。
② 陈果吉、田戈、李东朗:《重大事件中的毛泽东》,山西人民出版社,1994,第246页。
③ 中共中央党史征集委员会、中央档案馆:《遵义会议文献》,人民出版社,1985,第62页。
④ 韶山毛泽东纪念馆:《毛泽东生活档案》,中共党史出版社,1999,第364页。

我的名下"，毛泽东是不同意的，特别是遵义会议的贡献，更不能独揽在自己身上。所以毛泽东曾说："我们大家都是半殖民地社会出来的人，只有这么多的一点知识，这么大的一点本领。说我毫无本领，一点也不懂马列，那我也不同意。说我马列主义成了堆，那也不是。但总要引出一个任务来，即还要前进。"① 由此看出，毛泽东凡事都坚持实事求是的精神和认真态度，尤其是涉及自己业绩时。

在《毛泽东年谱》中，对《关于若干历史问题的决议》的评价尚存两处"账"字口头禅。1945年3月31日，毛泽东讲到历史问题决议草案时说："不算旧账这句话当然不是一个口号，总结经验也可以说是算账。不采用大会这个形式来算账，才能集中注意力于当前问题。"② 1945年4月20日又说："《决议》把许多好事都挂在我的账上，我的错误缺点没有挂上，不是我没有而是没有挂，为了党的利益没有写上。这是大家要认识清楚的，首先是我。孔夫子七十而从心所欲不逾矩，我即使到七十岁，相信一定也会逾矩的。"③

但在一些文献资料中，我发现，毛泽东的"账"字口头禅被省略了。例如，"如果没有洛甫、王稼祥两个同志从第三次'左'倾路线分化出来，就不可能开好遵义会议。……"④（"同志们把好的账放在我的名下"这句话变成了一串省略号）口头禅被省略号代替了，毛泽东的自然口语被规范成书面文字。当年毛泽东发动农民群众起来革命，唯恐群众听不懂，工作无效，就采用拉家常并用"比大小"的算账方法，打开了中国革命的大门。

从目前的文献资料看，到达延安后，随着文献资料记录的增多，毛泽东的"账"字口头禅也在各种场合频现。生活中的口头禅应不少于工作中的口头禅，但可能生活细节在回忆中较少被提及，相关记录就不常见，我在李银桥的回忆录里找到了一段对话。

1948年5月来到西柏坡，毛泽东擦脸擦脚只有一块毛巾，李银桥劝他买条新毛巾，将擦脸的和擦脚的分开。他想了想说："不要分了，现在整天行军打仗，脚比脸辛苦。分开就不平等了，脚会有意见的。"

李银桥就劝说："那就用新毛巾擦脚，旧毛巾擦脸。"

---

① 陈果吉、田戈、李东朗：《重大事件中的毛泽东》，山西人民出版社，1994，第246页。
② 中共中央文献研究室：《毛泽东年谱（1893—1949）（修订本）》（中），中央文献出版社，2013，第588页。
③ 中共中央文献研究室：《毛泽东年谱（1893—1949）（修订本）》（中），中央文献出版社，2013，第592页。
④ 遵义会议纪念馆：《走进遵义会议会址》，中央文献出版社，2009，第63页。

毛泽东仍然摇头：“账不能那么算。我多用一条毛巾可能费不到哪里去，可是全军如果每人节约一条毛巾，省下来的钱我看就够打一次沙家店战役了。”[①]

这里的"账"既是一笔"从小见大"的经济账，也是一笔"从大算小"的战争账。毛泽东十分清楚，战争都是建立在经济基础之上的。日常生活中的节俭，就是对战争的有力支持。这支不拿军饷的部队必须"小钱大用"、"锱铢必较"，才能打赢这场人民战争。节俭也是毛泽东勤俭本质的表现，他到老都没有改变一个农民儿子的朴素形象。

三、毛泽东在新中国成立后的口头禅

新中国成立后，毛泽东的"账"字口头禅也多见于一些历史文献中。比如，1953年8月12日晚8时，毛泽东在中南海西会议室出席全国财经工作会议并讲话。毛泽东做自我批评时，就用了口头禅："我说我也要负责任，各有各的账。"这里的"账"是指责任账，毛泽东在大庭广众下顺口说出来，并坦率地解剖自己："我的错误在于：（一）抓得少，抓得迟，这是第一条，也是主要的一条。过去忙于土改、抗美援朝，'三反'后应抓财经，抓了一些，但没有钻。我对财经工作生疏，是吃老资格的饭，一凭老资格，二凭过去的革命工作较丰富的经验。现在是建设时期，缺乏知识，未钻进去，要亡羊补牢。（二）统得死了，我也有份。我说过要统收统支，对统收我抓了，统支我没有抓紧，不注意。这一次会议提醒了我，要统一集中，但分级管理也是很必要的。（三）预算问题。去年十一月搞起，经过一月财经会议，中央也讨论了。预算中十六万亿是虚假数字，我现在才知道。利润打得太多，支出的太多了。我虽然说了'三道防线'——增产、节约、发行人民币，但错误是报纸上公布得早了，应该慢慢来。我也有急躁冒进。"[②]经济建设对于刚刚从战争走过来的一身硝烟的共产党人来说，还是一个崭新的课题，现实情况也不像我们今天所想象的那么简单。社会发展的任何一点进步，都需要发现、创新，而创新的难度是已享受到创新成果的后人所不能直接感同身受的。为建设一个新中国，在"一穷二白"的基础上，尽快让中国人民吃饱饭，经济领域出现了一些操之过急的情绪，违背了实事求是的原则。但毛泽东发现了问题，并在大会上主动承担责任，力图改正，

[①] 李银桥：《在毛泽东身边十五年》，河北人民出版社，1991，第102页。
[②] 中共中央文献研究室：《毛泽东年谱（1949—1976）》（第二卷），中央文献出版社，2013，第148—149页。

下篇　毛泽东生活中的会计实践

这就是真实的毛泽东。

人们回望昨天的事会觉得很清晰，因为昨天的事情已经发生了；但看明天的事时就会相对模糊，因为其还没有发生。所以今人回望那个时代时，不能唯心地用今天的尺度去衡量一切，更不能无视那个时代创造的伟大成就，因为那一代人为了建设一个新中国已经竭尽全力。

1949年至1976年的《毛泽东年谱》有多处如实记录了毛泽东的"账"字口头禅。1954年10月10日下午，毛泽东接见班禅额尔德尼。在听取班禅汇报返藏后的几项工作并提出几项要求后，他谈了一些意见，用"账"字口头禅化解历史遗留问题："过去在历史上你们互相都有对不起的地方，旧账最好不算。"① 1955年10月29日，毛泽东用"账"字口头禅对全国资本家的固定资产进行估价："有这么一笔账：工业方面有二十五亿元，商业方面有八亿元，合计是三十三亿元。我想，如果十五年再加恢复时期三年共十八年，工人阶级替资产阶级生产的利润就会超过这个数字。"② 1956年7月14日，晚7时，毛泽东在中南海勤政殿会见危地马拉前总统阿本斯和夫人，用口头禅评价美国："美国到处欠账，全世界都不喜欢美国。"③

毛泽东还用会计知识管理国家经济："计划工作必须搞综合平衡，经济建设必须鼓足干劲，又要实事求是，管理国家和管理家庭一样，要精打细算。"④ 这"精打细算"就是会计的具体工作方法，也是毛泽东从9岁开始在家庭会计的记账实践中学到的。"要会算政治账，一定也要算经济账，这是统一的。"⑤ 这些文献资料都在证实毛泽东用会计和账簿知识管理新生的共和国。

尽管一个人对会计知识的运用可有很多表现，但毛泽东偏好用"账"字口头禅表述自身观点，说明了这个语言习惯的根深蒂固。1959年12月30日，读到《政治经济学教科书》"经济核算是进行有计划的经营的形式"时，毛泽东批注："两种制度的经营方法虽然不同，但社会主义企业不能不算账、不计盈

---

① 中共中央文献研究室：《毛泽东年谱（1949—1976）》（第二卷），中央文献出版社，2013，第294—295页。
② 中共中央文献研究室：《毛泽东年谱（1949—1976）》（第二卷），中央文献出版社，2013，第460页。
③ 中共中央文献研究室：《毛泽东年谱（1949—1976）》（第二卷），中央文献出版社，2013，第592页。
④ 中共中央文献研究室：《毛泽东年谱（1949—1976）》（第四卷），中央文献出版社，2013，第79页。
⑤ 中共中央文献研究室：《毛泽东年谱（1949—1976）》（第四卷），中央文献出版社，2013，第110页。

利。"[1]"账"字口头禅代替了会计核算。

1960年1月17日下午，毛泽东在上海锦江饭店小礼堂主持中共中央政治局扩大会议，他说："这次会议作出决定的只是一个问题，就是关于今年的计划。钢产指标，按照中央的方案，第一本账，即向全国人民代表大会提出的，是一千八百三十五万吨；第二本账，就是争取二千万吨或者还稍多一点。"[2]"账"字口头禅在此又代替了国民经济计划指标。但当时各地的建设热情跟战争年代一样高涨，又层层加码搞了第三本账。中央的第二本账是地方必须完成的计划，各地争取完成的指标是第三本账。不到半年，毛泽东就发现了各地计划指标的"冒进"问题。1960年7月5日至8月10日，中共中央在北戴河举行工作会议，决定"以后国民经济计划不再搞两本账，只搞一本账，不搞计划外的东西，不留缺口"[3]。在最后一次全体会议上，毛泽东说："我主要是讲农业问题。至于钢，一定要二千万吨呀？我看有个幅度比较好，一千九百万吨到两千万吨之间。我们在座的心里要有个账，如果硬办不到，也不要那么十分勉强。"[4]这里的"账"就是要求大家"胸中有数"，数有依据。

1960年8月，苏联撤走了在中国的全部专家，还说"中国20年也搞不出原子弹"。毛泽东在北戴河主持召开中央工作会议期间得知这一消息，对在场的人说："不要怕，没有什么了不起！我们还是要下决心搞尖端技术。赫鲁晓夫不给我们尖端技术，极好。如果给了，这个账是很难算的。"[5]那时中苏关系还没有彻底决裂，毛泽东仍是用口头禅"账"来概述两国之间的交往关系。

1961年1月13日，毛泽东在中南海怀仁堂主持中央工作会议全体会议，"提出今年搞个实事求是年"[6]，并再次强调"今年不搞两本账，上下只搞一本账，决不要层层加码，总而言之是实事求是，一切从实际出发"[7]，反复说明"不根据

---

[1] 中共中央文献研究室：《毛泽东年谱（1949—1976）》（第四卷），中央文献出版社，2013，第292页。

[2] 中共中央文献研究室：《毛泽东年谱（1949—1976）》（第四卷），中央文献出版社，2013，第309页。

[3] 中共中央文献研究室：《毛泽东年谱（1949—1976）》（第四卷），中央文献出版社，2013，第428页。

[4] 中共中央文献研究室：《毛泽东年谱（1949—1976）》（第四卷），中央文献出版社，2013，第441—442页。

[5] 陈登才、冯世平：《一代伟人——毛泽东生平故事》，红旗出版社，2017，第234页。

[6] 中共中央文献研究室：《毛泽东年谱（1949—1976）》（第四卷），中央文献出版社，2013，第524页。

[7] 中共中央文献研究室：《毛泽东年谱（1949—1976）》（第四卷），中央文献出版社，2013，第525页。

| 下篇　毛泽东生活中的会计实践

调查研究来制定方针、政策是不可靠的，很危险，心中也无数，数字也许知道，实际情况并不知道"①。他同时点出腐败的苗头："要认真教育干部，领导集团是先进分子，自己手脚不干净，如何能领导别人？"②

1961年3月5日，毛泽东在广州小岛招待所主持召开中共中央政治局常委会扩大会议，他在评价虚报的数字时说："过去我们老是要数字，什么东西种了多少，产了多少，今天积了多少肥，明天又搞些什么，天天统计，天天上报，统计也统计不及。横直就是那样，你瞎指挥，我就乱报，结果就浮夸起来了，一点也不实在。"③这证明当时毛泽东已经发现了经济建设中的虚假数字。

1962年1月30日，毛泽东在人民大会堂主持扩大的中央工作会议全体会议，发表长篇讲话："有了错误，一定要做自我批评，要让人家讲话，让人批评。……但是第一个负责的应当是我。我们这几年工作中的缺点、错误，第一笔账，首先是中央负责，中央又是我首先负责；第二笔账，是省委、市委、自治区党委的；第三笔账，是地委一级的；第四笔账，是县委一级的；第五笔账，就算到企业党委、公社党委了。总之，各有各的账。"④他用"账"字口头禅来划分各级领导的责任。

1962年12月10日，毛泽东到达天津，在专列上听取当地领导人汇报后，说："有错误，谁的账就是谁的账，是上边的由上边负责，下边的由下边负责，是中间的由中间负责。除违法乱纪、投机倒把的以外，一律采取教育的办法。"⑤这也是用"账"字口头禅来划分各级领导的责任。

在指导各地经济建设时，毛泽东也十分注重账目管理："对只搞小片开荒的，给他算算账。"⑥

在指导国际贸易时，毛泽东也使用了"账"字口头禅。《毛泽东年谱》记载："毛泽东请邓小平转告周恩来，中苏贸易谈判，要减少进口苏联的东西，要坚持

---

① 中共中央文献研究室：《毛泽东年谱（1949—1976）》（第四卷），中央文献出版社，2013，第534页。
② 中共中央文献研究室：《毛泽东年谱（1949—1976）》（第四卷），中央文献出版社，2013，第540页。
③ 中共中央文献研究室：《毛泽东年谱（1949—1976）》（第四卷），中央文献出版社，2013，第549页。
④ 中共中央文献研究室：《毛泽东年谱（1949—1976）》（第五卷），中央文献出版社，2013，第78—79页。
⑤ 中共中央文献研究室：《毛泽东年谱（1949—1976）》（第五卷），中央文献出版社，2013，第175页。
⑥ 中共中央文献研究室：《毛泽东年谱（1949—1976）》（第五卷），中央文献出版社，2013，第31页。

顺差，否则我们只还账，用我们出口的物资还账。如果他们不要，那就把账挂起来。但是，我想他们还是要我们东西的，这是还账。不进口你的东西，那时因为我要的你不给，我不要的你给，我何必要进口呢。"①"人家还逼我们还账。"②

1975年6月12日，毛泽东在中南海游泳池住处会见冈比亚总统贾瓦拉，谈到援助时，毛泽东说："搞小型的，不要搞大。我们吃过亏，听了苏联的，搞'大、洋、全'。不要急，慢慢来，积累经验，训练科学技术干部。慢慢来，基本上靠自己。最好不要欠外国的账。"③全国人民勒紧裤腰带还苏联的账，可能是晚年毛泽东的一个沉痛记忆。

这些散落在历史文献中的"账"字口头禅，多是记录者据实记录下来的，也是毛泽东内心世界的自然流露，更是他账簿知识或内心数字世界的随意表达。如果记录者当时能刻意记录，我相信这个口头禅还会多一些——因为"账"字在成年累月的会计实践中已经构成了毛泽东知识系统的重要组成部分。

毛泽东的口头禅——"账"作为他独特的行为表现之一，既是他内心世界的自然流露，也是他账簿知识和数字世界的日常表现。毛泽东的"账"字口头禅肯定受到了民俗语言的影响，很多人都会在恰当的时候说出"账"或"算账"来，但像毛泽东这么频繁地用"账"表达各种心情、认识或观点，"账"对他来说显然具备了口头禅的特征。这些散落在历史文献中的"账"字口头禅就是证明。从毛泽东与账簿的渊源也能看出，这个口头禅源于并固化于他终生的会计实践，其行为表现的背后是毛泽东的会计功夫及其数字世界。毛泽东率领一支不拿军饷的人民军队，在经费严重短缺的常态下，用"小米加步枪"打下了一个新中国，除了坚定的政治信仰之外，还有一个重要的支撑，那就是"小钱大用"的经济思想；而要做到"小钱大用"，就必须借助"锱铢必较"的账簿管理，需要潇洒自如的数字指挥艺术。而这一点，毛泽东显然做到了。

四、本章小结

通过对散落在历史文献中的毛泽东的"账"字口头禅的整理分析，我们可

---

① 中共中央文献研究室：《毛泽东年谱（1949—1976）》（第五卷），中央文献出版社，2013，第338—339页。

② 中共中央文献研究室：《毛泽东年谱（1949—1976）》（第五卷），中央文献出版社，2013，第598页。

③ 中共中央文献研究室：《毛泽东年谱（1949—1976）》（第六卷），中央文献出版社，2013，第590页。

以看出毛泽东会计实践的演变过程。"账"是经济数字的"生产工厂",能生成各种劳动所需或改造社会的准确会计信息,所以也是数字的一个代名词。毛泽东的会计实践依次沿着会计、统计、经济三个台阶,上升到数字治国的层面,同时完成了从"小账"到"大账"的转变,从家庭账簿到国家会计的升级。会计思想也成为毛泽东经济思想的重要组成部分。

从毛泽东口头禅——"账"产生的原因及其固化的过程,我们可以得到如下启示:

一是要深入研究毛泽东理性的数字世界。毛泽东理性的数字世界源于青少年时期的家庭记账活动,并固化于其一生的会计实践。在中国革命斗争的历史进程中,不拿军饷的人民军队取得完胜,毛泽东"小钱大用"的账簿核算思想和理性的数字指挥艺术对此起到了至关重要的作用。不论是党史,还是会计史,都应进一步深挖毛泽东理性的数字世界及其数字指挥艺术,并在当今数字社会的建设中借鉴其智慧。

二是毛泽东的"账"字口头禅是有实际意义的。所以,《辞海》对口头禅的定义"泛指常挂在嘴上而没有实际意义的简短语句"[①]可能要进行修正完善了。

[①] 陈至立:《辞海》(第7版),上海辞书出版社,2020,第2435页。

第十章　毛泽东诗词中的数字思维和"万千"世界

本章导读

　　毛泽东是一位伟大的诗人、词人，其大气磅礴又家喻户晓的诗词，从"诗无邪"来论，最能还原毛泽东的本心；从"诗言志"来讲，最能展示毛泽东的理想；从"诗抒情"来说，最能体现毛泽东的旷世情怀。在这些优美的诗词中，我们可以看到毛泽东的数字思维，即毛泽东善于用数字组成精练的诗句，描述斗争场景，记录准确时间，阐明世间哲理，抒发革命豪情。可以说数字思维是毛泽东诗词艺术的又一个突出特色。若从会计的视角审视，毛泽东偏好"数字入诗（词）"的写作手法，显然是深受青少年时期记账"童子功"及其会计实践所塑造的数字思维的影响。"数字入诗（词）"在诗歌历史上比较常见，但像毛泽东这样频繁"数字入诗（词）"的——占比高达70.15%，则十分少见，而其中的很多数字具有记录史实的重要作用。很多学者也曾关注毛泽东诗词中的数字以及万、千、百的应用，但没有刨根问底。本章以《毛泽东诗词集》收录的67首诗词为例，通过列示他诗词中的数字思维和"万千"世界，展示毛泽东独特的"数字诗词"艺术，并认定这种独特艺术形式来自他的人生实践，来自他在会计实践中所形成的数字思维。

一、引言

　　自"君子习六艺"开始，中国的士大夫阶层因凡事都需要身先士卒而必须掌握"射"的武功，并开始佩剑，这便养成了传承至盛唐的尚武精神。1904年梁启超针对西人"中国不武"的轻蔑所撰写的《中国之武士道》一书，用典籍证实孔子是有武功的，并把孔子称为"中国武士道的第一人"[①]，还引用《礼

[①] 梁启超：《中国之武士道》，中国档案出版社，2006，第2页。

记·射义》中"孔子射于矍相之圃，盖观者如堵墙"的历史截面，来论证孔子的习武史实以及武术文化的源远流长。

纵观中华文化之脉络，诗词和武术是刚柔并济的两支文化大脉，一条是母亲河，另一条是父亲河——光有母亲河的孕育，没有父亲河的护卫，这在历史上是讲不通的。所以，"文能治国，武能安邦"就成了一条传承千年的培养人才的古训。诗词和武术也是你中有我、我中有你，共同组成了一个"原生态"家族。对于描写武术的诗词，很多人耳熟能详，但与诗词一样美丽的武术定式并非世人皆知。例如，"白鹤亮翅""苏秦背剑"之招式，"飞燕穿柳""湘子吹箫"之动作，以及"洛神凌波""仙人指路"之绝技，其所融入的自然景观、历史故事和神话传说，也跟"诗眼"一样，吸引一代又一代年轻人习武强身，保家卫国，或终成仁人志士。所以，中华民族的武术文化及其尚武精神是立国之基、固国之本。

文人佩剑的习俗一直延续到强盛的唐朝，"三尺剑、五车书"是当时文化人的标配。李白的诗歌多来自他的游历，而他畅游山水，是佩剑而行，且剑术高超。这剑就是胆，也是走天涯的先决条件。不然，一个文弱书生能否从荒山野岭中完整走出来，是很难说的。唐朝的诗歌盛世在有力促进文官兴起的同时，也逐渐起到了"崇文抑武"的反作用。到了宋朝，文人解下佩剑，开始摇扇，并波及整个社会风气。从此武风世下，风花雪月，国体羸弱，及至民国积弊甚深。

毛泽东当时在长沙就读的学校也开设了武术课，他跟崇拜历史英雄人物的青年人一样，也曾一度迷恋武术。

毛泽东没有留过学，完全是由博大精深的中华文化培养出来并由马克思主义点化的历史巨人。毛泽东的家乡湖南自古属于"三户亡秦"的楚国，历史上更是"惟楚有材，于斯为盛"。岳麓书院堪称"千年学府，实乃潇湘洙泗；历代从徒，何止楚麓松柏"，不但培养了哲学家王夫子，还培养了曾国藩、左宗棠、胡林翼等大清名臣。尤其是"吾自横刀仰天笑，去留肝胆两昆仑"的谭嗣同，及"七尺微躯酬故友，一腔热血溅荒丘"的唐才常，都是武术高手，也是当时湖南青年的楷模。毛泽东从小就认定"举起义旗的彭铁匠是一个英雄"[1]，并深受这些文武双全的湖南楷模的影响。

从现有文献资料推断，毛泽东正规的武术训练应始自他的军旅生涯。辛亥

---

[1] [美]埃德加·斯诺：《西行漫记》，生活·读书·新知三联书店，1979，第111页。

革命爆发四五天后，不到18岁的毛泽东决定投笔从戎，并在10月底"参加驻长沙的起义新军二十五混成协五十标第一营左队，当一名列兵"①，按部队规程接受军事训练。"从湘军操练日程上看，他们重视武艺，每日下午都练习拳、棒、刀、矛、钯、叉，从不间断。枪炮练习只占武艺练习时间的1/3。"②武术训练时间占了三分之二，这给出了湘军取胜的重要原因。毛泽东参加的军队虽然称为湖南新军，但体能训练不可能放弃湘军的武术训练传统。半年后，毛泽东回到学校继续读书。他的同班同学周世钊回忆："晚自习完毕后，同学都已到寝室睡觉，他也常在寝室旁的空坪中练习拳术和六段运动。"③这证实毛泽东继续习练武术。周世钊介绍"六段运动"自创过程时还证实毛泽东退伍之后一直坚持习武："他采取体操、拳术和军事操练中有锻炼身体作用的部分，加以变通、综合，就身体部位分成几段，试行练习，几年中边实践，边研究，边改进，最后创造了一种'六段运动'。"这段文献资料证实，从1912年春季退伍并回到学校，毛泽东一直坚持武术训练。当时一师的体操课程也有拳术。"毛泽东在湖南一师期间，十分重视锻炼身体，依季节的变化，进行冷水浴、日光浴、风浴、雨浴、游泳、登山、露宿、长途步行和体操、拳术等各种体育活动。"④但常识是，拳打卧牛之地，打拳比洗冷水浴更简便易行，都不用水，找个"牛"一样大的地方就可操练起来。所以，拳术应是毛泽东经常习练的健身项目。

也正是基于习武逐渐生成的身体力量，青年毛泽东在日记本里写出："与天奋斗，其乐无穷！与地奋斗，其乐无穷！与人奋斗，其乐无穷！"青年毛泽东的这种"斗"和"乐"，应出自博大精深的武术精神和武术文化。武术训练塑造了毛泽东的斗争精神，也正是这种斗争精神让他敢于走上井冈山。走上井冈山后，据何长工回忆，"拳头越打越多"是"毛泽东同志常说的一句话"⑤。这句话显然是武术语言。直至抗美援朝，毛泽东仍用"打得一拳开，免得百拳来"的武术语言，来指导这场正义的战争并取得完胜。

最能证明青年毛泽东习武经历的，是他于1917年4月在《新青年》发表的

---

① 中共中央文献研究室：《毛泽东年谱（1893—1949）（修订本）》（上），中央文献出版社，2013，第11页。
② 国家体委体育文史工作委员会、中国体育史学会：《中国近代体育史》，北京体育学院出版社，1989，第15页。
③ 周世钊：《毛主席青少年时期锻炼身体的故事》，人民体育出版社，1978，第42页。
④ 中共中央文献研究室：《毛泽东年谱（1893—1949）（修订本）》（上），中央文献出版社，2013，第24页。
⑤ 《何长工回忆录》，解放军出版社，1987，第121页。

平生第一篇文章《体育之研究》。这篇文章至今还给后人留下了一个疑问:"毛泽东这样一位后来举世注目的革命家、政治家、思想家,公开发表的第一篇文章,却是体育论文。"① 这也是在叩问历史的苍茫大地。但当我们清楚习武的青年毛泽东所写的这篇《体育之研究》实际上是武术之研究——也是一篇经验之谈后,就可以解开这个谜底了。

从文章的立论思想来看,志存高远的青年毛泽东推崇清初颜元、李塨的"文而兼武"的思想,赞同"文明其精神,野蛮其体魄"的主张,并给以"文明是建立在体魄之上"的排序,强调"体育于吾人实占第一之位置"。他还用"有颜子而短命,有贾生而早夭,王勃、卢照邻,或幼伤,或坐废"等史例,论证很多古代才子短命、多病的原因是缺少体育锻炼,想由此点醒世人:"一旦身不存,德智则从之而颠矣。"他崇拜"左持经典,右执利剑,征压一世"的古之圣人。这应是毛泽东把"传教之人"和"办事之人"融为一体的思想源头。图10-1展示的是毛泽东发表的《体育之研究》。

在这篇文章中,不论是"仲尼取资于射御",还是德国"斗剑之风播于全国",或是"日本则有武士道",论据都是各国的传统武术。"燕赵多悲歌慷慨之士;烈士武臣,多出凉州",以及"习斋远跋千里之外,学击剑之术于塞北,与

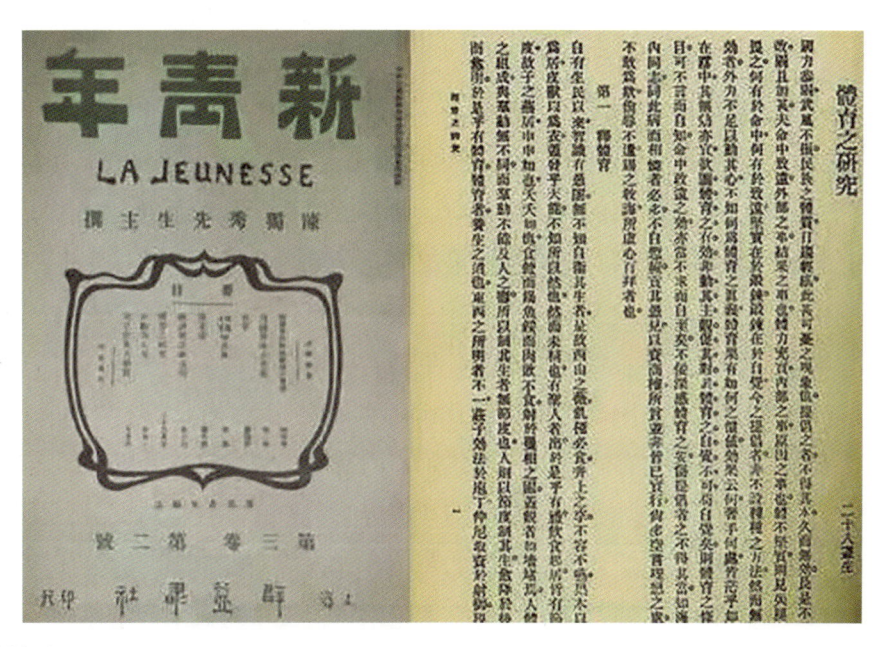

图 10-1
发表在《新青年》上的《体育之研究》

---

① 金冲及:《毛泽东传(1893—1949)》,中央文献出版社,1996,第32页。

勇士角而胜焉"等，列举的也是武术、武士或文武双全的国士在历史关键时刻的作用。"夫体育之主旨，武勇也"，属于直接点题——体育的主旨是尚武精神。毛泽东把"武风不振"的原因之一归结为"积习难返"，为了讲清道理，他还把身体比喻为"载知识之车而寓道德之舍"。这诗意的语言也是"身体是思想之载体"的重要论断。为了论述身体和精神的关系，毛泽东又用"肢体纤小者举止轻浮，肤理缓弛者心意柔钝，身体之影响于心理也如是"论证身体对心理和品性的影响作用。他还开出了"药方"："勤体育则强筋骨，强筋骨则体质可变，弱可转强，身心可以并完。此盖非天命而全乎人力也。"这个"药方"的核心思想是：强壮的身体可以通过人力获得，即体育锻炼获得。这种基于人力可以改善人生的理念，应是毛泽东反抗精神和斗争精神的源头之一。

文章最后，毛泽东介绍了自创的运动操："愚既粗涉各种运动，以其皆系外铄而无当于一己之心得，乃提挈各种运动之长，自成一种运动，得此运动之益颇为不少。凡分六段……"后人称之为"六段锦"。这个运动操中的拳术动作，如"握拳向前屈伸，左右参，三次""握拳屈肘前侧后半圆形运动，左右参，三次""握拳向前面下方屈伸，右左并，三次""手握拳左右垂""手握拳前平""手释拳""打击运动，不定势（打击运动者，以拳遍击身体各处，使血液奔注，筋肉坚实，为此运动之主）"，显然是化自武术中的拳术动作，但被毛泽东降低了难度，以便于普及广大民众。

用武术精神立论，用武术示例论证，用武术动作推广理论，以上足以证实《体育之研究》就是武术之研究。之所以命名为《体育之研究》，我认为主要原因是：青年毛泽东济国救民的重任在肩，他自己习武的目的是健身强体，而非想当一名武林高手，是以文章的宗旨是提倡全民健身运动；而"体育"一词在清末刚刚康有为、梁启超等人传入中国，较为流行，其含义包括了武术，且很多体育项目的训练难度系数低于武术，更适合全民化。所以，毛泽东把文章冠名为《体育之研究》，用体育之名，论武术之实。

历史行为研究确实存在"外行看热闹，内行看门道"的视角问题。毛泽东的《体育之研究》更是如此。这是一篇"跨界"文章，不仅横跨文武，还纵观东西，且博古通今，最后还配有习练的一招一式，应用性很强，充分体现出作者"学以致用"以及"知行合一"的学术追求。但文中对武术的论述，实属很多文人插不上话、武人又写不清楚的"交叉学科"，所以没有人充分挖掘出其中蕴藏的博大精深又源远流长的中华武术精神，及其对青年毛泽东的塑造。

毛泽东文武双全，具备当时一些知识分子所不具备的斗争精神。他的诗词家喻户晓，但武术经历在文献中鲜有提及，这跟文化人的知识传播偏好有关。

毛泽东的诗词多来自他的实践经历，他赞美革命战争的诗词也是他尚武精神的一种体现。但诗词显然是他的"副业"，他没有完全沉浸在诗词的吟哦中，而是选择了肩负天下使命。不然，这历史的走向就不好说了。与同时代的知识分子相比，毛泽东不仅有理想，关键还有实现理想的实用方法，这也是毛泽东成功的一个重要实践要素。那时有理想的人很多，但实现理想的人不多，其中的差别就是做事方式。毛泽东跟当时一些知识分子的明显区别就是务实精神。当时的知识分子，尤其留洋的人多崇俄，没有辨识"理论是否适合中国实践"的能力。但毛泽东没有留洋经历，也没有盲从，而是一头扎进农村的广阔天地，探索中国自己的道路。结果也证明，他是对的。

我在大学时代迷恋过诗歌，现在也把诗歌作为"副业"，偶尔也会写几句，所以对毛泽东诗词的研究有"亲身体会"的优势。在学术研究方面，我是不赞同"旁观者清"的。只有亲身实践体会，往往才能抓住事物的本质。旁观者有时只能看个热闹，这也是很多理论研究只能孤芳自赏，不能发挥实用价值的一个重要原因。

二、毛泽东诗词中的数字思维

毛泽东诗词是毛泽东著作的表现形式之一，是升华到艺术形式的一种表达方式，也是思想的重要载体，最能反映毛泽东的内心世界。

毛泽东诗词属于不乏浪漫色彩的现实主义作品。在这些文字优美、气势磅礴、彰显高度自信且富有哲理的浪漫主义诗词中，我们不仅能看到中国革命的斗争史、社会主义初期的建设史，以及一位革命家的伟岸形象，还能看到毛泽东的数字思维，即毛泽东善于用数字组成精练的诗句，描述斗争场景，记录准确时间，阐明世间哲理，抒发革命豪情。可以说数字思维是毛泽东诗词艺术的又一个突出特色。

"数字入诗（词）"古亦有之，比如"飞流直下三千尺""会须一饮三百杯""八千里路云和月"等，其中也多作夸张，即虚词使用。但像毛泽东这样频繁"数字入诗（词）"、又用数字纪实的，则十分少见。

1996年中央文献出版社出版的《毛泽东诗词集》[①]共收录诗词67首，包括

[①] 中共中央文献研究室：《毛泽东诗词集》，中央文献出版社出版，1996。

正编 42 首，副编 25 首。在这 67 首诗词中，含有数字思维的诗词——即用数字抒情或写实的诗词有 47 首，占比 70.15%。其中，正编 42 首中有 33 首涉及数字，如"离天三尺三""屈指行程二万""千村薜荔人遗矢，万户萧疏鬼唱歌。坐地日行八万里，巡天遥看一千河"等，占比 78.57%；副编 25 首中有 14 首涉及数字，如"三上北高峰""卅年仍到赫曦台""万马齐喑叫一声"等，占比 56%。这些诗词中的数字或数据的应用，是毛泽东数字思维的直观表现，也是其诗词特色。

全集尚有 9 首，如"收拾金瓯一片""天生一个仙人洞""匡庐一带不停留……霹雳一声暴动"等，含有数字"一"但没有起到"数字作用"的诗词，我未将其统计在内。若统计在内，则这 67 首诗词中有 56 首含有数字思维，占比高达 83.58%。

从抒情艺术或写实功能来看，毛泽东诗词中的数字思维大致分为如下类型。

（一）用数字描述革命斗争场景

在毛泽东的诗词中，特别是在前期革命战争年代，用数字表述斗争场景的诗（词）句比比皆是，其中有抒情，有夸张，有写实——而建立在实际数字上的诗句，尤其体现诗（词）人的豪情和革命家的自信。

比如，《减字木兰花·广昌路上》（一九三〇年二月）中的"命令昨颁，十万工农下吉安"，既是写实，也是抒情。这首词是 1930 年 2 月中旬毛泽东率领红军准备攻打江西省中部重镇吉安时，路过广昌所抒发的战斗豪情。"十万工农"既写出了革命队伍的气势，也表达出革命将士志在必得的决心和信心，足见数字的力量。尽管后来因敌情有变，红军改攻吉水县水南、吉安县值夏一带，但这首词作却把"十万工农下吉安"的壮丽画卷镌刻在共和国历史的浮雕上。

又如，《蝶恋花·从汀州向长沙》（一九三〇年七月）中的"万丈长缨要把鲲鹏缚""百万工农齐踊跃"等，无不用数字抒发了毛泽东高涨的革命豪情，并且营造了较强的艺术感染力——这种艺术感染力，远比"很多""非常"等模糊的文辞来得强烈。

再如，《渔家傲·反第二次大"围剿"》（一九三一年夏）中的"七百里驱十五日"，既是对革命斗争场景的描述，又是"历史事件的精准记录"。1931 年 5 月 16 日至 31 日，红军从富田地区打到建宁地区，东西约 700 里。毛泽东只用一句诗词，就将这激战"十五日"的革命斗争史记录了下来。而对于这首词的传颂，除了脍炙人口的诗词魅力，精准的数字也起到重要的作用。

（二）用数字记录准确时间

在我国传统诗词中，有运用数字表达情怀的，如"八千里路云和月"；有用数字把玩情趣的，如"一片两片三四片"。但像毛泽东那样在诗词"副业"中频繁使用数字记录准确时间的，十分少见。这既是毛泽东直爽的伟人气质所致，也跟毛泽东知识系统中积淀的数字思维密切相关。

例如，《七律·和柳亚子先生》（一九四九年四月二十九日）中的"三十一年还旧国"，"三十一年"记录的就是1918年和1949年毛泽东两次到北京的时间间隔；《七律·到韶山》（一九五九年六月）中的"故园三十二年前"，"三十二年"记录的是作者1927年离开韶山到1959年重回韶山的时间间距；《水调歌头·重上井冈山》（一九六五年五月）中的"三十八年过去"，则准确记录了毛泽东自1927年10月率领秋收起义的部队走上井冈山，到1965年5月重回井冈山，相隔的38年。

这些数字，除了感叹光阴似箭，更多的是新中国改天换地的纪实，起到了记录史实的重要作用。

（三）用数字阐明世间哲理

毛泽东诗词具有深刻的哲理，其中，用数字阐释哲理也是其一大特色和创造。例如，《临江仙·给丁玲同志》（一九三六年）中的"纤笔一枝谁与似，三千毛瑟精兵"，强调"笔杆子"的作用，表达"文能治国"的哲理。纵观国共斗争，可以说是毛泽东的"笔杆子"打败了蒋介石的"枪杆子"。其原因是作为"笔杆子"的毛泽东认识到了"枪杆子"的作用，抓起了"枪杆子"，丁玲当红军就是抓起了"枪杆子"，因而触发了毛泽东的诗情。而作为"枪杆子"的蒋介石只知"枪杆子"能打倒人体，不知"笔杆子"能击溃人心，所以注定败北。毛泽东用这些哲理指导中国革命，带有数字的诗词在传播这些哲理时也当之无愧地起到重要作用。

又如，《七律二首·送瘟神（其二）》（一九五八年七月一日）中的"春风杨柳万千条，六亿神州尽舜尧"，"万千条"描写的是新中国欣欣向荣的景象，"六亿神州"即是六亿中国人民，这一句阐释的是"人民群众推动历史前进"的哲理。作为中国历史上第一位真正的人民领袖，为人民服务便成为他坚定的信条和终生的追求。

再如，《七绝·莫干山》（一九五九年十一月）中的"四十八盘才走过，风驰又已到钱塘",翻越"四十八盘"传达的是"苦尽甘来"的世间哲理,这个哲理衍生的"自力更生,艰苦奋斗"则形成了中国人民走向富裕生活的一种精神,并传承至今。

用数字表达哲理,使人们更容易记住并付诸行动,这也是毛泽东诗词的一大魅力。

毛泽东诗词的内容属于现实主义范畴,但在艺术上却继承了我国古典诗歌的浪漫主义传统,并有所突破。其特征之一就是他喜欢用数字来比喻、夸张或表达诗人的丰富情感、革命家的高度自信和世纪伟人大气磅礴的内心世界。

三、毛泽东诗词中的"万千"世界

不论是青年时代,还是晚年时期,不论是壮怀激烈地抒情,还是准确地记录史实,毛泽东诗词中的"万千"二字都是一个频繁的用词,甚至在一首诗词中多次出现。

在汉字中,"万"和"千"既是数量词,表示准确的数量,又可以跟名词组合成形容词,表达"极多"或"置顶"的含义,类似数学中的无穷大——比如,表达"极多"的"千言万语""千锤百炼""千万里";表达时间久远的"万代""万世""万年"以及"千年""千秋";表达宇宙间一切事物、景象、声音的"万物""万象""万籁"以及"大千世界"等。也只有这两个置顶的汉字,才能准确表达毛泽东的伟人气质、格局和境界,其在诗词中的频繁出现,就是自然而然的一种现象。

《毛泽东诗词集》收录的 67 首诗词中,使用"万""千"二字的有 34 首(《送瘟神》两首都有,仍按一首计算),占比 50.75%,超过了一半。在这 34 首诗词中,单独使用"万"字的有 15 首,如《七古·送纵宇一郎东行》中"幸被东风吹万里"、《七律·冬云》中"万花纷谢一时稀"、《满江红·和郭沫若同志》中"一万年太久"等;单独使用"千"字的有 8 首,如《浪淘沙·北戴河》中"往事越千年"、《贺新郎·读史》中"不过几千寒热"、《七绝·观潮》中"千里波涛滚滚来"等;"万"和"千"分别同时出现在一首诗词中的有 10 首,如《沁园春·雪》中"千里冰封,万里雪飘"、《七律·和郭沫若同志》中"金猴奋起千钧棒,玉宇澄清万里埃"、《七绝·刘蕡》中"千载长天起大云……万马齐喑叫一声"等;"万""千"二字连用的有 2 首,即《西江月·井冈山》中"敌军围困万千重"、《七律二首·送瘟神(其二)》中"春风杨柳万千条"。

概而言之，在毛泽东诗词的"万千"世界里，"万""千"二字的主要功能是抒情、纪实，或兼而有之。

（一）抒情的"万千"世界

抒情是诗词的永恒主题。在人类社会这个群体中，诗人是一个多情的"物种"，而触发诗人灵感的，都是现实世界中的"最动情之事"，其冲击到了诗人心灵"最柔软部位"，并由此迸发诗词作品。毛泽东也概莫例外，只是因为伟人气质，他的抒情更为大气磅礴，"万""千"二字正是这种气势的表达形式之一；尤其是在一首诗词里，多次使用"万千"二字，这种磅礴的气势就给人"会当凌绝顶"的感觉和审美。例如，《沁园春·长沙》中"看万山红遍""万类霜天竞自由"和"粪土当年万户侯"，一首词里出现三个"万"字，将青年毛泽东以天下为己任的志向和指点江山改造旧中国的豪情，置之绝顶；又如，《念奴娇·井冈山》中"参天万木，千百里……一声鸡唱，万怪烟消云落"，也在三处使用了"万"或"千"二字，彰显了诗人38年后相聚井冈山的激动心情，以及在这种心情下对井冈山壮丽风景的描绘和对过去峥嵘岁月的追忆。

作为革命家的诗人，"万千"二字多频现在毛泽东抒发革命斗争豪情的诗词里。比如，"寥廓江天万里霜"（《采桑子·重阳》），"万里霜"展现了一幅恢宏的秋光图，"万"字的应用极致地表达了诗人对革命根据地和革命战争的赞美之情，也起到了辽阔、壮丽的审美效果和鼓舞人心的巨大作用；又如，"万马战犹酣"（《十六字令三首》其二），用万马奔腾或激战之势，描述了长征路上的红军队伍势不可挡，"万"字除了直接体现诗人的豪迈外，更折射出作者宏大的胸襟和抱负以及"金戈铁马，气吞万里如虎"的气势；再如，"三千毛瑟精兵"（《临江仙·给丁玲同志》），是来到延安的丁玲一句"当红军"之坚定回答，要拿起枪杆子打倒反动派，触发了信奉"枪杆子里面出政权"的诗人毛泽东的心灵，一支纤笔可抵三千精兵的词句或豪情，脱口而出，天然成作。

革命战争的目的是推翻压在中国人民身上的三座大山，建设一个和平的新中国。作为带领中国人民进行奋斗的领袖，和平的思想更是毛泽东诗词的主题之一，其中的殷切之情，也多用"万千"表达。比如，"千秋功罪，谁人曾与评说？"（《念奴娇·昆仑》）就是对"飞起玉龙三百万，搅得周天寒彻"的拷问，表达了"太平世界，环球同此凉热"的和平真情与理想。又如，"万方乐奏有于阗"（《浣溪沙·和柳亚子先生》），则是对"诗人兴会更无前"和平盛况的描述和赞美，"万方"即为"万国"，折射出诗人对世界和平的期待。再如，"斑竹一枝千滴泪，红霞万朵百重衣"（《七律·答友人》），是用美丽的古典神话传说来映衬"芙蓉国里尽朝晖"的现实世界，既赞美了安居乐业的和平时代，也表达了作者深切的思乡之情。

除了革命豪情、和平真情，毛泽东诗词的"万千"世界里，也频现一位伟人的人间柔情，这些柔情大多荡漾在他写给亲朋好友的诗词里。比如，"后来有千日，谁与共平生？"（《五古·挽易昌陶》）"千日"就是余生的意思，是从诗人最柔软的部位流淌出来的诗句，不仅表达了对良友早逝的悲痛心情，又抒发了忧国伤时的情怀。又如，"万里长空且为忠魂舞"（《蝶恋花·答李淑一》），表达了诗人"我失骄杨君失柳"的含泪感情，用"万里长空"的辽阔寄托诗人对夫人杨开慧烈士和亲密战友柳直荀烈士的无限深情、深切悼念和崇高敬意——后来在将这首词书写给毛岸青夫妇时特地把"骄杨"写成"杨花"，更体现出毛泽东作为丈夫对妻子杨开慧最挚爱的一面，类似直呼小名。这些诗句或词句除了表达出一位革命家的人间柔情，还体现了诗人的善良本色以及由此升华的苍生之善、拯救中华民族于水火的志向，而诗人革命事业的成功，也是对善良无敌的最好验证。

（二）纪实的"万千"世界

毛泽东诗词的特色之一就是用具体的数字记录史实。比如，"七百里驱十五日""故园三十二年前""三十八年过去"等，都是用数字对史实的准确记录；而用"万千"二字记录史实，则更为大气磅礴，将诗词艺术的感染力放大到了极致。

在毛泽东诗词纪实的"万千"世界里，早期多是革命斗争场景的纪实。比如，"十万工农下吉安"（《减字木兰花·广昌路上》），就像浮雕一样，把"风卷红旗过大关"的工农队伍镌刻在中国革命的斗争史上，这写实的"十万"工农是何等的大气磅礴，势不可挡。又如，"横扫千军如卷席"（《渔家傲·反第二次大"围剿"》），如画卷一样，描绘出第二次反"围剿"的战场，敌人的重兵——"千军"，被红军"卷席"一样"包了饺子"，气势是何等的宏伟，展示出"谈笑间，樯橹灰飞烟灭"的英雄气概。

再有就是革命历程的纪实。比如，"万水千山只等闲"和"更喜岷山千里雪"（《七律·长征》），记录了红军长征途中的艰难险阻和走向胜利时满怀喜悦的战斗豪情，"万水千山"和"千里雪"无疑增加了诗词的张力和感染力，衬托了红军的英勇无畏。又如，"不到长城非好汉，屈指行程二万"（《清平乐·六盘山》），除了纪实"好汉"红军的北上志向，还用"二万"记录了红军长征的里程（两万五千里是加上了红军长征回旋的路程）。再如，"百万雄师过大江"（《七律·人民解放军占领南京》），描绘了人民解放军渡江解放南京的雄伟场面，"百万"既是纪实，也是抒情，表达出诗人推翻旧世界的"天翻地覆慨而慷"的革命豪情。

新中国成立后，毛泽东诗词中的"万千"世界，主要记录他行走新中国的历程。比如，"万里长江横渡"（《水调歌头·游泳》），记录了毛泽东为带领全国人民增强体质而畅游长江的场景，"万里"除了赞叹长江的辽阔，也表达了中国人民建设祖国和改变山河的豪迈气概。又如，"喜看稻菽千重浪"（《七律·到韶山》），记录了人民公社社员通过热情劳动而喜获丰收的场景，"千重浪"展示了广袤的田野，赞扬了"敢教日月换新天"的人民群众，鲜明地体现了人民领袖高远的思想境界。再如，"千里来寻故地"（《水调歌头·重上井冈山》），是离别38年的诗人重上井冈山的感言。"千里"既有路途的距离，也有时空的间隔，更有对"到处莺歌燕舞""旧貌变新颜"的赞美。

（三）抒情和纪实兼而有之的"万千"世界

饱满的感情唯有用"万千"才能达意，在一首诗词中，若多次出现"万千"二字，则可谓壮怀激烈，置之绝顶。在毛泽东诗词的"万千"世界里，这种表达方式也多次出现，其大都是在热血沸腾的战场，多是抒情和纪实兼而有之。

例如，1930年7月所写的《蝶恋花·从汀州向长沙》中，"万丈长缨要把鲲鹏缚"是抒情，"百万工农齐踊跃"是纪实，写出了广大工农群众革命的热情和昂扬的斗志。

又如，1931年春所写的《渔家傲·反第一次大"围剿"》中，"万木霜天红烂漫"和"雾满龙冈千嶂暗"是抒情，抒发了战斗胜利的喜悦心情；"二十万军重入赣"和"唤起工农千百万"是纪实，表达出井冈山根据地军民第二次反"围剿"迎战的坚定决心和必胜气概。

再如，1958年7月1日所写的《七律二首·送瘟神（其一）》中，"千村薜荔人遗矢，万户萧疏鬼唱歌。坐地日行八万里，巡天遥看一千河"。一首诗里连续使用"万"和"千"二字，且信手拈来，直抒胸臆，无拘无束，还原了人民领袖毛泽东的本色，淋漓尽致地表达了他对灾难深重的中国人民真挚而深厚的感情。消灭血吸虫何尝不是一场"人民战争"，这场战争的胜利"解放"了1亿以上受感染威胁的人民，诗人是以闻讯"余江县消灭了血吸虫，浮想联翩，夜不能寐。微风拂煦，旭日临窗，遥望南天，欣然命笔"。

　　作为诗人的毛泽东，对诗歌的最大贡献是恢复了诗歌的天性。诗歌的天性可以用"天籁"表达，也就是"诗无邪"——"无邪"不仅是纯情，还有"不受约束和羁绊"的意思。在我国古体诗中，天籁之声比比皆是，不论是刘邦的《大风歌》，还是曹操的《短歌行》，或是长沙铜官窑出土罐子上镌刻的"君生我未生，我生君已老；君恨我生迟，我恨君生早"的民间歌谣，无不是口随心声又厚积薄发的生命之绝唱。但到了今体诗，诗歌受到格律限制，虽偏好追求格律之美但也约束了诗歌的天性。因受字数、平仄、押韵、对仗等的严格限制，格律诗也渐渐脱离广大人民，辉煌唐诗的不传就跟此有关。

　　在毛泽东的诗词中，我们又感受到"无邪"的天籁之音。而"万千"二字，犹如两把威猛的"刺破青天锷未残"的利刃，打通了"塑封"诗歌的壁垒，恢复了诗歌直抒胸臆的天性。而来源于记账"童子功"和会计实践的数字思维，显然已经融入毛泽东的"天性"。毛泽东用数字思维指导中国革命，与鲁迅将年轻时积累的医学知识用于文学剖解中国社会，是同一种现象，都呈现出"跨界"知识推动历史进步的巨大力量。

四、本章小结

　　"用来自实践的准确数字、数据指导中国革命斗争和建设"是毛泽东著作的一个显著特点。诗词作为毛泽东著作的一种形式，不论是数字入诗，还是"万千"世界，都显然是其数字思维模式的准确呈现；而数字入诗也是人民群众喜闻乐见的一个重要原因。在中国革命和建设过程中，毛泽东的诗词发挥着巨大的鼓舞作用。重要的原因就是毛泽东的诗词接地气，是时代发展的描述或赞美，为人们所喜爱，自然经典流传。

　　"实事求是"是从中国历史实际和中国革命与建设实践中"抽出来的总结论"（毛泽东语），其重要"培养基"之一就是来自毛泽东会计实践的数字思维。实践是检验真理的唯一标准，数据就是最精准的检验工具。因为有了数据的"实"，才能求到真理的"是"，并且在"实"上求"是"的整个过程都会充满高度的自信，其表现在毛泽东的诗词里，就是"置顶"的豪情和"一览众山小"的磅礴气势。

后 记

我从 2017 年春季发现毛泽东的记账"童子功",到 2022 年春季完成这部书稿,历时整整 5 个春秋。这段时间也是我人生的壮丽阶段,几乎天天看书、写稿,甚至累得有点不舒服。但现在回头看,每一个日子都值得回味、铭记;还有更多的感恩和感谢!

首先要感谢管钟洁大夫。2017 年 3 月中旬,当我在北医三院拿到"肾病综合征"的确诊报告,打电话告诉管大夫时,她平静地说:"葛哥,我来给你治吧。"她出身中医世家,家族几辈人用针灸治肾病。但我这病比肾炎严重,现在想起当时她承揽这事该有多大的担当! 2019 年 10 月 31 日,我的查体指标完全正常,管钟洁大夫用两年半的时间,用针灸疗法帮我治愈了在西医理论上不能治愈的肾病,让我"变废为宝",这才有了以后的研究工作和这本著作,以及未来的种种可能。

其次要感谢诸位师长和朋友。2017 年秋,当我把一篇关于毛泽东会计实践的文章投给一家大报编辑时,得到了"学术界还没有认可,我们不能发表"的答复,这给我兜头盖脸浇了一盆冷水,我立即就迷茫了。新的发现,尤其是涉及伟人毛泽东的文章,不是想发表就能发表的。我咨询了在一个国家级报社当主编的大学老师查理森,他建议我投一下会计专业杂志。这个醍醐灌顶的指导,促使我马上写出了《毛泽东著作中的会计语言》,投给了《财务与会计》,他们加速发表后,《中国财政》的公众号还转载了这篇文章。这个认可对我来说是一个很大的激励。

我写出关于毛泽东会计实践的第一篇规范学术论文《毛泽东会计思想初探》后,因实在拿不准学界的用稿标准,就去请教李平老师,她和丈夫何秀荣老师亲自为我改稿,让我甚为感动。这篇文章完成后,因不敢随便投稿,就投给了张瑜东"诗"妹所在的杂志《广东技术师范大学学报》。"诗"妹大学期间写作的爱情诗《敲门声》至今记忆犹新,我十分相信她,这个学报至今已发表了我们 3 篇学术文章。

在发表文章的过程中,要感谢前线杂志社素未谋面的高斌老师,前线新媒体发表了我和学生写的十几篇文章,也创造了超过千万的阅读量;感谢《文史春秋》编辑部主任黄坚老师，素未谋面的她发表了我和学生的3篇作品；感谢中央党史和文献研究院邵建斌老师的大力推介，感谢《百年潮》素未谋面的编辑部主任黄艳老师和帮我改稿的杨琳老师，2021年7月该刊发表的《毛泽东的早期会计实践》一文是我们的一个标志性成果；感谢《中国会计报》的吴进老师，她主持的《红色"计"忆》专栏发表了我们多篇文章，在会计领域大力传播了我们的研究成果。

还要感谢"长银财智"团队的鼎力相助。2017年秋，病中的我尝试写作第一篇文章时，腿还是浮肿的，为了赶进度，我把新招的研究生赵梓涵喊到办公室，打开电脑，让她念稿子，我躺在椅子上听（当时我患肾病，必须躺着养），如此修改文章。我给指导的学术硕士岳乙琳选定毕业论文题目《毛泽东会计思想研究》，她所做的研究对我有很大帮助，但她在预答辩时"因缺乏数据"没有通过，只好改做实证论文并延期一年毕业，我始终觉得亏欠她很多，希望她能在以后工作中加倍努力，把这损失的一年找补回来。最为辛苦的是参加我组织的调查小组的同学，我们都是见缝插针地挤出时间出差。去韶山时是我和崔莉、杨婷婷组团，去延安、井冈山、广州是我和杨婷婷、李嘉轩组团，去江西调查时又增加了蔡馨远同学。贺健平同学帮我查阅资料，杨彤同学负责编发公众号推广研究成果，娄米莉同学帮我整理文献资料并校对文稿，她们的工作质量，确保了研究工作的效率。现在她们都毕业了，但她们最美的青春也留在了这段时光里。

我们没有申请到课题资助，研究过程中的花费全部依靠聘请我们团队做财税顾问的多家公司赞助，这些公司都是民营企业，也可以说是人民群众在支持我们做这项研究工作。人民是永远的依靠！

要感谢我的家族。是家族亲朋帮我干了我该干的活，帮我孝敬父母，帮我给老家的红白事情随礼，才让我毫无牵挂地从事研究工作。在这段繁忙的日子里，家族有两位至亲老人去世。2018年9月10日，我的岳父去世。2020年1月3日，我的父亲去世。我都是匆匆地回去，匆匆地回来。兄弟们都知道我忙，还生着病，也都理解我，支持我。其实是在替我尽孝、尽责。

原本我是一个热情好客的人，也曾经有过"五花马，千金裘，呼儿将出换美酒"的豪情和壮举，但现在在众多亲朋的眼里，越来越像一个"六亲不认"的人。希望这部书稿能证实，我还是我，只不过把时间用在了更重要的地方。

感谢夫人王晓冬的大力支持，感谢女儿葛小哥为我发表的文章做英文翻译。

感谢所有帮助过我们的人。

后记

  2019 年 7 月 10 日，在延安中国红色书店毛泽东书籍专柜前，我曾对学生说：我们的目标，就是在这众多的书籍中，增加一本研究毛泽东的著作，并且是独具特色的一本。

  现在这本书拿出来了。但可以确认，这不是我一个人写的，是众多亲朋一起写的。

2024 年 10 月 10 日于北京心居

参考文献

[1] 逄先知,金冲及.毛泽东传(1949—1976)[M].北京:中央文献出版社,2003.

[2] 毛泽东.讲堂录[M].北京:北京出版社,2017.

[3] 中共中央文献研究室.毛泽东年谱(1893—1949)[M].修订本.北京:中央文献出版社,2013.

[4] 斯诺.西行漫记[M].北京:生活·读书·新知三联书店出版,1979.

[5] 李锐.毛泽东同志的初期革命活动[M].北京:中国青年出版社,1957.

[6] 李锐.毛泽东:峥嵘岁月[M].北京:北京联合出版公司,2014.

[7] 《新湘评论》编辑部.毛泽东同志的青少年时代[M].北京:中国青年出版社,1979.

[8] 高菊村,陈峰,唐振南,等.青年毛泽东[M].北京:中共党史资料出版社,1990.

[9] 韶山毛泽东纪念馆.毛泽东生活档案[M].北京:中共党史出版社,1999.

[10] 马祥林.红色账簿[M].太原:北岳文艺出版社,2012.

[11] 何明.伟人毛泽东[M].北京:中央文献出版社,2009.

[12] 施拉姆.毛泽东[M].北京:红旗出版社,1987.

[13] 特里尔.毛泽东传[M].石家庄:河北人民出版社,1989.

[14] 龙正才.毛泽东家一本90多年前的老账簿[J].档案时空,2016(3).

[15] 吴大新,宋小明,孙勇,等.为人民理财:红色会计的理念与启示[J].财务与会计,2021(14):9-12.

[16] 郭道扬.中国会计史稿:上册[M].北京:中国财政经济出版社,1982.

[17] 范文澜.中国通史:第1册[M].北京:人民出版社,1978.

[18] 袁行霈,郭书春.九章算术[M].北京:科学出版社,2019.

[19] 中共中央文献研究室.毛泽东年谱(1949—1976):第6卷[M].北京:中央文献出版社,2013.

[20] 余焕东,赵缭.新译算术教科书:上卷[M].长沙:湖南编译社,1906(光绪三十二年).

[21] 陈晋.毛泽东读书笔记解析[M].广州:广东人民出版社,1996.

[22] 李敏,王桂芃.我的父亲毛泽东[M].北京:人民出版社,2009.

[23] 施拉姆.毛泽东的思想[M].北京:中国人民大学出版社,2005.

[24] 毛泽东早期文稿[M].长沙:湖南出版社,1990.

[25] 湖南省新闻出版局出版志编写组.文化书社:中国早期传播马克思主义的书刊发行机构[M].长沙:湖南出版社,1991.

[26] 嵇储英,程云桥.簿记学[M].上海:商务印书馆,1931(民国二十年).

[27] 赵镕.长征日记[M].太原:山西人民出版社,1990.

[28] 郭道扬.中国会计史稿:下册[M].北京:中国财政经济出版社,1988.

[29] 蒋国海,向飞.长沙文化书社的创办及其历史地位[J].湖南师范大学社会科学学报,2011(05):105-108.

参考文献

[30] 李万青.文化书社在长沙共产主义小组建立和活动中的历史地位[J].湖南党史，2000（05）：6-7.

[31] 曾祥虎.毛泽东与文化书社[J].毛泽东哲学思想研究，1994（01）：62-65，78.

[32] 毛泽东选集：一卷本[M].北京：人民出版社，1964.

[33] 中共中央文献研究室.毛泽东文集（第五卷）[M].北京：人民出版社，1999.

[34] 张允侯，殷叙彝，洪清祥，等.五四时期的社团：（一）[M].北京：生活·读书·新知三联书店出版，1979.

[35] 张昭军，孙燕京.中国近代文化史[M].北京：中华书局，2012.

[36] 张允侯，殷叙彝，洪清祥，等.五四时期的社团：（二）[M].北京：生活.读书.新知三联书店出版，1979.

[37] 齐鹏飞.《新青年》与"群益书社"的决裂及独立办刊再梳理[N].光明日报，2012-05-10-16.

[38] 肖三，周世钊，贾芝，等.青年运动回忆录：五四运动专集（2）[M].北京：中国青年出版社，1979.

[39] 余婷.利群书社文化传播研究[D].华中师范大学硕士学位论文，2014.

[40] 中共山东省委党史资料征集研究委员会.山东党史资料（增刊）[R].1982.

[41] 恽代英日记[M].北京：中共中央党校出版社，1981.

[42] 金冲及.毛泽东传（1893—1949）[M].北京：中央文献出版社，1996.

[43] 毛泽东农村调查文集[M].北京：人民出版社，1982.

[44] 余伯流、陈刚.井冈山革命根据地史[M].南昌：江西人民出版社，2014.

[45] 孙克信，于良华，佟玉琨，等.毛泽东调查研究活动简史[M].北京：中国社会科学出版社，1984.

[46] 革命回忆录（19）[M].北京：人民出版社，1986.

[47] 革命回忆录（3）[M].北京：人民出版社，1981.

[48] 中共中央文献研究室.毛泽东文集（第一卷）[M].北京：人民出版社，1993.

[49] 吴吉清.在毛主席身边的日子里[M].南昌：江西人民出版社，1978.

[50] 中共中央文献研究室.毛泽东文集（第六卷）[M].北京：人民出版社，1999.

[51] 王太和.我的父辈在长征中[M].北京：中共党史出版社，2016.

[52] 回忆毛主席[M].北京：人民文学出版社，1977.

[53] 井冈山革命根据地写作组.井冈山革命根据地[M].上海：上海人民出版社，1977.

[54] 毛委员在井冈山[M].南昌：江西人民出版社，1977.

[55] 革命回忆录（8）[M].北京：人民出版社，1983.

[56] 谢觉哉.谢觉哉日记[M].北京：人民出版社，1984.

[57] 索尔.账簿与权力[M].侯伟鹏，译.北京：中信出版集团股份有限公司，2020.

[58] 革命回忆录（16）[M].北京：人民出版社，1985.

[59] 井冈山革命根据地党史资料征集编研协作小组，井冈山革命博物馆.井冈山革命根据地：下[M].北京：中共党史资料出版社，1987.

[60] 井冈山革命根据地的经济斗争[M].北京：农村读物出版社，1978.

[61] 黄仲芳，罗庆宏.井冈山斗争口述史：上[M].南京：江苏人民出版社，2015.

[62] 陈果吉，田戈，李东朗.重大事件中的毛泽东[M].太原：山西人民出版社，1994.

［63］湖南人民出版社.怀念贺龙同志［M］.长沙：湖南人民出版社，1979.

［64］石永言.从遵义到延安［M］.贵阳：贵州人民出版社，2001.

［65］郭汝瑰回忆录［M］.北京：中共党史出版社，2020.

［66］《叶剑英传》编写组.叶剑英传［M］.北京：当代中国出版社，2018.

［67］徐国栋，刘晓农.三湾改编［M］.北京：光明日报出版社，2008.

［68］《贺龙传》编写组.贺龙传［M］.北京：当代中国出版社，2018.

［69］王建强.红军时期的士兵委员会制度探析［J］.中共党史研究，2015（05）：32-45.

［70］《刘伯承传》编写组.刘伯承传［M］.北京：当代中国出版社，2017.

［71］《彭德怀传》编写组.彭德怀传［M］.北京：当代中国出版社，2018.

［72］彭德怀.彭德怀自述［M］.北京：人民出版社，1981.

［73］袁小荣.毛泽东离京巡视纪实（1949—1976）：下卷［M］.北京：人民日报出版社，2016.

［74］刘伯承，徐向前，等.星火燎原全集精选本［M］.北京：解放军出版社，2009.

［75］朱敏.回忆我的父亲朱德委员长［M］.北京：中国少年儿童出版社，1978.

［76］秦九凤.一位汽车司机眼中的周恩来［J］.党史天地，2001（5）.

［77］《革命回忆录》（21）［M］.北京：人民出版社，1987.

［78］《罗荣桓传》编写组.罗荣桓传［M］.北京：当代中国出版社，2015.

［79］亚历山大·潘佐夫.毛泽东传［M］.北京：中国人民大学出版社，2015.

［80］革命回忆录（12）［M］.北京：人民出版社，1984.

［81］曹宏，周燕.寻踪毛泽民［M］.北京：中央文献出版社，2007.

［82］李玉环.中华苏维埃会计实践：共和国会计工作的预演［J］.财务与会计，2021（14）：4-8.

［83］中共中央文献研究室.毛泽东年谱（1949—1976）：第5卷［M］.北京：中央文献出版社，2013.

［84］徐海东.生平自述［M］.北京：三联书店出版，1982.

［85］毕森.1937，延安对话［M］.北京：人民文学出版社，2021.

［86］毛泽东.经济问题与财政问题［M］.沈阳：东北书店，1949.

［87］李敏，高风，叶利亚.真实的毛泽东：上卷［M］.北京：中央文献出版社，2009.

［88］中共中央文献研究室.毛泽东年谱（1949—1976）：第1卷［M］.北京：中央文献出版社，2013.

［89］陈晋.温情毛泽东［M］.沈阳：辽宁人民出版社，2005.

［90］孙国林.延安时期的稿费制度［J］.党政论坛，2008（22）：49.

［91］毛泽东书信选集［M］.北京：中国人民解放军出版社，1984.

［92］武文笑.毛泽东自费资助烈士家属［EB/OL］.中国共产党新闻网，［2022-03-21］.http://dangshi.people.com.cn/n1/2016/0720/c85037-28568136.html 北京：中国共产党新闻网.

［93］李贤哲.延安时期毛泽东的稿费用途：公益事业和个人应酬［EB/OL］.［2022-04-25］.http://news.sohu.com/20091112/n268147341.shtml.

［94］牛汉，邓九平.荆棘路：记忆中的反右派运动［M］.北京：经济日报出版社，1998.

［95］苏峰，熊根琪.毛泽东三十一年还旧国［M］.北京：人民出版社，2014.

［96］李银桥.在毛泽东身边十五年［M］.石家庄：河北人民出版社，1991.

［97］李敏，高风，叶利亚.真实的毛泽东：下卷［M］.北京：中央文献出版社，2009.

参考文献

[98] 杨锦陈.口头禅背后的心理秘密[N].北京：健康时报，2006-04-10.

[99] 侯立虹.话说口头禅[N].北京：人民日报，2018-11-05.

[100] 黄炎培.八十年来：黄炎培自述[M].上海：文汇出版社，2000.

[101] 叶子龙.叶子龙回忆录[M].北京：中央文献出版社，2000.

[102] 张耀祠.回忆毛泽东[M].北京：中共中央党校出版社，1996.

[103] 阎长林.胸中自有雄兵百万[M].北京：工人出版社，1983.

[104] 中共中央党史征集委员会，中央档案馆.遵义会议文献[M].北京：人民出版社，1985.

[105] 遵义会议纪念馆.走进遵义会议会址[M].北京：中央文献出版社，2009.

[106] 中共中央文献研究室.毛泽东年谱（1949—1976）：第2卷[M].北京：中央文献出版社，2013.

[107] 中共中央文献研究室.毛泽东年谱（1949—1976）：第4卷[M].北京：中央文献出版社，2013.

[108] 陈登才，冯世平.一代伟人：毛泽东生平故事[M].北京：红旗出版社，2017.

[109] 陈至立.辞海[M].7版.上海：上海辞书出版社，2020.

[110] 梁启超.中国之武士道[M].北京：中国档案出版社，2006.

[111] 中国体育史学会.中国近代体育史[M].北京：北京体育学院出版社，1989.

[112] 周世钊.毛主席青少年时期锻炼身体的故事[M].北京：人民体育出版社，1978.

[113] 何长工.何长工回忆录[M].北京：解放军出版社，1987.

[114] 中共中央文献研究室.毛泽东诗词集[M].北京：中央文献出版社出版，1996.